SER HUMANO
DO UNO AO INTEGRAL.
COMO SE TORNAR UM LÍDER 4.0 E ALCANÇAR RESULTADOS EXTRAORDINÁRIOS

Editora Appris Ltda.
1.ª Edição - Copyright© 2020 dos autores
Direitos de Edição Reservados à Editora Appris Ltda.

Nenhuma parte desta obra poderá ser utilizada indevidamente, sem estar de acordo com a Lei nº 9.610/98. Se incorreções forem encontradas, serão de exclusiva responsabilidade de seus organizadores. Foi realizado o Depósito Legal na Fundação Biblioteca Nacional, de acordo com as Leis nos 10.994, de 14/12/2004, e 12.192, de 14/01/2010.

Catalogação na Fonte
Elaborado por: Josefina A. S. Guedes
Bibliotecária CRB 9/870

S481s 2020	Ser humano : do uno ao integral ; como se tornar um líder 4.0 e alcançar resultados extraordinários / Selma Andrietta, Deni Belotti, Eunice Maria Nascimento (organizadores). - 1. ed. – Curitiba : Appris, 2020. 233 p. ; 23 cm – (Artêra) Inclui bibliografias ISBN 978-85-473-4491-7 1. Liderança. I. Andrietta, Selma. II. Belotti, Deni. III. Nascimento, Eunice Maria. IV. Título. V. Série. CDD – 158.4

Livro de acordo com a normalização técnica da ABNT

Appris
editora

Editora e Livraria Appris Ltda.
Av. Manoel Ribas, 2265 – Mercês
Curitiba/PR – CEP: 80810-002
Tel. (41) 3156 - 4731
www.editoraappris.com.br

Printed in Brazil
Impresso no Brasil

Selma Andrietta
Deni Belotti
Eunice Maria Nascimento
(Organizadores)

SER HUMANO
DO UNO AO INTEGRAL.
COMO SE TORNAR UM LÍDER 4.0 E ALCANÇAR RESULTADOS EXTRAORDINÁRIOS

FICHA TÉCNICA

EDITORIAL
Augusto V. de A. Coelho
Marli Caetano
Sara C. de Andrade Coelho

COMITÊ EDITORIAL
Andréa Barbosa Gouveia (UFPR)
Jacques de Lima Ferreira (UP)
Marilda Aparecida Behrens (PUCPR)
Ana El Achkar (UNIVERSO/RJ)
Conrado Moreira Mendes (PUC-MG)
Eliete Correia dos Santos (UEPB)
Fabiano Santos (UERJ/IESP)
Francinete Fernandes de Sousa (UEPB)
Francisco Carlos Duarte (PUCPR)
Francisco de Assis (Fiam-Faam, SP, Brasil)
Juliana Reichert Assunção Tonelli (UEL)
Maria Aparecida Barbosa (USP)
Maria Helena Zamora (PUC-Rio)
Maria Margarida de Andrade (Umack)
Roque Ismael da Costa Güllich (UFFS)
Toni Reis (UFPR)
Valdomiro de Oliveira (UFPR)
Valério Brusamolin (IFPR)

ASSESSORIA EDITORIAL
Evelin Kolb

REVISÃO
Alessandra Angelo

PRODUÇÃO EDITORIAL
Lucas Andrade

DIAGRAMAÇÃO
Andrezza Libel

CAPA
Giuliano Ferraz

COMUNICAÇÃO
Carlos Eduardo Pereira
Débora Nazário
Karla Pipolo Olegário

LIVRARIAS E EVENTOS
Estevão Misael

GERÊNCIA DE FINANÇAS
Selma Maria Fernandes do Valle

A todos os seres humanos que vivem integralmente a sua humanidade.

AGRADECIMENTOS 1

Segundo Paul Tillich[1], "o ser humano é uma unidade e uma totalidade. Portanto é inadequado se desenvolver doutrinas diversas sobre o ser humano: uma científica e uma filosófica, uma secular e uma religiosa, uma psicológica e uma sociológica. O ser humano é uma unidade indivisível." Todos os métodos contribuem para uma e mesma imagem do ser humano. Existem, entretanto, muitos elementos e estratos na natureza humana; e cada um destes requer uma abordagem especial – um método especial. A unidade do ser humano não implica que só se possa investigá-lo de uma única forma. Uma vez que o ser humano compreende todos os elementos da realidade, cada estrato do ser, se faz necessário usar todos os métodos a fim de lidar com ele adequadamente. Ele é o microcosmo, cuja descrição não deve negligenciar nenhuma ferramenta utilizada na definição do macrocosmo. Dessa forma, é errado tomar um método de abordagem do ser humano como o único válido ou subordinar todos os outros métodos a uma única abordagem, seja o método teológico dos tempos antigos, o método racionalista dos tempos modernos ou o método empírico da atualidade. Por outro lado, devemos evitar qualquer atomismo de métodos. Deve ser mostrado que em cada sistema encontram-se elementos que nos dirigem para outros meios; que a abordagem empírica não pode ser utilizada sem os elementos descobertos pelo método racionalista; e que este último, por sua vez, pressupõe certos elementos fornecidos pela Teologia. Os métodos de estudo da natureza humana não devem ser exclusivos, nem meramente atomísticos e cumulativos, mas dialéticos e mutuamente interdependentes.

Qualquer pessoa que, em qualquer situação, venha a conhecer a Prof.ª Eunice, perceberá imediatamente que sua abordagem em relação ao ser humano é, primordialmente, a de enxergar o potencial contido em cada um de nós – antes de nos enxergar como membros de uma comunidade. Sua capacidade analítica produz sínteses quase que imediatas dos que com ela interagem: um dom único e que tem sido utilizado, ao longo dos anos, para o crescimento do ser humano nos círculos nos quais orbita. Essa incrível professora universitária vem inspirando vidas ao longo dos anos e, como

---

[1] TILLICH, Paul. **A concepção do homem na filosofia existencial**. [s.l.]: [s.n.], 1939. p.229

consultora, coach e palestrante, vem inspirando gerações de líderes a serem suas melhores versões.

Por um capricho do destino, essa mulher um dia acordou com a ideia de reunir um grupo de pessoas que tivessem em comum apenas duas coisas: um interesse genuíno pelo ser humano e fossem marcados e reconhecidos pela diferença que nos faz todos iguais.

Após algumas peregrinações por corredores universitários, corporativos, virtuais etc., ela reuniu o grupo que escreveu este livro.

Aqui cabem os mais sinceros e profundos agradecimentos à Prof.ª Eunice, por ter nos dado a oportunidade de reunir, conversar, discutir, escrever, editar e, finalmente, publicar esta obra. Sem sua inspiração, sua dedicação, sua liderança quase obstinada e, acima de tudo, seu incentivo constante, teria sido impossível chegar até aqui.

Obrigado Prof.ª Eunice.

Sem você, *Ser humano: do uno ao integral. Como ser um líder 4.0 e alcançar resultados extraordinários* jamais teria nascido.

Os autores

AGRADECIMENTOS 2

As parcerias transformam os desafios em uma caminhada segura.

Quando pensei sobre este projeto, confesso que não fui ousada o suficiente para acreditar que reuniria os oito autores que compartilharam comigo a escrita deste livro. Todos, com muita dedicação e profissionalismo, engajaram-se num compartilhamento de pensamentos, práticas profissionais e ideias com suas almas e corações dedicados. Sem a confiança e a presença entusiasta de todos nas iniciativas em prol de um resultado, não poderíamos partilhar a riqueza das experiências que aqui são relatadas.

Quero ressaltar a autora Selma Andrietta, que sem medir esforços acreditou neste trabalho desde sua concepção e esteve à frente, como parceira, na coordenação desta obra. Selma é um ser humano ímpar, que adora desafios e quando convidada aceitou prontamente, assumindo o compromisso, sem, no entanto e naquele exato momento, ter a clareza do objetivo final. Mas tendo como filosofia de vida que o processo é tão importante quanto o resultado almejado, não se furtou em acreditar que quando juntamos ingredientes como confiança, respeito, responsabilidade, dedicação e entusiasmo, o obstáculo será transformado em obra de arte.

Ao longo do caminho outros autores foram assumindo papéis de liderança. Gostaria de citar o Deni Belotti (a quem chamo carinhosamente de "coração de leão"). Ele, com sua larga trajetória profissional, seu carisma, seu saber e seu entusiasmo, assumiu o importante papel de fazer as correlações entre os capítulos, escrever o prefácio e falar sobre cada um dos autores de uma forma ímpar.

Não posso esquecer-me da FAE Business School como a instituição de ensino da qual fazemos parte, nas pessoas do reitor Jorge Apóstolos Siarcos e do diretor José Vicente Cordeiro (este também um dos autores), que prontamente apoiaram o desafio proposto. De um lado por conhecerem os profissionais que fariam parte do projeto e de outro por entenderem que se estamos ou passamos pela instituição de ensino que dirigem, merecíamos todo o apoio, respeito e consideração pela iniciativa, tendo como pressuposto que o saber deve ser compartilhado. Essa é a filosofia de uma instituição séria e de ponta, que se perpetua ao longo dos anos construindo uma história de credibilidade no mercado.

Na construção desta obra enfrentamos períodos complexos e difíceis: perdas de pessoas queridas e especiais, viagens profissionais previstas e outras nem tanto, assim como momentos de alegria, como o nascimento da filha do Anderson Neumann Pelegrino (outro autor). Todos esses fatores foram superados com grandiosidade e transformados em energia e superação para que esta obra emergisse com a qualidade com que está sendo apresentada.

Desejo a vocês, leitores, um excelente mergulho nas histórias aqui descritas, garantindo-lhes que todas foram vividas por profissionais que são, antes de mais nada, protagonistas em suas trajetórias.

Com carinho e admiração por todos, muito obrigada, amigos.

Eunice Maria Nascimento

PREFÁCIO

Já imaginou se pudéssemos resumir os seres humanos em frases típicas de cada personalidade? Não seria engraçado? Por outro lado, não seria incrível se pudéssemos aplicar conhecimentos básicos a respeito da nossa natureza para entender e explorar a diversidade da raça humana e, por meio disso, melhorar nossos relacionamentos e evitarmos conscientemente os conflitos?

Você conhece alguém que diz: "Se funcionou antes, vai funcionar agora. Para que mudar? Afinal, as regras existem para serem respeitadas.".. Ou então gente cujo discurso diário passa por: "O que é bom para um é bom para todos." Existem também aqueles que vivem perguntando: "O que você disse mesmo?", e os explícitos e práticos cuja tese está fundada sobre: "Contra fatos não há argumentos.".. Dois passos à direita e lá estão frases como: "Prefiro não comentar.".. Ou: "Várias cabeças pensam melhor que uma.".. Sem falar em: "Parem de discussões, vamos sentar e resolver o problema.".. Ou: "O trabalho está diretamente ligado ao propósito de vida."; "Que tal uma mudança?"; "Os seus ideais movem montanhas.".

Um pouquinho mais perto do coração e podemos listar pessoas cujo slogan característico poderia ser: "Eu gosto muito de você."; ou: "Você sabe onde deixei as chaves do meu carro?"; "Entusiasmo, gente! Mudanças vêm para o bem de todos!". Na direção do raciocínio lógico encontramos: "Os números mostram que tudo vai dar certo: criação não é nada sem um plano de ação!", sem falar naqueles cuja dedicação beira o perfeccionismo, dizendo: "Acho que deixei passar alguns detalhes. Vamos elaborar melhor esse mapa de ideias?".

E, finalmente, mas não menos importantes, estão aqueles que poderiam ser identificados facilmente por frases como: "Calma que tudo vai dar certo.".

O ser humano é fantástico justamente por suas diferenças. E são justamente, num paradoxo claro, essas diferenças que nos tornam todos iguais!

O resultado de juntar, neste livro, diferentes autores dedicados ao estudo do ser humano, é de uma riqueza ímpar. Gente que estudou, pesquisou, desenvolveu teses, publicações científicas, escreveu tratados e outros livros, mas que jamais havia se encontrado para tratar, em conjunto, do tema.

Nos primeiros encontros, a mim, pelo menos, pareceu que haveria uma certa dificuldade em coordenar e editar os diferentes textos e alinhá-los numa sequência que proporcionasse ao leitor um *flow* inspirativo e cadenciado de ideias.

Qual o quê! Bastaram alguns encontros, os textos surgiram, foram "amalgamados" naturalmente e, sem que houvesse qualquer coordenação editorial, aqui está o resultado da exposição do pensamento de oito autores tão iguais por suas diferenças quanto qualquer leitor que nos permita ser fonte de inspiração. Os textos são únicos, individuais, autênticos e absolutamente explícitos quanto à forma de pensar e o estilo de escrever de cada um, mas tenho certeza de que será impossível não perceber uma certa linha imaginária conectando um texto ao outro até o surpreendente capítulo que fecha o livro.

Tive a honra de escrever este prefácio. É meu, também, o primeiro capítulo. Nele desenvolvi a Teoria da Pipoca, utilizando um sem número de metáforas e correlações para levar o leitor a navegar, de forma simples e divertida, pela Teoria dos Tipos Psicológicos de Carl G. Jung. Estou certo de que, após a leitura, cada um saberá um pouco mais a respeito de si mesmo e dos demais, das razões pelas quais somos quem somos, pensamos como pensamos e agimos como agimos. E poderá, se assim o desejar, utilizar as técnicas básicas explanadas no texto, para identificar diferentes modelos mentais e adequar seu estilo de comunicação para o bem comum.

No capítulo 2, o Rafael passeia, com objetividade, por uma das questões mais importantes na vida de cada profissional: o protagonismo de carreira. Num mundo cada vez mais volátil, incerto, complexo e ambíguo, não existe mais espaço para o acaso, para viver contando com as possibilidades da teologia de um certo Zeca, na base do "deixa a vida me levar...". O mundo pede precisão, assertividade. Desde o elenco das escolhas possíveis – inclusive por aquelas carreiras que sequer existem – até as mais amplas análises das consequências possíveis dessas escolhas, sempre levando em consideração o impedir que crenças limitantes obstruam a felicidade.

No capítulo 3, a Monike contribui com o leitor de forma efetiva, conduzindo-o a uma reflexão sobre a importância de adotarmos práticas saudáveis que proporcionem um Equilíbrio Perfeito para termos qualidade de vida. O equilíbrio é algo muito pessoal. Não existe um modelo ideal para seguir. O dever de casa a ser feito é descobrir qual é o "seu" equilíbrio pessoal. É necessário desenvolver o autoconhecimento, refletindo sobre o que traz o sentido de realização, quais são suas necessidades imediatas. Se você vem se perguntando como manter o equilíbrio do que você considera fundamental na sua vida, suas respostas poderão estar aqui!

No capítulo 4, a Thais deita Profissão e Educação no Divã, fazendo uma reflexão ampla e profunda sobre o momento que o processo educacional atravessa. Trazendo à luz reflexões que vão desde os modelos de criação de filhos, a visão freudiana da idealização narcísica do próprio eu, a identificação com as idealizações coletivas, a construção de expectativas não poucas vezes irreais e inviáveis até a falência dos modelos educacionais tradicionais, culminando com uma visão prática do desbalanceamento entre quantidade de diplomas que a academia vem despejando ano após ano dentro de gavetas com os conteúdos que não encontram mais eco no mercado de trabalho.

No capítulo 5, a Eunice traz à tona uma das maiores dúvidas existenciais que assolam o mundo corporativo: é hora de mudar? Não poucos profissionais seguem vinculados ao sucesso obtido no passado e escolhem manter o passo por caminhos conhecidos. Mas o contexto hoje é outro. Novas tecnologias exigem novas práticas, novos caminhos. De que forma podemos auxiliar esses profissionais para que percebam e se ajustem à nova revolução? Cada segundo é essencial para aquisição de novos conhecimentos, compreensão de novos comportamentos, eliminação de crenças limitantes e adoção de atitudes proativas, tendo sempre o protagonismo como ponto principal.

No capítulo 6, a Selma desconstrói o gestor tradicional e apresenta as competências do líder 4.0, suas características e responsabilidades. O foco do texto não está sobre o chefe, o dono da empresa, o que tem acesso a informações confidenciais ou sobre aquele que tem o poder de demitir alguém. Muito menos sobre aquele que tem vaga definida no estacionamento. Aqui ela explora o líder como um agente de inspiração, um facilitador, um mentor. Um indivíduo que aprende a aprender de várias formas diferentes, a todo tempo. Um líder que sabe que, na era digital, precisa ter uma mentalidade disruptiva, capaz de aprender formas de pensamento muito diversas do início deste século XXI.

No capítulo 7, o José Vicente explora a Liderança Integral e como exercê-la num mundo VUCA. Por meio de uma viagem estratégica, ele descreve a evolução do mundo corporativo e como novos conceitos e modelos de negócios jamais imaginados antes alteraram profundamente o mundo, o curso da história e, por consequência, o "jeito" de ser humano. Como encarar as novas exigências das Arenas Competitivas? Como transformar empresas tradicionais em Organizações Exponenciais? Como ser um Líder Disruptivo? Segundo o autor, mediante a Abordagem Integral: uma forma mais abrangente e compassiva de se avaliar os mais diversos fenômenos envolvendo a consciência humana.

No capítulo 8, o Anderson traz, numa narrativa baseada em fatos, muito franca e em primeira pessoa, o que se pode chamar de "uma prova real" de que todos os conteúdos apresentados nos capítulos anteriores são absolutamente válidos e efetivos quando colocados em prática. Um engenheiro "de humanas" que ampliou o autoconhecimento, assumiu o protagonismo de sua carreira, ajustou o equilíbrio de sua vida, venceu os preconceitos da formação tradicional, encarou uma mudança significativa e difícil de ser feita bem no meio do caminho, assumiu seu papel de agente de inspiração e, num mundo VUCA, vive a plenitude da Liderança Disruptiva numa Abordagem Integral.

Então, caro leitor, você tem em mãos um livro que vale a leitura. Vale porque o que está escrito nele é verdade. Vale porque o que está escrito nele é aplicável. Vale porque o que está escrito nele é compartilhável. Vale porque o que está escrito nele pode ser comprovado por qualquer um que assim o desejar. Comece do começo e não pare até acabar. Risque, rabisque, retire dele seu roteiro. Depois aplique, sem rodeios, aquilo que você aprendeu em sua vida cotidiana. E nos escreva para dizer se o que dissemos não é verdade!

Boa leitura!

Prof. Deni Belotti

SUMÁRIO

CAPÍTULO 1
A TEORIA DA PIPOCA 17
Deni Belotti

CAPÍTULO 2
O PROTAGONISMO NÃO É UMA ESCOLHA 51
Rafael de Carvalho e Silva

CAPÍTULO 3
O EQUILÍBRIO PERFEITO 81
Monike Mileke

CAPÍTULO 4
PROFISSÃO E EDUCAÇÃO NO DIVÃ 95
Thais Freitas

CAPÍTULO 5
SERÁ QUE É HORA DE MUDAR? O QUE FAZER? 113
Eunice Maria Nascimento

CAPÍTULO 6
O LÍDER 4.0 141
Selma Andrietta

CAPÍTULO 7
REINVENTANDO A LIDERANÇA PARA VENCER EM UM MUNDO VUCA 159
José Vicente Cordeiro

CAPÍTULO 8
ATENDENDO AO CHAMADO QUE VEM DE DENTRO 199
Anderson Neumann Pelegrino

REFERÊNCIAS 225

CAPÍTULO 1

A TEORIA DA PIPOCA

Deni Belotti

    Deni é um cidadão do mundo – viajou por 332 cidades de 42 países e passou por 30 mudanças de endereço residencial ao longo dos seus 59 anos de vida. É um apaixonado por pessoas e prisioneiro voluntário da ideia de que é possível que nos amemos uns aos outros. Que é possível tirarmos nossas máscaras e dividirmos nossas vidas. Que é possível rir, chorar, trabalhar, cantar e dançar no mais autêntico sentido de "ser" humano. Que os que têm mais compartilhem com os que têm menos até que as barreiras socioeconômicas desapareçam. Que as pessoas se inter-relacionem de forma que as diferenças sexuais e raciais sejam eliminadas e as diferenças naturais e culturais sejam celebradas. Tem dois filhos, dois netos, é músico, poeta e *Chef du Cuisine*; possui três diplomas universitários, dois de pós-graduação e três MBAs internacionais. É professor de MBA da Harvard Business School, da FAE Business School e também *Master Qualified Practitioner* de diversas ferramentas de análise comportamental. Nos últimos 20 anos, vem atuando como *neurocoach, mentor, counselor* e consultor nas áreas de planejamento estratégico, startups, sucessão de empresas familiares, mudança de cultura em fusões e aquisições, desenvolvimento de lideranças criativas, *high performance team building* e gestão estratégica do capital humano, auxiliando o desenvolvimento das organizações por meio do crescimento dos indivíduos que as compõem.

Introdução

Eu aprendi a ler antes de completar 4 anos de idade. Sou filho de professora – e daquelas! Quando cheguei ao primeiro ano do antigo "primário", já sabia ler, escrever e estava alfabetizado o suficiente para me sentir deslocado na sala de aula. Sempre gostei das letras. Meu mundo foi construído como o enredo de um grande livro de contos – vagando do romance à novela policial, com algumas nuances de comédia e, não poucas vezes, suspense. Eventualmente, terror. Não era o tipo de garoto que gostava de rua. Minhas melhores horas eram gastas tocando piano, lendo – de listas telefônicas a enciclopédias – e ouvindo música clássica na vitrola do meu pai. Minha diversão era tentar entender o mundo e as pessoas. Eu queria saber por que as coisas eram como eram e como seria se elas não fossem daquele jeito. Hoje, quase 60 anos depois, continuo a fazer perguntas aos céus. Respostas? Sim, me interessam. Mas tão logo as obtenho formulo outra pergunta e, sucessivamente, minha vida foi sendo construída assim: de pergunta em pergunta, com algumas respostas entre elas. Este capítulo fala sobre autoconhecimento e oferece a você, caro leitor, uma oportunidade de saber um pouco mais a seu respeito. Utilizando a Teoria dos Tipos Psicológicos de Carl G. Jung, construí uma sequência de ideias não necessariamente sequenciais (perdão pelo trocadilho) e fui, por intermédio de marcadores como este, [0] dando a você o trabalho de ter de manusear o livro para consultar as anotações feitas na parte que chamei de Referências Tipológicas. Ali você encontrará algumas explicações que podem ajudá-lo a "se entender" melhor. E também a entender melhor as pessoas e o mundo à sua volta.

Não se permita fugir do trabalho de manuseio da obra. Nada neste capítulo foi escrito "sem querer". Este é um livro intencional. Viver dá trabalho. Ajustar-se à vida consigo mesmo dá trabalho. Conviver com as pessoas dá trabalho. Gente dá trabalho. É isto!

Espero que, mais do que ajudá-lo a encontrar algumas respostas, eu consiga inspirar você a ser ávido por fazer perguntas.

Boa leitura!

A TEORIA DA PIPOCA

Todos começamos na mesma página. E todos vamos acabar na mesma página.[1]

Depois de muitos anos lucrando e gastando, perdendo dinheiro, e depois ficando quase ricos, e depois falindo de novo, e tirando dinheiro e pagando contas, e – vamos encarar – sonhando morrer em meio à boa vida, aprendemos que talvez fosse melhor repensar nosso *modus operandi*. Alguns chamam isso de inteligência emocional empresarial familiar. Mas nós sempre fizemos o tipo de gente "injetada". Na real, nunca tivemos esse cacife todo. Para nós, manter as aparências num estado estatístico acima da média sempre foi tão normal quanto ter um caixote de areia – no caso de você ter um gato.

Num determinado momento fomos confrontados com uma tal de "Teoria da Pipoca". A lógica é essa: Você não pode ajudar todo mundo. Mas pode tentar ajudar aqueles que pulam bem na sua cara. Mas antes precisa entender bem a diferença entre milho e milho de pipoca.

A Teoria da Pipoca é sobre enxergar os outros. Pode começar, por exemplo, com o reconhecimento de que alguém que quer namorar sua filha poderá vir a ser, mais cedo ou mais tarde, seu parente. E isto mesmo que ele não seja ou sequer pareça com o modelo que vocês, como pais, sonharam. E que, independentemente de como o enxerguemos, ele talvez seja a maior pipoca de pipoqueiro de praça pública que jamais imaginamos. A teoria é sobre reconhecer o potencial e o valor das pessoas. É sobre olhar para elas de verdade, e não olhar através delas. Assim como com as pipocas, você não sabe quais vão estourar, mas elas vão aparecer. Não é difícil percebê-las.

Naquele primeiro dia passamos reto por ele perguntando-nos: sério minha filha? Você é uma mulher muito bem educada, inteligente, linda... tem a vida toda pela frente. O que a faz pensar que é uma boa ideia trazer esta pessoa pra dentro da nossa família?

Era uma manhã fria de maio ou junho, não me lembro bem. Uma névoa fina tinha acabado de cair, o que nesta cidade é sinal que o outono já virara inverno. Dirigi a esmo e, quase instintivamente, me peguei passando pela rua onde ele morava. Chovia... aliás, como chove neste raio de cidade! Ele estava na janela do seu sobradinho. Rosto triste, vestindo uma camiseta surrada. Seus braços cruzados e apertados, olhar vago. Respiração pesada, ofegante, nervosa.

Como quem não quer nada, acenei do carro e balbuciei algumas palavras rapidamente. E então fiz o que é mais fácil para todos nós. Honestamente – de verdade – mantive a agenda, apenas seguindo meu caminho. Andei pelas poças d'água das ruas esburacadas desta maldita cidade.

Mas, conforme o deixei para trás, um pensamento me atingiu. Tão breve quanto o vento, tão distinto quanto o sussurro dos pássaros.

"Dá a volta", foi o que ouvi em algum lugar do meu subconsciente. Quem ousava falar assim comigo? De onde vinha aquela voz imperativa? Quem pensa que pode me dar ordens?

E com isso, nossas vidas mudaram num piscar de olhos.

Por alguma razão que nunca consegui explicar, decidimos começar na mesma página. E pretendíamos acabar na mesma página.

Depois de alguns anos lucrando e gastando, perdendo dinheiro, e depois ficando quase ricos, e depois falindo de novo, e tirando dinheiro e pagando contas, e – vamos encarar – sonhando morrer em meio à boa vida, nós finalmente aprendemos que óleo e água não se misturam. Alguns chamam isso de física, outros de química, outros chamam de... bem, pouco importa! Mas, definitivamente, nós não combinávamos[2] – apesar das aparências e opiniões alheias apontarem na direção oposta: "Vocês combinam tanto!" Nós não tínhamos esse cacife todo e nossa vida era tão morna quanto a caminha na qual seu gato dorme – caso tenha um...

Então voltou à cena a Teoria da Pipoca, em versão adaptada. A lógica é essa: Você não pode ajudar todo mundo. Mas pode tentar ajudar aqueles que pulam bem na sua cara. Você não tem de ajudar todo mundo, afinal de contas, alguns que pulam na sua cara simplesmente pularam no lugar errado.

"Que alívio", pensei cá comigo...

A Teoria da Pipoca é sobre enxergar os outros. Começa com o reconhecimento de que algumas pessoas, simplesmente, não são, digamos, "adequadas" pra ser uma das suas companheiras de jornada.

A teoria é sobre reconhecer o potencial e o valor das pessoas. É sobre olhar para elas de verdade, e não olhar através delas. Assim como com as pipocas, você não sabe quais vão estourar, mas elas vão aparecer.

E naquele dia passei direto por ele.

Nenhuma lembrança daquela manhã fria de maio ou junho, não me lembro bem, quando uma névoa fina tinha acabado de cair, coisa comum e que me irrita demais nesta cidade que o mundo insiste em reconhecer como bela.

Alguns anos se passaram e estávamos, eu e algumas amigas, indo a um *vernissage* perto de casa. Foi quando o vimos na rua. Nós o vimos, rapidamente. Então fizemos o que é mais fácil para todos nós. Honestamente – de verdade – nós continuamos dirigindo e passamos por ele. Passamos pelas poças d'água das ruas malconservadas desta maldita cidade. Mas, conforme o deixamos para trás, um pensamento me atingiu. Tão breve quanto o vento, tão distinto quanto o sussurro dos pássaros.

"Ele não é problema meu e pronto, eu fiz o que pude." Foi então que pensei: "Acabou o que nunca existiu de verdade. Nem deveria. Acabaram--se todas as tentativas de se misturar óleo puro de olivas virgens colhidas pelas sagradas mãos das freiras marianas nas colinas da – esta sim – bela e longínqua Grécia, com água clorada da Companhia de Águas e Esgotos (ou Sanepar, se não me engano...)". Ambos bons e indispensáveis elementos – sem dúvida alguma – porém, incompatíveis para fazer acontecer uma nova alquimia.

E com isso, nossas vidas mudaram num piscar de olhos.

Aliás, o *vernissage* estava interessantíssimo. Pinturas gigantes, esculturas quase vivas e muita gente elegante e adorável. Arte pura! Dormi, naquela noite, como há muito tempo eu não dormia. E então sonhei: eu odeio pipoca!

A lenda do monge e do escorpião

"Um monge e seus discípulos iam por uma estrada e, quando passavam por uma ponte, viram um escorpião sendo arrastado pelas águas. O monge correu pela margem do rio, meteu-se na água e tomou o bichinho na mão. Quando o trazia para fora o bichinho o picou e, devido à dor, o homem deixou-o cair novamente no rio.

Foi então à margem e tomou um ramo de árvore, adiantou-se outra vez a correr pela margem, entrou no rio, colheu o escorpião e o salvou. Voltou ao monge e juntou-se aos discípulos na estrada. Eles haviam assistido à cena e o receberam perplexos e penalizados.

— Mestre, deve estar doendo muito! Por que foi salvar esse bicho ruim e venenoso? Que se afogasse! Seria um a menos! Veja como ele respondeu à sua ajuda! Picou a mão que o salvara! Não merecia sua compaixão!

O monge ouviu tranquilamente os comentários e respondeu:

— Ele agiu conforme sua natureza. E eu de acordo com a minha."[3]

Esta parábola nos faz refletir a forma de melhor compreender e aceitar as pessoas com quem nos relacionamos. Não podemos e nem temos o direito de mudar o outro, mas podemos melhorar nossas próprias reações e atitudes, sabendo que cada um dá o que pode ou o que tem... e, sim, apenas quando quer. Dar não é um sentimento. Dar é uma decisão! Mas pensar, nem que seja às vezes, em fazer a nossa parte com muito amor e respeito ao próximo não me parece requerer tanto esforço assim. Cada qual, porém, conforme sua natureza. Um viva aos escorpiões!

Não lhe parece óbvio que uma coisa só é realmente completa quando realiza os propósitos para os quais foi criada? Se analisarmos a partir deste ponto de vista, de que vale o escorpião que não pica, a água que não mata a sede, a bomba que não explode, o cão que não late ou o pássaro que não canta? A sabedoria milenar diz que fomos criados à imagem e semelhança de um ser divino e que fomos colocados num certo jardim para o lavrar e cuidar. Novamente, sob este ponto de vista, como é possível que sejamos tão maus? A tarefa era linda!

A busca

"Não temos exatamente uma vida curta, mas desperdiçamos uma grande parte dela. A vida se bem empregada, é suficientemente longa e nos foi dada com muita generosidade para a realização de importantes tarefas. Ao contrário, se desperdiçada no luxo e na indiferença, se nenhuma obra é concretizada, por fim, se não se respeita nenhum valor, não realizamos aquilo que deveríamos realizar, sentimos que ela realmente se esvai." Há mais de dois mil anos, o filósofo grego Sêneca[4] falou sobre o desperdício de uma vida que não cumpre os propósitos para os quais foi criada. Tal qual a conclusão que tiramos da lenda do Monge e do Escorpião.

Não poucas vezes nossa vida real não passa de uma busca etérea de algo que sequer sabemos. E, com uma frequência ainda maior, na perseguição de atender expectativas que nos vão sendo impingidas sem que, ou nos demos conta ou as aceitemos pensando que se não sei para onde tenho de ir nem o que devo fazer pelo menos alguém me está "dirigindo". Aliás, sendo pais, vocês têm filhos? Ou sendo filho, você tem pais?

Durante minha vida[5] como executivo de multinacionais fiz centenas de milhares de milhas dentro de aviões. Gastei milhares de horas dentro de aeroportos e conheci um sem número de fábricas, hotéis, museus e restaurantes ao redor do mundo. Não me lembro de jamais ter perguntado ao piloto de um destes aviões se ele estava, realmente, habilitado legalmente a realizar tal voo, se ele estava capacitado (sóbrio, descansado, sem preocupações que colocassem a vida de todos em perigo). Simplesmente entrei nestes aviões, sentei-me na poltrona escolhida e fui. Alguns chamam isto de fé. Outros chamam de nada. Simplesmente é assim, e como sempre foi assim, deve estar tudo certo. "Vou deixar a vida me levar, vida leva eu", como diria um certo pagodeiro com um quê de filósofo.

Foram mais de mil pousos e decolagens em quatro dos cinco continentes. Alguns durante o dia, alguns à noite. Muitos em condições de tempo favoráveis e alguns deles em que, por alguns segundos, você vê sua vida inteira passar diante dos seus olhos e pensa em tudo o que deveria ter feito e não fez.

Certa vez, a caminho da China, fizemos um pouso forçado em Anchorage (Alaska) durante uma tempestade de neve e com temperatura por volta dos -45 ºC. Em meus registros corporais saídos do Brasil via Los Angeles eram aproximadamente sete horas da manhã, olhos esbugalhados pois, afinal, era hora de tomar café. Por lá ainda estávamos chegando às duas horas da madrugada. Mas curiosamente não era noite. O que se via fora das janelas do avião era um espetáculo absolutamente branco, como se estivéssemos imersos numa grande nuvem de espuma densa que, no imaginário de uma criança poderia significar algo como: "Mãe, posso ir lá fora brincar na nuvem?". Mas dentro do avião o clima era tenso e, em alguns casos, de puro terror.

Por que será que reagimos de formas tão distintas ao mesmo estímulo? O que faz com que algumas pessoas relaxem diante de situações em que sinais de alerta, turbulências extremas e uma incerteza absoluta de qual será, afinal, o final de toda aquela experiência enquanto outras gritam, tentam fazer algo sem nenhum sentido, se desesperam e comportam-se apenas instintivamente, como se o cérebro tivesse parado de funcionar e apenas a mais primitiva das controladoras cerebrais, a amígdala, assumisse o controle?

Pensei na cabine de comando. Hermeticamente fechada. Lá dentro apenas três pessoas. Habilitadas ou não. Não sabíamos. Ninguém havia perguntado ao embarcar. Lá dentro piloto, copiloto e navegador veem tudo de frente. Quer dizer, veem nada além de branco em frente. Algumas obviedades saltaram dentro de minha cabeça como pipocas: teriam aqueles homens a capacidade sequer de pensar ou de reconhecer o potencial e o valor das pessoas a bordo? Ou mesmo os seus próprios potenciais e valores? Olhariam para elas de verdade – e não através delas? Diante daquela situação, a decisão que tomassem estaria levando em conta que, assim como com as pipocas, eles não saberiam quais iriam estourar quando o avião caísse e nem se algumas, quem sabe, chegariam a ser transformadas em sobreviventes com uma história pra contar? A única coisa que eu pensava era que, mais cedo ou mais tarde, elas iriam aparecer. Todas as pipocas. E no mesmo noticiário. Ou em sacos plásticos (cheios de piruá, que é como se chamam as pipocas que não estouram no lugar de onde venho... e me perdoem o humor negro) ou enroladas em cobertores de alumínio tentando, em meio ao caos, explicar o inexplicável. Para algumas pessoas é muito difícil perceber a diferença antes que a diferença se estabeleça por si só. Para algumas, nem depois!

As tentativas

"Não se pode falar do oceano para um sapo do brejo – criatura de uma esfera mais acanhada. Não se pode falar de um estado isento de pensamento para um pedagogo; sua visão é demasiado restrita." (Chuang Tzu).[6]

Apesar de ter sido discípulo de Platão[7] durante 20 anos, Aristóteles[8] (384-322 a.C.) diverge profundamente de seu mestre em sua teoria do conhecimento. Isso pode ser atribuído, em parte, ao profundo interesse de Aristóteles pela natureza (ele realizou grandes progressos em biologia e física), sem descuidar dos assuntos humanos, como a ética e a política.

Para Aristóteles, o dualismo platônico entre mundo sensível e mundo das ideias era um artifício dispensável para responder à pergunta sobre o conhecimento verdadeiro. Nossos pensamentos não surgem do contato de nossa alma com o mundo das ideias, mas da experiência sensível. "Nada está no intelecto sem antes ter passado pelos sentidos", dizia o filósofo.

Isso significa que não posso ter ideia de um teiú[*2] sem ter observado um diretamente ou por meio de uma pesquisa científica. Sem isso, "teiú" é

[2*] Lagarto terrícola da família dos teiídeos (*Tupinambis teguixin*), encontrado do Norte do Brasil ao Norte da Argentina; apresenta coloração dorsal marmoreada de cinzento e preto, com faixas e manchas pretas ou brancas e ventre claro, com barras transversais pretas, e seu corpo atinge cerca de 50 cm de comprimento; lagarto, teiú-açu, tejo, teju, tejuaçu, tejuguaçu, tiú. É onívoro e mora em tocas.

apenas uma palavra vazia de significado. Igualmente vazio ficaria nosso intelecto se não fosse preenchido pelas informações que os sentidos nos trazem.

Mas nossa razão não é apenas receptora de informações. Aliás, o que nos distingue como seres racionais é a capacidade de conhecer. E conhecer está ligado à capacidade de entender o que a coisa é. Aquilo que ela tem de essencial.

Por exemplo, se digo que "todos os cavalos são brancos", vou deixar de fora um grande número de animais que poderiam ser considerados cavalos, mas que não são brancos.

Por isso, ser branco não é algo essencial em um cavalo, mas você nunca encontrará um cavalo que não seja mamífero, quadrúpede e herbívoro.

Conhecer é perceber o que acontece sempre ou frequentemente. As coisas que acontecem de modo esporádico ou ao acaso, como o fato de uma pessoa ser baixa ou alta, ter cabelos castanhos ou escuros, nada disso é essencial. Aristóteles chama essas características de acidentes.

O erro de sofistas como Protágoras[9] (e de muita gente ainda hoje) é o de tomar algo acidental como sendo a essência. A partir desse artifício, diziam que não se pode determinar quem é Sócrates,[10] porque se Sócrates é músico, então não é filósofo, se é filósofo, então não é músico. Ora, Sócrates pode ser várias coisas sem que isso mude sua essência, ou seja, o fato de ser um animal racional como todos nós. Mas como nós fazemos para conhecer a definição de algo e separar a essência dos acidentes? Aí está o papel da razão.

A razão abstrai, ou seja, classifica, separa e organiza os objetos segundo critérios. Observando os insetos, percebo que eles são muito diferentes uns dos outros, mas será que existe algo que todos tenham em comum que me permita classificar uma barata, um besouro ou um gafanhoto como insetos? Sim, há: todos têm seis pernas. Se abstrairmos mais um pouco, perceberemos que os insetos são animais, como os peixes, as aves...

E poderíamos ir mais longe, separando o que é ser, do que não é. E aqui chegamos à outra grande contribuição de Aristóteles: se o ser é e o não ser não é, como dizia Parmênides,[11] então como é possível o movimento?

Segundo Aristóteles, as coisas podem estar em ato ou em potência. Por exemplo, uma semente é uma árvore em potência, mas não em ato. Quando germina, a semente torna-se árvore em ato. O movimento é a passagem do ato à potência e da potência ao ato.

Certa vez participei de uma palestra do Dr. Myles Munroe.[12] Ele partia uma maçã ao meio, separava as sementes e as colocava na palma de suas mãos. E então convidava gente da plateia a subir ao palco e lhes perguntava: "O que você vê em minha mão?". Cem por cento das respostas eram: "Sementes de maçã.". E este homem passou as duas horas seguintes falando das dezenas de macieiras contidas naquelas sementes e das centenas de milhares de maçãs que dali viriam. Isto é reconhecer o potencial e o valor de algo. É sobre olhar para algo de verdade. Isto explica, determina e define a Teoria da Pipoca!

Por outro lado, se as coisas mudassem completamente ao acaso, não poderíamos conhecê-las. Conhecer é saber qual a causa de algo. Se sinto uma dor de estômago, mas não sei a causa, também não posso tratar-me. Conhecendo a causa é possível saber não só o que a coisa é, mas o que se tornará no futuro. Pois, se determinado efeito se segue sempre de uma determinada causa, então podemos estabelecer leis e regras, tal como se opera nos vários ramos da ciência.

Existem quatro tipos de causas: a causa final, a causa eficiente, a causa formal e a causa material. Por exemplo, se examinarmos uma estátua, o mármore é a causa material, a causa eficiente é o escultor, a causa formal é o modelo que serviu de base para escultura e a causa final é o propósito, que pode ser vender a obra ou inspirar pessoas.

Há uma hierarquia entre as causas, sendo a causa final a mais importante. A ciência que estuda as causas últimas de tudo é chamada de filosofia (tive um professor de Filosofia no MBA de Advanced Leadership no Haggai[13] Leadership Institute/Hawaii que dizia, provocando, que "filosofia és una ciencia con la cuál, sin la cuál y por la cuál, te quedas tal y cuál...).". Por isso, a tradição costuma situar a filosofia como a ciência mais elevada ou mãe de todas as ciências, por ser o ramo do conhecimento que estuda as questões mais gerais e abstratas.

Esta pequena viagem ao mundo do pensamento nos ajuda a entender o vazio interior que cada um de nós carrega dentro de si. Madre Teresa de Calcutá[14] disse que:

> Há pessoas que têm parceiros, mas elas se sentem tão sozinhas e vazias quanto se não tivessem. Há outras que, por não saber esperar, decidem caminhar ao lado de alguém errado, e o egoísmo não permite que esse alguém se afaste mesmo sabendo que não as faz feliz.

> Há pessoas que mantêm casamentos ou compromissos pelo simples fato de que estar sozinho é difícil e inaceitável. Há pessoas que optam por ficar em segundo lugar e tentam chegar ao primeiro, mas a viagem é difícil, desconfortável e as enche de dor e abandono.
>
> Mas existem outras pessoas que estão sozinhas e brilham, e vivem a vida da melhor maneira. São pessoas que não se apagam, pelo contrário; a cada dia elas têm mais e mais luz. São as pessoas que aprendem a desfrutar da solidão porque a solidão as ajuda a chegar mais perto delas mesmas, para crescerem e fortalecerem o interior delas próprias.
>
> Essas pessoas são as que, um dia, sem saber exatamente quando, ou por que, se encontrarão lado a lado com o amor, o amor verdadeiro, e se apaixonarão de uma forma maravilhosa.

Diferentemente dos animais, que agem puramente por instinto, o homem é um misto de razão e emoção (deixemos de lado, por enquanto, o lado espiritual). E, justamente em razão disso, vive de tentativas. O homem é um ser de tentativas. De certo e de errado. De preto e de branco, apesar dos *50 Tons de Cinza*[15]... De conceitos fechados dentro dos limites que lhe foram estabelecidos por fatores genéticos, de ascendência racial, de origem geográfica, de natureza socioeconômica, enfim: vivemos pautados por melhorar os erros decorrentes de nossas tentativas, quase sempre muito mais amplos e impactantes do que os acertos, não poucas vezes atingidos por acidente. Somos criados a partir do erro que se deve crescer consertando erros. Isto não parece um grande erro pra você? Frases como "errar é humano" permeiam nosso inconsciente e funcionam como pré-justificativa aplicada constantemente e que, ainda pior, trabalha nas sombras impulsionando à ação instintiva, quase que impedindo o cérebro de selecionar alternativas, elencar caminhos, prever consequências, dimensionar impactos, estabelecer prioridades, definir limites, adotar critérios, avaliar reações, impedir tropeços, pedir ajuda, reconhecer incapacidades, discutir modelos, tirar conclusões.

Enfim, como diria Blaise Pascal:[16] "E assim é o ser humano: tão vazio que se preenche com qualquer coisa, por mais insignificante que seja."

Como você explicaria?

A Nona Sinfonia (em D menor, op. 125), é a última sinfonia completa de Ludwig van Beethoven.[17] Concluída em 1824, a sinfonia é uma das obras mais conhecidas do repertório clássico ocidental. Entre os críticos, é universalmente considerada uma das maiores obras de Beethoven, e é também considerada por alguns como a maior obra musical jamais escrita. Foi adaptada para uso como hino europeu.

A Nona de Beethoven foi o primeiro exemplo de um compositor importante usar vozes em uma sinfonia (tornando-se assim uma sinfonia coral). As palavras são cantadas durante o movimento final por quatro solistas vocais e coro. Os versos foram retirados do poema de Schiller[18] *An die Freude* (traduzido literalmente como *To Joy*), mas é normalmente chamado de *Ode à Alegria*. Foi escrito em 1785 e publicado pela primeira vez no ano seguinte no jornal do poeta literário Thalia. Beethoven tinha feito planos para levar este poema à música em 1793, quando tinha apenas 22 anos de idade. Quando compôs a Nona ele já estava completamente surdo.

A Nona Sinfonia foi tocada publicamente pela primeira vez em 7 de maio de 1824 no Kärntnertortheater em Viena, juntamente com a *Consecration of the House Overture* e as três primeiras partes da *Missa Solemnis*. Esta foi a primeira aparição do compositor no palco em 12 anos. O salão estava lotado.

Embora a condução oficial tenha sido de Michael Umlauf Kapellmeister,[19] Beethoven dividiu o palco com ele. Umlauf instruiu os cantores e músicos para ignorar o Beethoven surdo. No início de cada parte, Beethoven, que se sentou ao palco, deu os tempos. Ele foi virando as páginas de sua composição e deu o tempo para que Umfaluf conduzisse uma orquestra que ele, o autor, não podia ouvir.

Quando o público começou a aplaudir, a contralto Caroline Unger[20] caminhou até Beethoven e virou-o para que ele aceitasse aplausos da plateia. A audiência aclamou Ludwig em pé por cinco vezes, jogou lenços e chapéus no ar e manteve as mãos levantadas para que ele percebesse o quanto os havia emocionado.

Como você explicaria uma situação como esta? De que forma é possível, a partir do seu ponto de vista, tecer comentários ao que Beethoven foi capaz de fazer com limitações, digamos, mandatórias para quem tinha como missão de vida escrever música? E, como agravante, música para dezenas de instrumentos que, se tocados individualmente, levá-lo-iam a levantar da poltrona e deixar a sala de concertos? Porém, tocados em uníssono, são capazes de elevar aos mais altos céus o coração mais duro e a mente mais intransigente. Havia muito mais em Beethoven do que era possível ver. Muito provavelmente as pessoas não o enxergavam como as sementes de maçã nas palmas das mãos de Myles Munroe. Mas havia ali um potencial prestes a tornar-se o que nascera para ser.

Deixe-me fazer uma pergunta: você já comeu milho verde? Muito provavelmente sim. Você seria capaz de dizer quantos grãos de milho existem numa espiga? Muito provavelmente não (o que, convenhamos, torna-o uma pessoa normal. Quem seria capaz de ter a "ideia de" ou "razão para" os contar?). Vamos facilitar: você já viu um pé de milho? É bastante provável que sim, mesmo que em filmes. Uma pergunta mais fácil? Quantas espigas brotam de um pé de milho? Uma... cinco... seis... quem sabe 10? Mas a grande questão na verdade é: quantos grãos de milho foram necessários para que aquele pé de milho nascesse? Um. Apenas um. Um grão de milho fez nascer um pé de milho que, por sua vez, fez brotar várias espigas de milho com centenas de grãos de milho em cada uma. Potencial. O potencial contido no "grão de milho" de Beethoven era imensuravelmente maior do que se poderia prever ao olhar para ele. Potencial. Lembre-se: a teoria da pipoca é sobre reconhecer o potencial e o valor das pessoas. É sobre olhar para elas de verdade, e não olhar através delas. Assim como com as pipocas, você não sabe quais vão estourar, mas elas vão aparecer. Para algumas pessoas, é muito difícil perceber a diferença entre elas.

A missão que não morreu

Imagine ser membro de uma equipe de líderes executivos de uma avançada e inovadora companhia desenvolvendo uma nova e revolucionária tecnologia, com potencial para mudar milhões de vidas. O CEO é uma pessoa atraente e visionária, cuja energia contagiante prepara todos para um futuro incrível e produtivo.

Como parte da estratégia de pesquisa e desenvolvimento o CEO viaja para um país do terceiro mundo. Essa tecnologia – ele enfatizou – deve ter aplicação universal apesar das diferenças culturais. Completados os testes, o voo de retorno está prestes a decolar, quando um terremoto atinge a pequena nação. Uma grande fenda se abre na pista do aeroporto arremessando a aeronave em aceleração violentamente nos ares, antes de fazê-la cair. Nenhum passageiro sobrevive.

O terremoto interrompeu as comunicações, mas as informações lentamente se tornaram conhecidas. Os demais executivos da empresa ficam entristecidos e em choque após ouvir relatos dando conta que todos a bordo estavam mortos. Sem o CEO sua missão parece ter sido abortada de repente e as esperanças malogradas. A imensa necessidade global permanece, mas o CEO era o guardião da visão, aquele que lideraria a missão rumo ao futuro. Ele agora tinha partido.

Dois dias após o desastre, porém, as comunicações são restauradas. Sabe-se então, que o CEO impedido por um imprevisto, não estava naquele voo. Ele está vivo e bem.

Evento similar ocorreu de verdade há mais de 2 mil anos, numa região do mundo com a qual todos estão familiarizados: o Oriente Médio. Um certo líder[21] atraiu número considerável de seguidores. O entusiasmo era grande. Seus seguidores alimentavam grandes expectativas do que poderiam realizar sob a liderança dele. Mas repentinamente os sonhos se desvaneceram em numa cerimônia funesta, onde ele foi assassinado enquanto seus opositores gritavam em entusiástica aprovação. Seus seguidores se espalharam, subjugados pelo desespero e confusão. A causa, eles acreditavam, estava perdida. Era sexta-feira.

A manhã do domingo seguinte, entretanto, surgiu trazendo surpreendentes novas: o túmulo onde descansara o corpo daquele líder estava vazio. Testemunhas o tinham visto e conversado com ele. Vivo? Como era possível? Nos dias que se seguiram, ele apareceu a cada um de seus leais seguidores. A missão que ele iniciara fora reativada. Hoje, mais de 20 séculos depois, sua causa avança mais forte que nunca.

O que começou com um punhado de seguidores cresceu até tornar-se um movimento mundial, com bilhões de pessoas que continuam a levar sua mensagem atemporal e transformadora. Lembre-se: a teoria é sobre reconhecer o potencial e o valor das pessoas. É sobre olhar para elas de verdade, e não olhar através delas. Assim como com as pipocas, você não sabe quais vão estourar, mas elas vão aparecer. E, para algumas pessoas, é muito, mas muito mais fácil perceber a diferença entre elas.

Martin Luther King[22] dizia que "sempre é o tempo certo pra se fazer a coisa certa". Não seja duro e cruel consigo mesmo. Aprenda a conhecer-se melhor. Você, antes de mais nada, merece saber mais sobre você. Não tenha medo de ser quem você é: a perfeição é uma crença limitante. Aprenda sobre como reconhecer e conhecer melhor cada ser humano que for colocado em seu caminho. Homens não são ilhas. No começo de 2019, numa visita ao Panamá, o Papa Francisco[23] disse que:

> [...] o próximo é uma pessoa, um rosto que encontramos na estrada, e pelo qual nos deixamos nos mover, saímos de onde estamos: mova-se dos seus esquemas e prioridades e avance profundamente no que essa pessoa vive, para dar-lhe lugar e espaço em sua caminhada. É assim que o Bom Samaritano, diante do homem que estava meio morto ao lado da estrada, não só por bandidos, mas também pela indiferença de um sacerdote e um levita que não se atreveram a ajudar. Porque, vocês sabem, a indiferença também mata, dói. E pode matar a uns por algumas moedas miseráveis, a outros por medo. Medo de contaminação, ou por desprezo ou repugnância social.

Dramas pessoais têm impacto e alcance muito maiores do que no universo interno. Potencial! Enquanto a Bíblia diz que "colheremos a 30, 60 e 100 por um", não é difícil, numa rápida retrospectiva, trazer à memória experiências que vivemos e que, à sua maneira, geraram em nós e no mundo à nossa volta um sem número de reações. O episódio da morte da Princesa Diana,[24] por exemplo, colocou a Rainha Elizabeth[25] num dos capítulos mais delicados de sua existência: como reagir diante de algo inesperado e de tamanha magnitude? Seus paradigmas internos e seu código de crenças indicavam um caminho claro. A realidade à sua volta dizia exatamente o contrário. Uma Rainha! Não poucas vezes achamos que a vida alheia é melhor por estar isenta de problemas tão grandes quanto os nossos. O que pode ser considerado impossível para uma Rainha? Somos um universo contido em nós mesmos ao mesmo tempo em que somos átomos inseridos num universo estratosférico e de inimagináveis e complexas teias de rela-cionamentos. Neste mesmo episódio, em que nobres foram substituídos por artistas e celebridades para não "ferir" a tradição britânica relacionada aos funerais da Família Real, Madonna[26] expressou sua visão humanista e construtiva ao chamar a atenção do mundo, na abertura do Video Music Awards, para nossas responsabilidades universais enquanto indivíduos:

> [...] antes que eu apresente a próxima banda eu gostaria de um minuto para conversarmos sobre o que aconteceu com a princesa Diana. Eu não estou aqui para falar contra os paparazzis ou dos comportamentos irresponsáveis de editores

> dos tabloides, pois isso nunca muda, mas ainda há algo que
> todos nós possamos fazer. É hora de termos mais respon-
> sabilidades com a nossa insensível necessidade de correr
> atrás de fofocas, escândalos, mentiras e rumores. De viver
> buscando a desgraça dos outros. É tempo de nos darmos
> conta de que tudo o que dissemos e fazemos afeta o mundo
> que nos rodeia. Estamos todos conectados e somos todos
> um só. E até que isso mude, comportamentos negativos e
> tragédias como essas continuarão a acontecer [...]

Todos começamos na mesma página. E todos vamos acabar na mesma página.

O que muda para cada um de nós, na verdade, é o que vem entre o prefácio e o epílogo: somos nós os portadores da caneta que escreverá o livro que conta nossa história. No começo da minha carreira como redator de publicidade, ganhei um quadro (e o conservo na parede até hoje) com uma frase de Pablo Neruda[27] que diz: "Escrever é fácil: você começa com maiúscula e termina com ponto. No meio, você coloca ideias.". Seja responsável consigo mesmo e com o mundo à sua volta. Saiba quem você é e qual o potencial contido em você. Acredite no que disse Steve Jobs[28] em sua teoria de vida reversa: "Você não pode conectar os pontos olhando pra frente; você só pode conectá-los olhando pra dentro e pra trás. Então você precisa acreditar que, de alguma forma, estes pontos irão se conectar no futuro.".

Como você se sente? Quando olha para si mesmo ou para uma outra pessoa qualquer, como a Teoria da Pipoca atinge você? Potencial. Jamais esqueça do potencial contido no milho de pipoca que você – e cada ser humano neste mundo – representa. Quem sabe o que está aí dentro de você esperando apenas que você tome uma decisão?

E pra encerrar, um conselho: mantenha-se vivo!

Sabe, nem sei como começar. Sempre soube como começar. Sempre soube como escrever o meio. Saberei escrever o final? Sou um sobrevivente. Sempre fui. Nasci assim. Depois da guerra nuclear sobrarão as baratas... e eu. Mas hoje... de alguma forma... eu acordei.

Sobrepassei, infringi, dilacerei, lutei, perdi...

Sobre minha pele e carne ardem os vergões do chicote implacável do castigo. Meu intelecto se esvai, afogado pelo oceano de emoções desconexas e pelo encontro inquestionável entre o rio da raiva e o mar das decepções.

Cansei... cansei. Desisti. E desistir soa doce. Doce como água do mar.

Está em mim o sentir. Está em mim o doer. Está em mim o permitir. Está em mim o entregar... o esmorecer.

Não consigo mais acreditar que (algo... qualquer coisa... qualquer um) vale a pena. Nada (mais) vale a pena. Nem mesmo eu mesmo valho (mais) a pena...

E quando não se vale a própria pena o que fazer? Sentir pena? Não... assumir culpas impossíveis de purgar? Não... levantar cada dia mais cedo e tentar... tentar... tentar? Não... deixar de dormir e passar a madrugada esperando que algo aconteça? Não... mentir pra si mesmo minimizando (nos outros) o impacto do que é real? Não...

Uma coisa sei: não vale a pena lutar com as justificativas. Não vou gastar os anos que me restam lutando com justificativas. É fácil demais encontrá-las. Nem a vida do mais fraco dos idiotas pode se basear em justificativas. Qualquer um encontra justificativas. E não quero morrer como qualquer um...

Adolescentes compartilham com o mundo seus nudes, duas semanas antes de seu baile de debutantes. Lamentável... uma lamentável piada burguesa que insiste em permanecer.

Não há mais espaço para puristas... para idealistas. O mundo de hoje é autofágico. E sou indigesto demais para viver assim.

Acho que vou... creio que fui... até mais... e fui porque, afinal, nada é como a gente quer... tudo é como a gente faz... já me disseram que carinho dói... que o afeto é corrosivo... que máscaras caem... que armaduras viram pó... que defesas se abrem.

Do contrário, por que conviver?

Alguma coisa que corroa... que abra.

Como o amor, que faz valer a pena sobreviver. Amor? Nada é como a gente quer... tudo é como a gente faz... ninguém molda ninguém... se completam...

Talvez?

Talvez seja isto que faz o amor (ainda) valer a pena:

Viver a diferença que nos faz todos iguais...

Referências tipológicas

[1] Entre 1920 e 1921 Jung publica o livro "Tipos Psicológicos". Ele traz uma proposta teórica sobre a estruturação da personalidade, feita por meio da observação clínica. Essa teoria não identifica patologias e não está ligada à inteligência ou valores morais. A Teoria dos Tipos Psicológicos de Carl G. Jung descreve, com muita precisão, porque cada um de nós é quem é. Enfatiza que possuímos características inatas que nos definem. Jung de forma alguma estabelece hierarquia ou classificação entre os 16 tipos psicológicos descritos (não há bons e maus nem melhores e piores), mas deixa claro que nos conhecermos a nós mesmos nos ajudará a entender a forma como interagimos com o mundo. E como vemos e somos vistos pelas outras pessoas. Propicia o crescimento consciente, enfatiza o valor da diversidade, ajuda a melhorar a comunicação, ajuda a identificar e minimizar focos de conflito, melhora a motivação e facilita relacionamentos.

Não é necessário ser um expert nem estudar em profundidade sua complexa teoria para usufruir de seus benefícios. Para tal precisamos conhecer e aprender a classificar quatro elementos a partir da simples observação.

Comece por você mesmo: como você carrega suas energias: **E** ou **I**? Como você percebe o mundo: **S** ou **N**? Como você toma decisões: **F** ou **T**? Como é seu estilo de vida: **P** ou **J**? Escreva suas quatro letras! Depois passe a "analisar" as pessoas próximas a você: pai, mãe, esposo(a), filho(a), irmãos(ãs)... Você verá que os resultados são incríveis e rapidamente perceberá que algumas perguntas que você se fez ao longo do tempo encontrarão, finalmente, as respostas esperadas...

Então vamos lá:

a. As diferentes formas como buscamos energia e motivação (**E** ou **I**)

Se temos preferência por usar a energia do mundo exterior (pessoas, atividades, coisas) para carregar nossas baterias. Se nosso *modus operandi* nos faz parecer relaxados e confiantes, como quem quer "mudar o mundo". Se, em geral, somos acessíveis e compreensivos com os demais (apesar de que, não poucas vezes, falamos quase sem pensar). Se adoramos estar cercados de gente, se nosso interesse está na variedade de atividades e nos inclinamos por tudo que é amplo, utilizamos a **Extroversão (E)**.

Se nossa preferência for por usar a energia do mundo interior (ideias, emoções, reflexões) para nos energizar. Se nosso *modus operandi* nos faz parecer reservados e questionadores, como quem quer "entender o mundo". Se, em geral, temos uma postura discreta e quase impenetrável (e, como padrão, pensamos muito antes de abrir a boca). Se buscamos tempo sozinhos para momentos de silêncio e concentração e nos interessamos por tudo que é profundo, utilizamos a **Introversão (I)**.

b. As diferentes formas de como percebemos o mundo à nossa volta (**S** ou **N**)

Se nossa preferência for por obter informações por intermédio dos cinco sentidos (aquilo que é tangível ou concreto). Se enxergamos a vida como ela é e agimos de forma prática buscando satisfação imediata (mundo atual). Se nos sentimos mais à vontade usando habilidades conhecidas, se somos quase obcecados por detalhes e cometemos poucos erros concretos, utilizamos a **Sensação (S)**.

Se nossa preferência for por obter informações por meio do "sexto sentido" (aquilo que "pode ser" ou abstrato). Se enxergamos a vida como ela pode ser e vivemos em busca de inovação e mudanças de rumo buscando realização posterior (mundo futuro). Se nos sentimos mais à vontade adicionando novas habilidades, temos uma visão ampla do mundo à nossa volta e uma facilidade incomum para identificar sistemas e padrões complexos, utilizamos a **Intuição (N)**.

c. As diferentes formas de tomarmos decisões (**T** ou **F**)

Se nossa preferência for por decidir organizando e estruturando lógica e objetivamente os fatos. Se utilizamos princípios concretos e enxergamos uma certa verdade "objetiva" nas coisas à nossa volta. Se agimos de forma breve e direta aos resolver problemas. Se nos sentimos mais à vontade atuando impessoalmente e tratando a todos com justiça, utilizamos o **Pensamento (T)**.

Se nossa preferência for por tomar decisões levando em consideração os valores e as necessidades humanas. Se valorizamos o impacto de nossas decisões sobre as pessoas e enxergamos uma certa verdade "subjetiva" nas coisas à nossa volta. Se agimos de forma harmônica e amistosa ao ajudar os outros. Se nos sentimos mais à vontade atuando de forma personalizada e tratando a todos com compaixão, utilizamos o **Sentimento (F)**.

d. Os diferentes estilos de vida (**J** ou **P**)

Se nossa preferência for por viver de forma estruturada, planejada e organizada. Se nosso foco está em completar tarefas com precisão e objetividade. Se tomamos decisões rapidamente e buscamos apenas a essência do trabalho, utilizamos o **Julgamento (J)**.

Se nossa preferência por viver de forma flexível, adaptável e espontânea. Se somos curiosos, flexíveis, adaptáveis e tolerantes. Se nosso foco está em iniciar tarefas com criatividade e alegria. Se constantemente adiamos decisões à espera de novos insights e desejamos profundamente "descobrir" a abrangência e impacto do trabalho, utilizamos a **Percepção (P)**.

ATITUDE	**COMO EU BUSCO MOTIVAÇÃO OU MINHA ENERGIA**	**E**	**AÇÃO, PESSOAS, COISAS**
		I	**IDEIAS, EMOÇÕES, IMPRESSÕES**
PROCESSO MENTAL	**COMO EU BUSCO INFORMAÇÕES OU COMO EU PERCEBO A REALIDADE**	**S**	**CONCRETO, FATOS, MUNDO PRESENTE**
		N	**ABSTRATO, POSSIBILIDADES, MUNDO FUTURO**
PROCESSO MENTAL	**COMO OU TOMO DECISÕES OU JULGO OS ACONTECIMENTOS**	**T**	**LÓGICA, OBJETIVIDADE**
		F	**VALORES PESSOAIS, SUBJETIVIDADE**
ATITUDE	**COMO AS PESSOAS ME VEEM OU QUAL MEU ESTILO DE VIDA**	**J**	**PLANEJADO, ORGANIZADO**
		P	**ESPONTÂNEO, FLEXÍVEL**
E	**EXTROVERTED - EXTROVERTIDO**	**T**	**THINKING - PENSAMENTO**
I	**INTROVERTED - INTROVERTIDO**	**F**	**FEELING - SENTIMENTO**
S	**SENSORIAL - SENSORIAL**	**J**	**JUDGEMENT - JULGAMENTO**
N	**INTUITION - INTUITIVO**	**P**	**PERCEIVING - PERCEPÇÃO**

Figura 1 – Tabela resumo dos conceitos

Fonte: o autor

[2] A Teoria dos Tipos Psicológicos de Carl G. Jung nos leva a pensar que a complementaridade faz sentido. Realmente faz, mas não é nada fácil! Na prática, a experiência nos mostra que as diferenças podem, não poucas vezes, não ser tão fáceis assim de se complementar. É claro que não existe uma regra absoluta para definir o que contribui e o que não contribui para que relacionamentos (quaisquer que sejam) funcionem, mas os humanos,

com raríssimas exceções, preferem conviver com aqueles que pensam de forma similar, que enxergam o mundo pelo mesmo prisma, que partilham dos mesmos valores e princípios e cujos estilos de vida os conduzam pelo mesmo caminho. Se você é Extrovertido e ao final de um dia de trabalho busca a convivência com pessoas para recarregar suas baterias (sair do trabalho para um happy hour, por exemplo) terá mais dificuldade de negociar com um Introvertido que, ao final do mesmo dia de trabalho está extenuado e precisa se recolher à sua "caverna" pra sentir-se vivo outra vez. Se você percebe o mundo à sua volta de forma prática, concreta e cheia de detalhes, pois prefere utilizar a Sensação, terá mais trabalho para conduzir uma conversa com alguém que, por preferir a Intuição, enxerga um mundo sem fim de alternativas teóricas e que, não poucas vezes, sente-se bem com a viagem, pouco importando o destino final. Se você utiliza o Pensamento e toma decisões de forma prática e objetiva e seu foco está centrado no cumprimento de uma tarefa específica, garanto que será desafiador ter de discutir com alguém que prefere o Sentimento e que, por causa disto, está disposto até mesmo a comprometer o resultado final de um projeto pra não ter de magoar ninguém. E por último, mas não menos importante, imagine que sendo alguém que utiliza preferencialmente o Julgamento como estilo de vida – o que o faz sentir-se bem por ter o mundo organizado, com todas as coisas no seu devido lugar e uma rotina perfeitamente ajustada ao planejamento –, conviver com alguém cujo estilo de vida é descontraído o suficiente a ponto de sair de casa levando o controle remoto da TV em vez do celular (e rir de si mesmo por ter feito isto!) e que, não poucas vezes, lhe pergunta: "Você sabe onde deixei meus óculos e as chaves do meu carro?".

Então, brincadeiras à parte, vale ressaltar aqui que, mesmo sendo o caminho mais fácil o andar entre iguais, os resultados de uma jornada assim tendem a ser menos eficazes justamente por não dar espaço ao contraditório. O Prof. Dr. Nicholas Negroponte (Massachusetts Institute of Technology) disse que "as boas ideias vêm das diferenças e que não existe melhor maneira de obter criatividade do que através de justaposições improváveis, misturando idades, culturas, disciplinas" e, por que não acrescentar, diferentes tipos psicológicos e suas inestimáveis contribuições específicas. Ampliar o autoconhecimento não resolverá os problemas do mundo (nem os seus), mas pode, sem dúvida, ajudar a compreender, enfrentar e buscar soluções inteligentes para alguns dos mais importantes problemas de autoaceitação e de relacionamento nas famílias, empresas, governos e culturas.

[3] Em 1980, Kersey e Bates fizeram uma teoria sobre o temperamento, baseada na Teoria dos Tipos Psicológicos de Jung. Para eles, independentemente de ser E ou I, o que define o temperamento é a preferência por S ou N, nas funções irracionais. Para definir os quatro tipos de temperamento, os autores se basearam em mitos, que, segundo Jung, são as manifestações de experiências arquetípicas.

SJ – Sensação Julgamento – Mito Epimeteu

Epimeteu é irmão de Prometeu. Zeus oferece um presente a Epimeteu, apelando para o senso de responsabilidade, lealdade e hierarquia. Epimeteu acaba aceitando o presente, que era o casamento com Pandora. Seu dote era uma caixa que ela ganhou de Zeus e que prometeu que nunca abriria. Porém, Pandora abre a caixa e libera todos os males do mundo, mas fecha a tempo de manter guardada a esperança. Zeus fica furioso, mas Epimeteu se mantém ao lado da esposa mesmo quando Zeus ameaça destruí-la. Epimiteu foi encarregado de ensinar o sentido do dever, a obediência.

O sujeito SJ é ligado à responsabilidade. A sociedade e os sistemas são construções SJ. É a informação concreta. É a ética, moral, responsabilidade, hierarquia. É marcado pela dedicação e persistência, pode se dedicar inteiramente a pessoas e tarefas sob sua responsabilidade. Tem um sentido de honra a palavra e aos compromissos. Procura fazer o possível para minimizar injustiças e sofrimento alheio. Sente necessidade de ser aceito por quem ele gosta. Não gosta de improvisos, se adapta facilmente a procedimentos, regras, modos de trabalho. Esse tipo de funcionamento proporciona segurança. Volta-se essencialmente para o trabalho e o cumprimento de deveres, procura viver de forma paternal, responsável e hierárquica.

Os SJs são conhecidos como PROTETORES. Observadores atentos, estáveis e motivados pela necessidade de manter tudo e todos em segurança. São administradores realistas e que seguem rotinas, exigindo que as tarefas sejam concluídas corretamente e que as pessoas se comportem adequadamente. SJs fazem análises completas para garantir que tudo seja feito de acordo com o planejado. Garantem que ninguém receba nem mais nem menos crédito do que o devido. Diante de uma necessidade, são rápidos em fornecer uma solução, desde que seja justificada – e pela lógica. Não se movem por impulso, mas por fatos.

Em virtude de sua natureza confiável, diligente, trabalhadora e perseverante, eles são excelentes líderes. SJs são confiáveis, altruístas e honestos. Eles são movidos por uma rigorosa ética de trabalho e valorizam muito a ajuda aos outros e o serviço à comunidade. São líderes talentosos devido à sua capacidade natural de organizar, planejar e criar estratégias. Eles prosperam em situações em que sabem o que se espera deles, pois apreciam regras e estrutura.

São obedientes às regras e muito leais. Valorizam tradição e moralidade. Geralmente se destacam na escola e atuam com altos padrões de desempenho. Eles não apreciam quando outros quebram regras ou desafiam sua autoridade. Não gostam de mudanças e situações imprevisíveis.

SP – Sensação Percepção – Mito Dionísio

Dionísio tem o significado de "nascido duas vezes". É filho de Zeus com uma humana. Quando ela estava grávida, ela pede a Zeus que apareça em toda a sua potência e divindade. Após alertar que isso não seria uma boa ideia, a mulher insiste e Zeus realiza seu desejo. A mulher é destruída, e Zeus pede ajuda para Vulcano, que costura o bebê na coxa de Zeus. O feto fica lá até o fim de sua gestação. Dionísio foi encarregado de ensinar a alegria de viver.

Dionísio é o "id", a busca do desejo. Está ligado aos sentidos, é protetor do comércio e se adapta, é flexível. Tudo é negociável, e ele parte em busca de novidades. É marcado pela aventura, estímulos, desafios. É a aventura, independência.

O valor principal para o SP é a liberdade de ação, gosta de trabalhar de maneira independente. Trabalha sob o impulso da ação. O que importa é viver o momento em sua plenitude. Pode envolver arte, esporte, ciência, atividade acadêmica ou empreendimento. A ação é sempre um fim em si mesmo. Não suporta procedimentos determinados, rotinas, hierarquias, regulamentos. Gosta de situações que envolvem o desconhecido, pois pode explorar sua liberdade e capacidades. Se dá bem em situações de crise, que privilegiam o improviso. Tem facilidade de fazer amizades, é otimista em relação à vida. Não gosta que digam como fazer algo, prefere improvisar.

SPs são os CRIADORES. Observadores, experienciais e principalmente impulsionados pela sensação. Eles são pessoas flexíveis, esteticamente conscientes, "aqui e agora" que, com pouco tempo de antecedência, vão aonde seus sentidos levam. Os SPs naturalmente fazem um esforço (com uma abordagem realista) para não perder uma oportunidade que pode ser emocionante, agradável ou valiosa. São descontraídos, têm mente aberta e muito amor por se sentirem vivos. Forte tendência para qualquer coisa que envolva criar ou elaborar.

São naturalmente artísticos, corajosos e adaptáveis. Eles apreciam a beleza da natureza, moda e decoração. Sua natureza aventureira os torna excitantes, energéticos e espontâneos. Impulsionado por sua curiosidade e ludicidade, os SPs estão dispostos a tentar quase tudo. São simpáticos, muito populares e poucos como eles gostam tanto de contar uma boa história ou piada.

São flexíveis em diferentes situações e com diferentes tipos de pessoas. Eles amam ser o centro das atenções. Eles aprendem melhor a partir de seus sentidos, em ambientes interessantes e quando a informação é prática. Seu amor pelas pessoas e interesse em negócios faz deles superdotados negociadores. Não gostam de discussões ou análises elaboradas.

NT – Intuição e pensamento – Mito Prometeu

Prometeu era um titã que recebeu a incumbência de criar a humanidade a partir do barro. Ele era filho de Zeus, portanto, era capaz de dar forma, mas não conseguia criar a vida. Prometeu então vai ao Olimpo e rouba o fogo, dando vida à humanidade. Ao fazer isso ele dá aos humanos o domínio da tecnologia, igualando os humanos aos deuses, com o poder de controlar a natureza. Zeus castiga Prometeu, amarrando-o a uma rocha. Durante o dia, um abutre come o fígado de Prometeu, que se refaz durante a noite. Ele fica nesse castigo durante milênios, até que é salvo por Hércules. Prometeu foi encarregado de propiciar o conhecimento da ciência.

O sujeito NT busca conhecimento, domínio da ciência. É o cientista. Quer saber como as coisas funcionam, seus princípios. É o pesquisador, professor universitário. Ensina as teorias e princípios da área. Prometeu, para roubar o fogo, teve que mostrar sua independência.

Tem desejo de compreender e controlar a natureza. O poder o fascina, quer entender a natureza, predizê-la e explicá-la. Costuma ser muito autocrítico. Comunica-se de maneira lógica. Busca aprender constantemente, gosta de desenvolver modelos e explorar ideias. Não se importa com mudanças em procedimentos, desde que façam sentido. Pode ser considerado frio, insensível, enigmático. Interessa-se pelas possibilidades futuras. É muito questionador.

Os NTs são tidos como INTELECTUAIS. São introspectivos, lógicos e em constante busca de conhecimento. Eles são práticos e nada sentimentais em sua abordagem à solução de problemas. As ações de um NT são precisas e seguem um curso sistemático. Sintético, teórico e tecnicamente competentes, os NTs são naturalmente inventivos. Eles também podem ser descritos como sendo analíticos, intelectuais, inquisitivos e complexos.

NTs são inteligentes, independentes e determinados. Eles são grandes empreendedores, orientados não apenas para adquirir, mas também para dominar grandes quantidades de informação. Eles são pura razão, autossuficiência e lógica. Embora os NTs tenham o desejo de saber tudo, eles também tendem a questionar qualquer coisa. Seu grande interesse em investigar e questionar indica carreiras ligadas à pesquisa, desenvolvimento, empreendedorismo e tecnologia.

NTs são bons em ver o quadro geral. Eles trabalham bem sozinhos e são capazes de se concentrar e estudar por longos períodos. Os NTs adoram discussões abstratas e teóricas. Eles respeitam o brilho e a autoconfiança nos outros. NTs não gostam de instruções ilógicas e conversas emocionais.

NF – Intuição e sentimento – Mito Apolo

Apolo é um deus filho de uma humana e Zeus. A irmã de Apolo, Artemis, ajuda a mãe a dar à luz seu irmão gêmeo durante dois dias e duas noites. Apolo é o deus da poesia, música, é profano e carnal. É espiritualizado e ambivalente. Apolo tinha uma carruagem que levava o sol, e era seguido por Vésper, com seu manto de estrelas. Apolo era encarregado de dar ao homem o sentido do espírito.

Sua característica é a empatia, busca ter uma missão que tenha significado e importância, quer entender as necessidades do outro. Está relacionado à psicologia, terapia, filosofia, jornalismo, arquitetura, economia.

Busca a sua autenticidade, prioriza a integridade e autorrealização. Busca ser e contemplar. Está sempre dividido entre espectador e protagonista da própria vida. Orienta-se para o futuro, pensando sobre possibilidades de pessoas. Possui forte senso de missão, se esforça para ganhar seguidores e discípulos. Tem dificuldade em estabelecer os limites de tempo e energia que devota ao trabalho, pois busca a perfeição. Busca um sentido existencial.

Os NFs são conhecidos como VISIONÁRIOS. Introspectivos, intuitivos e altamente idealistas, são pessoas subjetivas e compassivas que desejam contribuir com bondade e significado para as vidas dos outros. São eficazes em fazer isso por meio de sua natureza estimulante, perspicaz e encorajadora. Os NFs evitam o conflito. Eles farão tudo o que puderem para garantir que seus entes queridos se relacionem e sejam felizes. Os NFs são imaginativos, criativos e apaixonados por suas causas de escolha.

São empáticos, generosos e originais. Pessoas carinhosas que não são apenas sensíveis aos sentimentos dos outros, mas também muito hábeis em identificá-los. Desejam compreender a si mesmos e serem entendidos por quem realmente são.

No que tange às carreiras mais promissoras NFs serão, sem dúvida, professores, mentores, escritores e artistas talentosos – uma vez que estão genuinamente interessados em ajudar os outros a crescer e alcançar seu potencial. São futuristas e caridosos. Em seus relacionamentos, eles exigem autenticidade, profundidade e significado. Eles valorizam a harmonia e gostam de agradar os outros. NFs murcham em ambientes críticos e competitivos.

[4] **Sêneca era INTP (assim como Charles Darwin, Meryl Streep, Snoopy, Homem Aranha e o próprio Carl G. Jung):** racionais, curiosos, teóricos, abstratos e preferem organizar ideias em vez de situações ou pessoas.

Contribuições para a Organização: planejam sistemas lógicos e complexos; demonstram habilidade para resolver problemas complexos; apresentam uma visão intelectual de curto e longo alcances; aplicam a lógica, a análise e o pensamento crítico aos assuntos; vão diretamente ao centro do problema.

Possíveis Armadilhas / Oportunidades de Desenvolvimento: podem ser muito abstratos e não realistas sobre a necessidade de terminar o que foi começado; podem intelectualizar exageradamente, tornando-se muito teóricos em suas explicações; podem concentrar-se exageradamente em inconsistências menores; podem direcionar o seu pensamento analítico e lógico para as pessoas, agindo de forma impessoal.

[5] **Deni Belotti é INTJ (assim como Gen. Colin Powell, Martina Navratilova, Michael Corleone/Poderoso Chefão, Gandalf/Senhor dos Anéis**

e Roger Waters/Pink Floyd): independentes, decididos, determinados e confiam em suas visões sobre as possibilidades, independente do ceticismo dos outros.

Contribuições para a Organização: apresentam uma forte capacidade conceitual; organizam ideias em planos de ação; trabalham a fim de remover todos os obstáculos para que os objetivos sejam atendidos; apresentam uma forte noção do que a organização pode vir a ser; fazem a organização entender o sistema como um todo, por intermédio da sua interação complexa entre as partes.

Possíveis Armadilhas / Oportunidades de Desenvolvimento: podem parecer tão duros que as pessoas ficam com medo de se aproximar ou de desafiá-los; podem criticar os outros em sua busca pelo ideal; podem ter dificuldade de se libertar de ideias não práticas; podem ignorar o impacto das suas ideias ou estilo nas pessoas.

[6] **Chuang Tzu era ENFP (assim como Walt Disney, John Lennon, Bob Dylan, Willy Wonka e Renly Baratheon/Game of Thrones):** entusiasmados, introspectivos, inovadores, versáteis e incansáveis na busca constante por novas oportunidades.

Contribuições para a Organização: iniciam mudanças (starters); concentram-se em possibilidades, especialmente para as pessoas; energizam as pessoas a partir de seu entusiasmo contagiante; originam um sem número de projetos e ações; reconhecem e valorizam as pessoas.

Possíveis Armadilhas / Oportunidades de Desenvolvimento: podem iniciar novos projetos e ideias sem terminar o que já foi começado; podem ignorar detalhes relevantes; podem exagerar e tentar fazer muito além de sua capacidade de entrega; podem adiar (procrastinadores natos).

[7] **Platão era INFJ (assim como George Harrison, J.K. Rowling/Harry Potter, Mahatma Ghandi, Nicole Kidman e Jon Snow/Game of Thrones):** confiam em sua própria visão, exercem influência, têm profunda compaixão, são introspectivos e buscam a harmonia.

Contribuição para a Organização: proporcionam visões orientadas para o futuro sobre como servir as necessidades humanas; cumprem com seus compromissos; trabalham com integridade e consistência; preferem trabalhos que necessitam de isolamento e concentração; organizam interações complexas entre as pessoas e as tarefas.

Possíveis Armadilhas / Oportunidades de Desenvolvimento: podem achar que suas ideias são ignoradas e subestimadas; podem não ser diretos com críticas; evitam ser invasivos, mantendo assim muitas coisas para si próprios; podem operar com a concentração voltada para uma única finalidade, ignorando outras tarefas que devem ser realizadas.

[8] **Aristóteles era ESTJ (assim como Michele Obama, Saddam Hussein, Apóstolo São Paulo, Boromir/Senhor dos Anéis e Cersei Lannister/ Game of Thrones):** lógicos, analíticos, decididos, inflexíveis e capazes de organizar fatos e operações com bastante antecedência.

Contribuição para a Organização: percebem falhas antecipadamente; criticam de maneira lógica; organizam processos, produtos e pessoas; monitoram para ver se uma tarefa está sendo realizada; terminam, passo a passo, aquilo que foi começado.

Possíveis Armadilhas / Oportunidades de Desenvolvimento: podem decidir muito rapidamente; podem não enxergar a necessidade de mudanças; podem ignorar os detalhes do trabalho para realizar uma tarefa; podem ser dominados por seus sentimentos e valores se estes forem ignorados por muito tempo.

[9] **Protágoras era ENTP (assim como Thomas A. Edison, Tom Hanks, Alfred Hitchcock, Tony Stark/Homem de Ferro e Tyrion Lannister/Game of Thrones):** inovadores, versáteis, analíticos e atraídos por empreendimentos.

Contribuições para a Organização: encaram as limitações como desafios a serem vencidos; apresentam novas maneiras de fazer as coisas; oferecem uma estrutura conceitual de referência aos problemas; tomam iniciativas e incentivam os outros; gostam de desafios complexos.

Possíveis Armadilhas / Oportunidades de Desenvolvimento: podem ficar perdidos em modelos, esquecendo-se da realidade atual; podem ser competitivos, não reconhecendo as contribuições alheias; podem se sobrecarregar; podem não se adaptar bem a procedimentos convencionais.

[10] **Tal qual Sêneca, Sócrates era também um INTP!**

[11] Tal qual Platão, Parmênides também era um INFJ!

[12] Dr. Myles Munroe era ENTJ (assim como Richard Nixon, Winston Churchill, Bill Gates, Lex Luthor/Superman e Tywin Lannister/Game of Thrones): lógicos, organizados, estruturados, objetivos e determinados quanto àquilo que veem como conceitualmente válido.

Contribuições para a Organização: desenvolvem planos bem estruturados; proporcionam estrutura à organização; criam estratégias que funcionam na direção de objetivos amplos; assumem o comando rapidamente; lidam diretamente com os problemas causados por confusões e ineficiência.

Possíveis Armadilhas / Oportunidades de Desenvolvimento: podem ignorar as necessidades alheias quando concentrados em uma tarefa; podem ignorar as considerações e limitações práticas; podem tomar decisões muito rapidamente e parecer impacientes e dominadores; podem ignorar e reprimir seus próprios sentimentos.

[13] Dr. John Haggai era INFP (assim como Antoine de Saint-Exupéry, Andy Warhol, Maria/mãe de Jesus, Bob Marley e Daenerys Targaryen/ Game of Thrones): têm a mente aberta, são idealistas, introspectivos, flexíveis e querem que seu trabalho contribua para algo realmente importante.

Contribuições para a Organização: trabalham a fim de encontrar um lugar para cada pessoa dentro da organização; são persuasivos sobre seus ideais; unem as pessoas em torno de um objetivo comum; buscam novas ideias e possibilidades para a organização; impõem sutilmente os valores organizacionais.

Possíveis Armadilhas / Oportunidades de Desenvolvimento: podem atrasar o término de uma tarefa por causa do perfeccionismo; podem tentar agradar muitas pessoas ao mesmo tempo; podem não ajustar suas visões aos fatos e à lógica de uma situação; podem levar mais tempo para refletir do que para agir.

[14] Madre Teresa de Calcutá era ISFJ (assim como Príncipe Charles, Tiger Woods, Agatha Christie, Beyoncé e Forrest Gump): complacentes, leais, atenciosos, gentis e enfrentam qualquer tipo de problema para ajudar aqueles que necessitem de apoio.

Contribuição para a Organização: consideram as necessidades práticas das pessoas; utilizam-se da sua habilidade de concluir tarefas para atingir os objetivos da organização; são cuidadosos e responsáveis com detalhes e rotinas; não medem esforços para servir as pessoas; têm as coisas na hora e no lugar certo.

Possíveis Armadilhas / Oportunidades de Desenvolvimento: podem ser muito pessimistas em relação ao futuro; podem ser vistos como muito flexíveis ao apresentar suas visões para as pessoas; podem não ser valorizados devido ao seu estilo quieto e reservado; podem ser mais flexíveis do que algumas pessoas ou situações demandam.

[15] E.L. James, autora de 50 Tons de Cinza, era ESTJ tal qual Michele Obama!

[16] **Blaise Pascal, tal qual o filósofo Sêneca, era INTP!**

[17] **Ludwig van Beethoven, assim como o Prof. Deni Belotti, era INTJ!**

[18] **Friedrich Schiller, assim como Beethoven, era INTJ!**

[19] **Michael Umlauf Kapellmeister era ISFP (assim como Lady Gaga, Jackeline Onassis, Steven Spielberg, Kobe Bryant/NBA e Rose/Titanic):** gentis, atenciosos, têm grande compaixão com os menos afortunados e adotam uma abordagem aberta e flexível.

Contribuição para a Organização: atendem às necessidades das pessoas dentro da organização conforme estas surjam; agem para garantir o bem-estar alheio; trazem alegria ao trabalho; unem as pessoas e tarefas mediante a virtude de sua natureza cooperativa; prestam atenção aos aspectos humanos da organização.

Possíveis Armadilhas / Oportunidades de Desenvolvimento: podem confiar excessivamente e ser bastante ingênuos; podem não ser críticos com as pessoas quando necessário, mas são extremamente autocríticos; podem não enxergar além dos fatos presentes para compreender as coisas dentro do contexto geral.

[20] **Caroline Unger era ESFP (assim como Elvis Presley, Ringo Starr, Jamie Oliver, Serena Williams e Simba/Rei Leão):** amigáveis, comunicativos, agradáveis, gostam de se divertir e se direcionam naturalmente para as pessoas.

Contribuição para a Organização: trazem entusiasmo e cooperação; apresentam uma imagem positiva da organização para as pessoas; oferecem ação e entusiasmo; unem as pessoas e os recursos; aceitam e lidam com as pessoas como elas são.

Possíveis Armadilhas / Oportunidades de Desenvolvimento: podem enfatizar demasiadamente dados subjetivos; podem não pensar antes de começar alguma coisa; podem perder muito tempo socializando, negligenciando assim as tarefas; podem não terminar o que começaram (procrastinadores eventuais).

[21] **Jesus Cristo, é claro, não tem unanimidade na determinação teórica de seu perfil psicológico. Porém, levando-se em consideração os diversos estudos e discussões humanísticas, filosóficas e teológicas a respeito do assunto, a opinião dos experts aponta na direção INTJ...**

[22] **Martin Luther King era ENFJ (assim como Barack Obama, Rei Davi, Sean Connery/007, Freddie Mercury/Queen e Cristiano Ronaldo):** adaptáveis, compreendem, toleram, reconhecem e facilitam uma boa comunicação.

Contribuições para a Organização: trazem novas ideias sobre como as organizações deveriam tratar as pessoas; gostam de liderar e dar assistência às equipes; encorajam a cooperação; comunicam valores organizacionais; gostam de levantar questões para tirar conclusões úteis.

Possíveis Armadilhas / Oportunidades de Desenvolvimento: podem idealizar as pessoas e oferecer lealdade cega; podem ignorar problemas quando em conflito; podem ignorar a tarefa em favor de questões de relacionamento; podem receber críticas de forma pessoal.

[23] **Papa Francisco é ESFJ (assim como Sam Walton/Wal-Mart, Elton John, Príncipe Willian, Rocky Balboa e Sansa Stark/Game of Thrones):** prestativos, diplomáticos, organizados, têm grande compaixão e dão bastante valor à interação humana harmoniosa.

Contribuição para a Organização: trabalham bem com as pessoas, especialmente em equipe; prestam atenção às necessidades e desejos alheios; completam as tarefas dentro do prazo e de maneira precisa; respeitam regras e autoridades; lidam com operações diárias eficientemente.

Possíveis Armadilhas / Oportunidades de Desenvolvimento: podem evitar conflitos e mascarar problemas; podem não valorizar suficientemente suas próprias prioridades devido ao desejo de atender aos outros; podem assumir que sabem o que é melhor para as pessoas ou para a organização;

podem evitar afastar-se do problema, deixando de ter uma visão mais ampla da situação.

[24] **Lady Di era INFP!**

[25] **Rainha Elizabeth é ISTJ (assim como George W. Bush, Jeff Bezos/ Amazon, Denzel Washington, Sting e Stannis Baratheon/Game of Thrones:** meticulosos, cuidadosos, sistemáticos, responsáveis e cautelosos com detalhes.

Contribuições para a Organização: realizam tarefas rapidamente e dentro dos prazos; são particularmente habilidosos com detalhes e cuidadosos ao gerenciá-los; têm as coisas na hora certa e no lugar certo; honram compromissos e terminam aquilo que foi começado; trabalham bem dentro de estruturas organizacionais.

Possíveis Armadilhas / Oportunidades de Desenvolvimento: podem ignorar implicações de longo prazo para favorecer as operações diárias; podem ser indelicados com as pessoas; podem se tornar rígidos e inflexíveis; podem esperar que as pessoas sigam procedimentos de operação convencionais, deixando de encorajar inovações.

[26] **Madonna é ESTP (assim como Ben Affleck, Donald Trump, Mike Tyson, Amy Winehouse e Jaime Lannister/Game of Thrones:** orientados para a ação, pragmáticos, engenhosos e realistas, preferindo escolher o caminho mais eficiente.

Contribuições para a Organização: negociam e se comprometem com o andamento das coisas; fazem as coisas acontecer, mantêm tudo vivo; adotam uma abordagem realista; assumem riscos; observam e se lembram de informações factuais.

Possíveis Armadilhas / Oportunidades de Desenvolvimento: podem parecer ásperos e insensíveis com as pessoas quando agem rapidamente; podem confiar exageradamente em improvisações, deixando de perceber implicações mais amplas de suas ações; podem deixar de concluir tarefas em função do surgimento de novos problemas.

[27] **Pablo Neruda, tal qual Lady Di, era INFP!**

[28] **Steve Jobs era ISTP (assim como Bruce Lee, Dalai Lama, Frank Sinatra, Ayrton Senna e Arya Stark/Game of Thrones:** têm habilidade

para gerenciar situações e fatos, são oportunos, realistas e não costumam ser convencidos por nada além da razão.

Contribuições para a Organização: agem como solucionadores de problemas, buscando atender às necessidades e aos problemas do momento; funcionam como um compêndio ambulante de informações; conseguem fazer com que as coisas sejam feitas apesar das regras, e não por causa delas; permanecem calmos durante as crises, tendo assim um efeito apaziguador sobre os outros.

Possíveis Armadilhas / Oportunidades de Desenvolvimento: podem guardar coisas importantes para si próprios e parecer despreocupados com os outros; podem seguir adiante antes que os esforços iniciais tenham dado frutos; podem ser muito oportunistas, economizando esforços e pegando atalhos; podem parecer indecisos e sem direção.

CAPÍTULO 2

O PROTAGONISMO NÃO É UMA ESCOLHA

Rafael Silva

Rafael de Carvalho e Silva (Curitiba, 23/10/1987) é formado em Administração de Empresas, pós-graduado em Gestão Estratégica de Pessoas e possui especialização em Desenvolvimento Gerencial. Iniciou sua carreira profissional atuando na área financeira, porém há nove anos mudou sua trajetória e passou a atuar na área de Recursos Humanos por acreditar que o sucesso das empresas passa pela excelência na gestão do capital humano. Desde então tem como propósito desenvolver, implantar e otimizar ferramentas que facilitem a gestão de recursos humanos em empresas nacionais e multinacionais de diferentes segmentos e faz sua primeira publicação nesta obra.

PROTAGONISMO PROFISSIONAL: O NOVO PERFIL EXIGIDO PELO MERCADO

Não importa o que você seja,
quem você seja,
ou o que deseja na vida,
a ousadia em ser diferente
reflete na sua personalidade,
no seu caráter,
naquilo que você é.
E é assim que as pessoas lembrarão
de você um dia.

(Ayrton Senna da Silva)

Introdução

Este capítulo tem por objetivo trazer à luz uma reflexão sobre a importância do profissional de hoje atuar como protagonista em sua carreira. Durante as próximas páginas o tema será explorado visando discorrer impactos positivos, consequências desta postura profissional, entender a relação entre o protagonismo e crescimento profissional e tentar traçar, mesmo que de maneira empírica as principais competências exigidas por este modelo de gestão de carreira.

Trata-se de um tema importante e relevante à medida que os profissionais que buscam ser protagonistas em suas carreiras e organizações precisam estar atentos e capacitados a perceberem como a empresa e seus colaboradores estão reagindo aos estímulos internos e externos em um ambiente empresarial cada vez mais dinâmico e incerto e de que maneira estas variáveis estão impulsionando ou impedindo a si e a empresa de alcançarem seus objetivos no curto, médio e longo prazos.

Para facilitar o entendimento dos conceitos foram utilizados exemplos de situações que ocorrem rotineiramente e que trazem ponderações importantes sobre como ser protagonista em sua carreira.

O ponto de partida para o presente capítulo foi fazer uma reflexão e analisar os aspectos relacionados ao processo de escolha, desde o seu conceito mais básico até o processo da escolha e as suas consequências. Em seguida, buscou-se estabelecer a relação entre este processo de escolha, a tomada de decisão, o protagonismo profissional e por fim analisamos os modelos de carreira existentes que são baseados no protagonismo e qual o papel do indivíduo dentro destes modelos. Como resultado principal, esperamos que mais do que respostas, você encontre aqui o tempo para a reflexão e autopercepção que precisa para trazer as mudanças que deseja e que tanto tem buscado em sua carreira. Boa Leitura!

A difícil arte da escolha

Para iniciar a jornada gostaria de propor um breve momento de reflexão individual em que convido você a revisitar um pouco o seu passado e buscar exemplos de situações em que você esteve diante de um processo decisório ou então um processo em que envolvia alguma escolha. Para ajudá-lo na reflexão poderíamos usar: vestibular, estudar na faculdade A ou B, aceitar ou não o convite para trabalhar em outra empresa etc. Enfim, busque momentos e "reviva" a situação como se naquele momento você fosse um personagem de uma história e, durante este processo você tentasse responder às perguntas a seguir:

- Você conhecia todas as variáveis envolvidas no processo decisório da escolha que fez?
- Você tinha como prever os resultados dessa escolha nos dois cenários?
- Qual foi a sua escolha final? Por que optou por ela?
- A sua escolha foi feita de maneira racional ou emocional?
- A sua escolha foi baseada no que você acreditava ser o melhor para você ou foi feita para satisfazer a terceiros (ex: pai, mãe, esposa, chefe etc.)?
- Foi você quem realmente decidiu ou foi lhe dito o que fazer?

Pronto! Agora que você refletiu um pouco sobre o processo podemos iniciar a nossa jornada a partir da ciência da escolha.

O ponto de partida para o processo é entender que "escolha" pode ser definida como a opção feita entre dois ou mais objetos, caminhos etc. Na grande maioria das vezes fazemos escolhas e tomamos decisões tão subconscientes que não chegam nem a soar como um processo decisório ou de seleção, são exemplos desse tipo de definição: levantar da cama no horário, escovar os dentes, trocar a marcha enquanto dirige etc. Esses processos são tratados desta maneira, geralmente, por que já temos em nosso "mapa mental" o conhecimento necessário para julgar se aquela é a melhor escolha ou não, outro ponto é que o seu resultado já é previsível ou ainda os riscos envolvidos entre escolher uma ou outra opção é baixo e não acarreta maiores consequências.

Por outro lado, quando o processo de escolha está relacionado com o futuro do indivíduo, compromissos de longo prazo, situações envolvendo familiares ou pessoas próximas e carreira profissional, o tempo dispendido no processo de análise é muito maior, assim como também são maiores as incertezas, os pensamentos do tipo "e se..", frio na barriga, ansiedade, pensamento acelerado, dentre outros. Essas reações ocorrem porque fomos condicionados a buscar sempre a decisão que traga as melhores consequências e, caso tenhamos um equívoco, devemos esconder isso o máximo possível.

Diante de um cenário destes, o processo de escolha torna-se complexo e vários são os fatores que nos influenciam. Dentre os principais podemos considerar:

Autoconhecimento

Este fator está entre aqueles que mais impactam o processo de decisão e também é um dos principais sabotadores. Isso ocorre porque nós achamos que nos conhecemos enquanto na verdade só conhecemos parte de nossa essência e capacidade.

Em seu livro intitulado *Você é do tamanho dos seus sonhos*, o escritor Cesar Souza[3] traz diversos cases reais em que é possível perceber que os sonhadores possuíam um grande conhecimento de si mesmos, pois sabiam exatamente quais eram suas forças e suas limitações para realizar cada etapa do planejamento de seus sonhos. Esse autoconhecimento também é percebido quando analisamos as empresas que eles criaram e conseguimos identificar que essas ainda preservam as características e valores de seus fundadores. Talvez o maior exemplo que o livro descreve e que poderíamos citar sobre o autoconhecimento seria o caso da Walt Disney.

Fazendo um paralelo com um protagonismo de carreira, seria como perceber cada dia mais o quanto é importante conhecermos para garantir que vamos alcançar aquilo que almejamos. Essa percepção pode ser trabalhada e melhorada à medida que participamos de processos de coaching,

---

[3] SOUZA, Cesar. **Você é do tamanho dos seus sonhos**: estratégias para concretizar projetos pessoais, empresariais e comunitários. São Paulo: Gente, 2013.

grupos de discussão e planejamento de carreira, escrevemos autobiografias, sessões de terapia que resultaram em um profundo conhecimento das nossas habilidades, conhecimentos, atitudes e principalmente quais são as nossas forças e quais são os nossos "pontos de atenção" para o desenvolvimento e melhoria. Depois que passamos a praticar estes exercícios e por consequência nos conhecemos mais, fica evidente que é preciso respeitar o "nosso tempo" e buscar desenvolvimento contínuo, afinal, não devemos ficar limitados aos objetivos atrelados apenas a uma realidade conhecida ou dominada. É preciso crescer e se desenvolver para ir além.

Características pessoais

São aquelas características físicas e psicológicas que nos tornam únicos no mundo.

No protagonismo de carreira, as características pessoais são aquelas que costumamos pensar: "Eu nasci para fazer isso!", ou seja, todas aquelas aptidões físicas e psíquicas que utilizamos no desempenho da tarefa e que nos impulsiona a seguir em frente mesmo com todas as adversidades. E aqui, vale lembrar que não existe melhor ou pior, o que existe são aptidões que ajudarão você a chegar lá.

Valores individuais

São aqueles itens que temos e não costumamos abrir mão. Esses valores vão muito além das palavras mágicas e bonitas que estão na maioria dos quadros das empresas como: ética, integridade, responsabilidade etc. Trata-se de entender o que cada uma dessas palavras significa para você, independentemente da maneira ou da definição sugerida.

Esses valores costumam ser aqueles que exercemos a todo momento, quando ninguém está olhando e sem nem mesmo perceber que o estamos fazendo, é como os americanos costumam dizer *"walk the talk."* Em seu livro *"The Speed of Trust"*, o escritor Stephen M. R. Covey[4] coloca a questão desses valores pessoais e integridade como um dos quatro elementos fundamentais que um indivíduo possui e que modelam o seu caráter. De acordo com o escritor, os valores pessoais e a credibilidade são mais do

---

[4] COVEY, Stephen M. Richards. **A velocidade da confiança**: o elemento que faz toda a diferença. Rio de Janeiro: Alta Books, 2017.

que somente integridade ou honestidade. É ter a coragem para agir sempre de acordo com aquilo que acredita, independentemente da situação. E ele ainda cita uma triste realidade em que a maioria das violações da lei, tratam-se de exemplos em que as pessoas agiram em desacordo com seus valores e princípios.

Peter Drucker,[5] um dos maiores estudiosos da administração, descreve que os valores pessoais são aqueles que enxergamos quando paramos em frente ao espelho e reparamos na imagem à nossa frente. Segundo ele, essa pergunta não se resume somente à ética, mas a todos os valores individuas. Se os seus valores não forem condizentes com a organização em que atua, fatalmente você ficará frustrado e não conseguirá performar da melhor forma. Por outro lado, Drucker deixa claro que os valores não precisam ser os mesmos, mas o mais próximo possível, não somente em definição, como também na execução e na sua prática.

É de fundamental importância que estes valores estejam presentes no processo de escolha, pois eles formam uma base sólida daquilo que buscamos e compartilhamos, pois quando optamos por algo que vai contra os valores que acreditamos é apenas uma questão de tempo até o processo começar a desandar.

Para aqueles indivíduos reconhecidos como protagonistas é como se os valores estivessem tatuados por todo o corpo, pois eles viram referência para aquele tipo de comportamento, como exemplos podemos citar: Bernardinho do vôlei que nos remete a treinamento e trabalho duro; Ayrton Senna remete à perfeição, competitividade; Steve Jobs e sua criatividade, dentre outros exemplos.

Crenças pessoais

De acordo com o site conceitos.com,[6] "Crença" pode ser definida como acreditar sobre o que se considera verdadeiro. Por outro lado, não significa que essa seja uma verdade absoluta. Uma crença surge de uma avaliação pessoal considerando um conjunto de fatores racionais e emocionais de cada indivíduo e podem ser divididas em dois grupos: fortalecedoras e limitantes.

---

[5] DRUCKER, Peter. **Desafios gerenciais para o século XXI**. São Paulo: Guazzelli, 1999.

[6] CONCEITOS BRASIL. **Crença – conceito, o que é, significado**. 12 maio 2016. Disponível em: https://conceitos.com/crenca. Acesso em: 27 maio 2019.

No primeiro grupo formado pelas crenças fortalecedoras estarão aquelas ideias e conceitos que potencializarão as ações individuais em prol do atingimento da meta proposta. Geralmente são pensamentos como: eu posso, eu consigo, eu mereço. Já o segundo grupo, das crenças limitantes, é composto por aqueles pensamentos e atitudes negativos que buscam alimentar o subconsciente do indivíduo dando a entender que ele não é merecedor daquele prêmio. As crenças limitantes baseiam-se normalmente em três pontos: impossibilidade de realizar a tarefa, falta de merecimento ou ainda falta de capacidade para realizar a atividade.

Aqueles que buscam ser protagonistas em suas vidas e carreiras devem estar dispostos a revisitar continuamente suas crenças e efetuando mudanças em seus comportamentos e atitudes a fim de melhor se adequar a realidade em que se encontra. É bem verdade e importante salientar que esse não é um exercício fácil nem rápido, pois algumas mudanças dependem de aprender novos conceitos, teorias, amadurecimento pessoal e também de abandonar hábitos que até então faziam parte da rotina. Alguns casos, é preciso entender que nem todos conseguem ajustar-se todo o tempo aos novos cenários e com isso é necessário aprender a trabalhar com essa limitação.

Contexto socioeconômico

Pode ser entendido pela conjuntura de fatores formada por: IDH,[7] empregabilidade, desemprego, escolaridade, dentre outros. São os fatores sociais e econômicos que afetam determinado local ou região.

Este aqui é um dos itens que mais influenciam o processo de escolha, porém têm que ser tratado de maneira ponderada, pois temos duas maneiras de considerar essa influência.

A primeira é considerando como um fator positivo e motivador, porque o indivíduo não se coloca como vítima do processo ou do contexto. A luta e a escolha estão pautadas para fazer uma mudança nesse contexto. Aqui temos diversos exemplos de pessoas que não aceitaram as condições em que viviam e mudaram de vida. Diante dos inúmeros exemplos que poderia descrever eu trago aqui o case do Carlos Martins que iniciou a sua carreira como um professor de inglês e foi se desenvolvendo ao ponto

---

[7] IDH – Índice de Desenvolvimento Humano.

de hoje ser considerado um dos maiores empreendedores do país sendo o detentor nacional das marcas Wizard, Pizza Hut, Taco Bell etc.

Por outro lado, podemos considerar o fator socioeconômico como algo pesado e negativo. Aqui neste segundo grupo estão os Hardy Har Har[8] (ó vida, ó céus, ó azar) que ficam apenas se lamentando ou reclamando das condições que o cercam esperando que um dia uma solução mágica apareça, a situação mude e não são capazes de realizar nenhuma ação até que o ambiente torne-se favorável à sua forma de pensar e agir.

Uma forma lúdica de representar essa situação pode ser encontrada na fábula escrita pelos autores Alex Rovira e Fernando Trias de Bes no livro *A Boa Sorte*.[9] Este livro conta a história de um rei que propôs um desafio a todos do seu reino para encontrar um trevo mágico de quatro folhas em uma região inóspita do reino. Enquanto a maioria da população desistiu logo que o rei terminou seus discursos, dois cavaleiros (um de capa branca e outro de capa preta) permaneceram até o final e partiram em busca do "tesouro". O prêmio para aquele que conseguisse era obter para si a sorte ilimitada.

Enquanto o cavaleiro negro tentava todos os subterfúgios para conseguir o trevo de quatro folhas de maneira "ilegal/imoral" e reclamava que o local que o rei havia definido era impossível de nascer um trevo daqueles, o cavaleiro branco saiu buscando conhecimento, falando com as pessoas conhecidas, coletando informações e trabalhando para quando chegasse no ponto exato que o rei disse que nasceria o trevo, ele o encontrasse.

O pano de fundo e a relação com o contexto socioeconômico se faz à medida que a leitura avança é possível entender como esses fatores impactam na decisão de cada cavaleiro e de que maneira isso traz o desfecho para a fábula.

Internet, mídias sociais e televisão

O avanço da tecnologia permite a cada indivíduo ter acesso a um número ilimitado de informações a qualquer tempo e em qualquer lugar. Situações que antes eram vistas esporadicamente começam a ganhar os holofotes e em questão de minutos podem ir do anonimato ao tema mais comentado do momento e vice-versa.

---

[8] Hardy Har Har é um personagem do desenho animado Lippy the Lion & Hardy Har Har produzido pela Hanna Barbera que possuía como principal característica o pessimismo diante das situações enfrentadas.

[9] Trías de Bes, Fernando, Alex Rovira Celma. **A boa sorte**. Rio de Janeiro: Sextante, 2004.

Esse fenômeno trouxe consigo consequências positivas como troca de conhecimento, experiências, ajudou a melhorar um pouco a consciência de mundo que temos à medida que conseguimos ter acesso às informações em qualquer tempo e local.

Por outro lado, trouxeram também consequências graves e que precisamos ponderar muito bem o nível de influência que exercem sobre o nosso modo de pensar, ser e agir. As duas principais consequências e influências que esse fator trouxe estão relacionadas à credibilidade do conteúdo e o que podemos chamar de aparência.

Quando analisamos esse fator considerando apenas os aspectos positivos de sua influência podemos perceber o quanto o advento do avanço tecnológico trouxe de evolução para a nossa sociedade. À medida que saímos de um ambiente individual para um ambiente coletivo, criaram-se novas carreiras profissionais, temos acesso e oportunidade para trabalhar e conhecer diferentes culturas e entender como cada uma funciona e o quanto essa troca traz consigo a possibilidade de um crescimento pessoal em níveis exponenciais.

Quando analisamos o outro lado da moeda, ou seja, o prisma "negativo", encontramos um cenário mais complicado, pois hoje em dia basta você digitar no Google o tema que está buscando informações e em questão de segundos você terá acesso a milhares de páginas e conteúdos relacionados ao tema, sem qualquer filtro sobre veracidade dos fatos, crítica sobre o conteúdo etc. Esse ponto é de um risco extremamente alto, pois existem pessoas se aproveitando desse fato para tentar enganar os outros e que investem pesado em uma fachada que depois não se sustenta. Não são raros os exemplos de jovens que querem abrir uma *startup*[10] porque é algo *cool* ou algo do momento, porém o que esses jovens esquecem de consultar é com relação à perenidade desse modelo de negócio, que é extremamente baixo. Muitas *startups* morrem antes de completar dois ou três anos de vida. Os canais da internet, televisão acostumaram a vender somente o sucesso de uma maneira romântica e faz com que atingir qualquer objetivo seja algo fácil e prazeroso. É mentira! Cada um deve acessar os conteúdos de maneira a buscar esclarecer apenas as suas dúvidas e não deve deixar impressionar por tudo aquilo que vê.

---

[10] **Startup** é uma empresa jovem com um modelo de negócios repetível e escalável, em um cenário de incertezas e soluções a serem desenvolvidas. Disponível em: https://www.startse.com/noticia/startups/18963/afinal-o--que-e-uma-startup. Acesso em: 5 ago. 2019.

Certa vez recebi uma mensagem em um aplicativo de mensagens que dizia que as únicas carreiras que existirão de 2019 em diante são de: coach, digital influencer e motorista de aplicativo (Uber, 99 etc.), o que comprova o poder de influência deste fator no processo de escolha de pessoas.

Não estou aqui pregando que não devemos buscar informações nestes meios de comunicação para auxiliar na nossa tomada de decisão, o que estou dizendo é que é preciso utilizar estes meios com um senso crítico elevado para evitar erros de interpretação e depois arrependimentos por decisões equivocadas.

Influência de terceiros

Atire a primeira pedra aquele que nunca parou para refletir antes de tomar uma decisão na pergunta: "O que os outros vão pensar sobre isso?". Infelizmente, com o advento das mídias sociais, viver de aparência etc., essa influência do outro sobre as decisões individuais de cada um tem sido potencializada.

Não são raras as histórias de pessoas que cometeram loucuras apenas para impressionar os outros, sejam eles os amigos, colegas ou até mesmo a própria família.

Quando tomamos uma decisão levando em conta apenas o que o outro nos fala ou então nos deixamos influenciar "cegamente" pela opinião de terceiros, às vezes, tomamos decisões que em um curto espaço de tempo tornam-se difíceis de aceitar, pois podem estar em desacordo com aquilo que acreditamos. Esse tipo de influência fica mais latente quando a decisão tomada acarreta resultados que não gostaríamos de experienciar e sentimos culpa por não ter seguido o nosso coração.

Não obstante todos os fatores anteriores, temos a tendência a criar cenários (positivos e negativos) das decisões, pensar no julgamento que os outros farão de nossa decisão, dos comentários etc. Todo esse cenário acaba fazendo com que algumas decisões sejam tomadas mais pela emoção do que pela razão.

Não basta apenas identificar as variáveis, é preciso decidir.

Tão importante quanto conhecer os conceitos de escolha e as variáveis que nos influenciam, é preciso entender e racionalizar o processo de tomada de decisão, porque em um mundo cada vez mais dinâmico em que empresas e mercados estão passando por grandes transformações, a habilidade e o *timing* de uma decisão são considerados diferenciais competitivos entre empresas e profissionais. Aqueles que conseguem com agilidade, rapidez e responsabilidade individual tomar as decisões acabam saindo na frente e tendo maiores possibilidades de crescimento profissional do que outros mais lentos ou que as procrastinam.

O autor Ricardo Xavier[11] disserta em sua obra *Sua carreira: planejamento e gestão – Como desenvolver melhor seus talentos e competências*, que as boas decisões no âmbito de carreira são aquelas que conseguem combinar o fator humano (valores, perfil emocional, necessidades pessoais) com os fatores práticos, voltados para a ação de médio e longo prazo. Nunca como atalhos, mas como caminhos para um fim.

Na literatura moderna encontramos diversos conceitos sobre tomada de decisão e sobre as fases que o processo ocorre. Para este capítulo consideramos que o processo de tomada de decisão pode ser dividido em quatro etapas:

1. O que está em pauta para a decisão?

Nessa fase, temos que definir com clareza o que precisa ser definido, quais são os critérios que serão considerados, os objetivos e quais os resultados esperados. Pode parecer estranho, mas algumas pessoas tomam decisões erradas simplesmente pelo fato de não racionalizarem este processo e não conseguirem definir o problema.

É nesta primeira etapa que definimos os *stakeholders* do processo, ou seja, quem serão aqueles que terão influência sobre a decisão e quais serão apenas informados do processo.

Por ser a primeira fase e envolver toda uma definição, não podemos ignorá-la ou eliminá-la, pois o que ficar definido aqui será de fundamental para o sucesso ou fracasso do processo.

---

[11] XAVIER, Ricardo de Almeida Prado. **Sua carreira**: planejamento e gestão – Como desenvolver melhor seus talentos e competências. São Paulo: Financial Times; Prentice Hall, 2006.

Se fizéssemos um paralelo com o protagonismo de carreira, teríamos como possíveis questionamentos:

- O que eu quero ser quando crescer?
- Qual o meu próximo passo de carreira? Por quê?
- Devo seguir a carreira técnica ou de gestão?

2. Hora de racionalizar o problema. Mãos à obra!

Uma vez que ficou definido o problema e as demais variáveis da etapa anterior, deve-se trabalhar para buscar o maior número de informações e evidências relacionadas ao processo. Aqui neste ponto é importante também refletir sobre quais informações são essenciais e quais são desejáveis para o processo, pois nunca seremos capazes de obter todas as informações necessárias.

Depois de levantadas, devemos organizá-las de acordo com a sua natureza e realizar as análises de cenários e depois fazer uma comparação entre cada um destes cenários visando identificar os riscos, prós, contras, forças potencializadoras, forças restritivas etc. Aqui não existe um número correto de cenários, deve-se buscar o maior número de alternativas antes de seguir em frente.

Analisando sob uma ótica individual, é importante e vital que se revisite o objetivo e compare com a sua matriz de habilidades pessoais para verificar a questão de compatibilidade e razoabilidade de cada uma das alternativas.

Se me permite uma dica, uma boa ferramenta para fazer estas análises é o Modelo Canvas que permite você desenhar de maneira estruturada os cenários de uma decisão tão complexa.

Na Figura 1, a seguir, pode-se verificar um exemplo do modelo:

CANVAS - Modelo adaptado para Gestão de Carreira

Parceiros Chave	Atividades Chave	Proposta de Valor	Relacionamento com o Cliente	Segmento de Clientes
Quem poderá te ajudar na sua jornada?	O que você faz?	Qual a sua proposta de valor?	Como estão as suas interações com a sua rede de contatos?	Quem você ajuda ao longo da sua jornada?
	Recursos Chave Quem é você? Quais as suas Competências técnicas e comportamentais?	Qual o seu diferencial?	**Canais** Como você é conhecido? Como são suas entregas?	

Estrutura de Custos	Fluxo de Receitas
Quanto você está disposto a investir para alcançar o seu objetivo de carreira?	Quais os retornos você espera alcançar ao longo da jornada e até atingir o seu objetivo profissional?

Figura 1 - Adaptado de Modelo Canvas para a Gestão de Carreira

Fonte: Modelo Canvas aplicado à gestão de carreiras[12]

Para realizar o exercício, você deverá buscar responder todas as perguntas. O ideal é iniciar de maneira individual e aos poucos ir debatendo com os *stakeholders* que você definiu anteriormente, mas lembre-se a carreira é sua e você que irá lidar com as consequências de cada um dos cenários.

3. Tome a decisão. Não procrastine ou delegue!

Como diria um colega com quem trabalhei, de nada adianta todas as iniciativas, os melhores planos, as melhores intenções se no final não for tomada uma decisão.

É interessante observar um fenômeno que ocorre nesta etapa do processo em que alguns costumam "travar", procrastinar ou então delegar a terceiros uma decisão, isso porque o fato de uma decisão ser baseada em um processo bem definido, não implica em eliminar os fatores emocionais

---

[12] Disponível em: https://excelsolucao.com.br/planilha-excel-download-gratis/planilha-canvas-modelo-de-negocio/. Acesso em: 24 março 2020.

e a intuição do processo. No momento de decidir, tudo que for considerado relevante, deve, de algum modo, ser levado em consideração.

Quando retomamos todos os conceitos trabalhados até aqui, fica evidente que as decisões relacionadas à nossa carreira profissional nunca serão decisões fáceis, concorda? Porém, tentando ajudá-lo a melhor analisar e reduzir os erros na tomada de decisão alguns autores na literatura listaram os principais equívocos a serem evitados.

Trago novamente a este capítulo as lições compartilhadas pelo Ricardo Xavier que listou em sua obra os principais erros no momento de tomada de decisão, como sendo:

- Erros morais e éticos: ocorrem quando há violações aos códigos de conduta e/ou padrões de honestidade, como exemplo: pagamento/recebimento de vantagem financeira, preconceito racial ou de gênero etc.;
- Erros de marketing pessoal: os erros comuns nessa área estão relacionados aos cuidados pessoais, forma de se comunicar, maneira de realizar e manter o networking etc.;
- Erros profissionais: são aqueles resultantes da falta de qualificação profissional para o desempenho das atividades, seja por omissão ou de maneira consciente;
- Erros estratégicos: resultam de quando o indivíduo não faz um mapeamento e uma análise prévia da oportunidade que lhe foi apresentada. Pode ser identificada também em situações em que o profissional troca constantemente de área de expertise ou então se mantém muito tempo em uma mesma atividade por medo de deixar sua zona de conforto ou ainda aquele que busca somente "ganhar" na troca de empresa.

Outro autor, Joel Dutra, conhecido pelos inúmeros trabalhos realizados na área de consultoria empresarial, procurou ir além e em sua obra intitulada *Gestão de Carreiras*[13] listou as principais armadilhas de carreira que vão além do que somente o indivíduo. Neste caso temos:

- Carreira sem saída: o profissional não tem mais perspectiva de desenvolvimento de carreira dentro da organização ou do mercado em que atua. Essa limitação pode ocorrer por diversos motivos, tais como: substituição do trabalho pela tecnologia, mudança cultural, mudanças socioeconômicas ou até mesmo limitações pessoais;
- Caminho errado: o profissional faz a escolha de carreira que está em desacordo com suas crenças, valores individuais, habilidades e com-

---

[13] DUTRA, Joel Souza. **Gestão de carreiras**: a pessoa, a organização e as oportunidades. 2. ed. São Paulo: Atlas, 2017.

petências. Por outro lado, também é considerado um erro o insucesso quando da mudança de trilha de carreira como uma armadilha, ou seja, o indivíduo troca a carreira técnica pela gerencial e não se adapta à nova forma de trabalhar;

- Infelicidade profissional: terceiro e talvez o pior dos três erros, a infelicidade profissional ocorre quando o profissional executa atividades ou mantém-se conectado a um grupo de pessoas ou a uma organização por medo de perder seu status quo, mesmo que para isso ele tenha que exercer atividades e comportamentos que o deixam infeliz.

De posse deste arcabouço teórico, considerando que você já definiu o seu problema, analisou os cenários, conhece os percalços do processo, é chegada a hora de tomar a decisão e responder aquela pergunta que você formulou lá no item 1 deste capítulo.

4. Implementando a decisão.

Decisão tomada e formalizada é chegada a hora de implementar todo aquele desenho que definimos no item 2 deste capítulo.

Nesta etapa o grande objetivo é desenvolver o plano de ação estruturado, detalhado e pensado de maneira coerente para colocar em prática aquilo que foi objeto de nossa decisão, seja uma promoção, mudança de carreira etc.

Aqui é importante salientar que tão importante quanto a parte técnica, é preciso ter persistência, disciplina e foco durante todo o processo, pois o atingimento dos objetivos estão diretamente atrelados ao indivíduo e a maneira como ele consegue combinar as variáveis internas e externas em prol do objetivo proposto. Seria como se a cada ajuste fosse uma pequena reinvenção de cada um como indivíduo.

De acordo com Herminia Ibarra o aprendizado ocorre sempre que estamos fazendo algo novo e buscando respostas para algum questionamento e reavaliar a decisão e implementá-la. De uma maneira gráfica, o processo ocorreria da seguinte maneira:

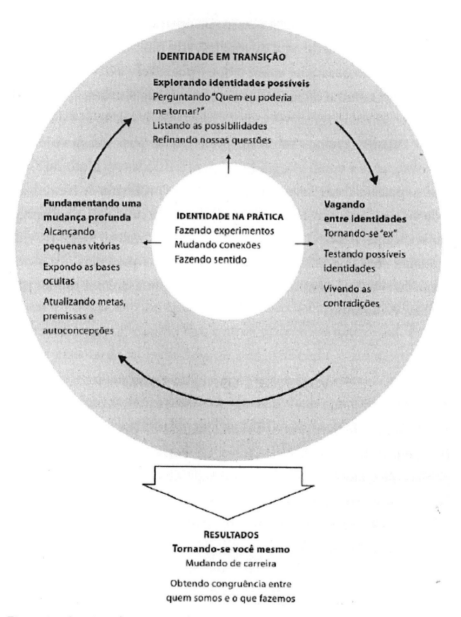

Figura 2 – Sumário do processo de transição e práticas que promovem mudanças bem-sucedidas
Fonte: Ibarra (2009)[14]

---

[14] IBARRA, Herminia. **Identidade de carreira**: a experiência é a chave para reinventá-la. São Paulo: Gente, 2009.

Ainda relacionado a esse contínuo processo decisório e de mudança, a autora explica que à medida que evoluímos profissionalmente, erramos, aprendemos e ganhamos experiências com esse processo fica mais fácil definir quais são os desafios profissionais que sentimos atração e quais evitamos. Por fim, ela sinaliza que é um processo que nos acompanhará sempre ao longo da vida.

Afinal, o que é o protagonismo profissional?

Até o presente momento, buscou-se apresentar os conceitos relacionados ao processo de escolha e tomada de decisão com o objetivo de criar um *baseline* de entendimento destas duas variáveis que possuem fundamental importância e relevância para aqueles que buscam atuar como protagonistas em suas carreiras. Saber fazer as escolhas pertinentes e tomar uma decisão no timing correto são alguns dos alicerces básicos para um profissional que é protagonista em sua carreira. Mas afinal, o que é o protagonismo?

De acordo com a lexicógrafa Débora Ribeiro,[15] o protagonista é o personagem mais importante daquilo que participa, possuindo papel relevante e de destaque nas situações. Logo, quando estendemos esse conceito para o mundo corporativo, podemos definir protagonismo profissional como aquele que ocorre quando o indivíduo traz para si a responsabilidade pelo seu desenvolvimento pessoal (cursos, formações etc.), o planejamento e a gestão de sua carreira. Trata-se de um indivíduo que estará disposto a investir os seus recursos, sejam eles financeiros ou não, para aprimorar as suas competências, habilidades e trabalhar continuamente no seu autoconhecimento visando manter-se atualizado e preparado para as oportunidades que aparecerem.

Esse conceito não é novo, Douglas T. Hall,[16] escritor norte-americano, criou em 1976 o conceito da "Carreira Proteana" com base em seus estudos e projetando as tendências que viriam como consequências das mudanças nos ambientes de trabalho em virtude da evolução tecnológica, mudanças nos cenários econômicos e nas relações de trabalho. O termo "Proteana" é uma derivação da palavra "Proteu", que era o nome do filho de Poseidon na

---

[15] DICIO. Dicionário Online de Português. **Protagonista**. Lexicógrafa responsável: Débora Ribeiro. Publicado em: abr. 2019. Disponível em: https://www.dicio.com.br/protagonista. Acesso em: 8 jun. 2019.

[16] Douglas T. (Tim) Hall. Tim é o diretor da Mesa Redonda Executiva de Desenvolvimento e professor de comportamento organizacional na Escola de Administração da Universidade de Boston.

mitologia grega. Proteu teria a habilidade de prever o futuro e transformar-se em qualquer criatura para adaptar-se à nova situação. No modelo proteano, a gestão de carreira deixa de ser da organização e passa a ser do indivíduo e o crescimento de carreira deixa de ser somente a ascensão vertical e passa a ser um conceito interno, denominado "Sucesso Psicológico". De acordo com Hall, cabe às organizações prover aos indivíduos as informações, recursos e oportunidades desafiadoras para que então o indivíduo, por meio do seu protagonismo e desenvolvimento autodirigido, encontre as soluções para responder as necessidades da empresa.

Confira no Quadro 1 a seguir os principais pontos relacionados ao modelo Proteano:

Objetivo	Sucesso psicológico (interno)
Carreira	Administrada pelo indivíduo, não pela organização. Entende-se por toda a vida como uma séria de mudanças de identidade, transições, e aprendizado contínuo. Pode ser redirecionada para attender novas necessidades da pessoa.
Desenvolvimento	Não é necessariamente treinamento formal, readaptação, reconversão, mobilidade vertical. É autodirigido.
O que conta	É a idade da carreira e não a idade da pessoa.
Papel da Organização	Provê trabalhos desafiadores, desenvolvimento de relacionamentos, informações e recursos.
Perfil de sucesso	• do know-how para o learn how • da segurança do trabalho para a empregabilidade • das carreiras organizacionais para as carreiras proteanas • da individualidade no trabalho para a individualidade no todo; de você para você mesmo.

Quadro 1 – Principais pontos relacionados ao modelo Proteano
Fonte: Audy (*apud* NEVES; TREVISAN; JOÃO, 2013). Adaptado pelo autor.

Outro autor que também identificou essa tendência foi Peter Drucker, já escrevia em seu livro *Desafios gerenciais para o século XXI*, lançado em 1999, que o autogerenciamento era uma competência fundamental para a era do conhecimento. Ainda segundo ele é necessário concentrar-se nos pontos fortes e utilizá-los onde maximizarão os resultados, pois não há mais espaço para empresas com estruturas inchadas. É preciso que cada colaborador saiba exatamente o seu papel dentro da organização e quais as entregas deve fazer, porque desta forma será capaz de otimizar os seus esforços e entregas para garantir o crescimento da empresa.

Por outro lado, apesar de não se tratar de um tema novo, o protagonismo na carreira é ainda um tabu para muitos brasileiros, isso porque de acordo com Dutra[17] somos levados a planejar nossas carreiras pensando muito mais em fatores externos como salários, status, títulos de cargo do que propriamente as nossas capacidades pessoais e o nosso propósito. A situação ainda piora quando mesmo pensando em fazer um planejamento, nos deixamos levar pelas crenças limitantes internas ou da realidade que nos cerca. Temos a tendência em planejar somente o próximo passo e não estabelecemos objetivos de longo prazo, ou seja, aonde eu quero chegar. E aqui cabe um importante ponto de reflexão com relação às respostas que você pensou no início deste capítulo, pois talvez algumas delas tenham sido feitas por causa destes fatores e não porque você realmente sente prazer em fazer isso. Um exemplo clássico desta situação é encontrado em empresas familiares quando o herdeiro é obrigado ou então sente-se na obrigação de dar continuidade nos negócios da família, mesmo contra a sua vontade, apenas para satisfazer sua família ou para não ter que enfrentar todos os desafios de escolher uma carreira alternativa.

Outro fator que Joel Dutra aborda em seu livro e que corrobora para o estágio embrionário do protagonismo de carreira no Brasil é a dificuldade que temos em pensar sobre a carreira como um todo, porque de acordo com ele não somos estimulados em nenhum momento a refletir sobre o tema. Seja na escola, em casa ou na própria empresa o tema ou é ignorado por completo ou então tratado como uma trivialidade sem se aprofundar muito nas provocações e reflexões necessárias.

Por fim, é preciso entender, de uma vez por todas, que se investirmos tempo e recursos para criar um planejamento de carreira sólido e se comprometer de maneira genuína ao seu cumprimento, muito mais do que atingir os nossos objetivos pessoais e profissionais, estaremos criando uma imensa vantagem competitiva para nós mesmos, pois a grande maioria das pessoas opta por permanecer coadjuvante e atingir a mediocridade em virtude do baixo esforço e de não se predisporem a sair da zona de conforto. É evidente que a decisão por este tipo de carreira, bem como a maneira de fazê-lo trazem consigo inúmeros desafios e características peculiares, como:

---

[17] DUTRA, Joel Souza. **Gestão de carreiras**: a pessoa, a organização e as oportunidades. 2. ed. São Paulo: Atlas, 2017.

valorizar os aprendizados, ser um bom planejador, buscar sempre novas ideias, ser obstinado pelos objetivos e, claro, ser sempre um sonhador. Ser protagonista, por vezes, vai exigir comprometimento ininterrupto, trabalho duro e até a queda de algumas lágrimas, mas acredite, tudo valerá a pena.

Para auxiliá-lo no entendimento do tema e demonstrar a relação existente entre todos os tópicos já trabalhados, apresento no próximo tópico uma visão gráfica daquilo que pode ser chamada como "A casa do Protagonismo Profissional" e vamos nos aprofundar na análise deste modelo e trabalhar as estratégias e conceitos para manter-se sempre como protagonista.

A casa do protagonismo profissional

Entendido o conceito de protagonismo, revisitadas algumas publicações e discutidos alguns conceitos importantes sobre gestão de carreira trazidos por alguns dos principais pensadores sobre carreira, feitas as reflexões individuais para melhorar e descobrir um pouco mais sobre nós mesmos, a maneira como enxergamos e construímos a nossa trajetória profissional é chegado o momento de relacionar isso com a prática.

A seguir mostrarei o modelo que chamo de "A casa do protagonismo profissional" que foi construído com a ideia de trazer de maneira mais lúdica e visual os conceitos que orbitam em torno do tema.

Aproveito aqui a oportunidade para esclarecer que não pretendo vender esse modelo como "ideal", porque entendo que cada profissional tem a sua maneira de pensar e agir com relação à carreira. O grande objetivo é de reunir as variáveis de maneira a facilitar e organizar o pensamento de maneira clara e objetiva.

O modelo pode ser dividido em três partes: Base, Pilares e o Telhado. Conforme segue:

a. Base: a fundação de uma casa é a parte mais importante da construção, pois é nela que são definidos todos os parâmetros para suportar o peso das estruturas como os pilares e o teto. Ela precisa ser bem pensada, pois caso contrário comprometerá todo o restante do projeto.

Em nosso modelo, a base do protagonismo de carreira é composta de dois itens fundamentais que formam o caráter do indivíduo que são os valores pessoais e o grau de autoconhecimento. Confira a Figura 3 a seguir:

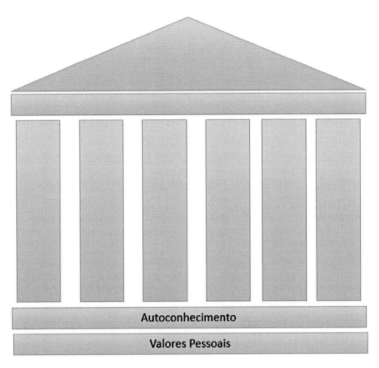

Figura 3 – Base do protagonismo profissional
Fonte: o autor

Conforme já trabalhamos no início deste capítulo, a chave para iniciar qualquer projeto de carreira em que você será o protagonista, o primeiro passo é sempre entender-se como indivíduo na sua plenitude. É nesta etapa que devemos nos questionar de que maneira as nossas características físicas, comportamentais e intelectuais poderão afetar o nosso plano de carreira e de que maneira devemos agir para potencializar ou reduzir estes impactos. Essa reflexão pode ser feita de duas maneiras: formais ou informais.

No caso de uma reflexão formal, recomenda-se o acompanhamento junto a um profissional habilitado e capacitado para ajudar no processo, pois pode ser realizado por intermédio da aplicação de testes, sessões de terapia, de coaching etc. Já a reflexão informal pode ser realizada a qualquer tempo de maneira individual e de maneira livre, com ou sem ajuda de instrumentos e formulários.

Durante este processo de reflexão analise quais são os comportamentos que o impulsionam para frente, quais são os pensamentos limitantes, entender se são limitantes, e todas as demais reflexões que julgue serem necessárias.

O resultado esperado é que após o exercício você saia com a certeza de que se conhecer melhor, quais são os seus fatores propulsores e o que você deve evitar. Dutra[18] defende que devemos construir essa base do plano em algo perene, ou seja, algo que mude pouco em sua essência.

Para finalizar, é importante citar que nesta etapa não existem erros e acertos, apenas o entendimento de como você funciona. Toda reflexão é válida.

    b. Pilares: construída a fundação da casa, podemos partir para a próxima etapa de nosso projeto que são os pilares. Eles são os responsáveis por garantir a estabilidade do edifício e por redistribuir as energias por todo o restante da estrutura da casa conforme a necessidade.

Estabelecendo um paralelo para o nosso projeto da casa, encontramos seis pilares fundamentais, conforme descrito na Figura 4 a seguir:

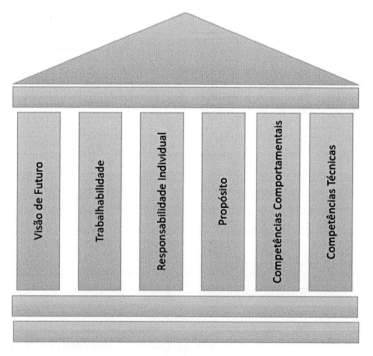

Figura 4 – Pilares do protagonismo profissional
Fonte: o autor

[18] DUTRA, 2017, p.69

Competências técnicas

Devemos considerar como matéria-prima para este pilar tudo aquilo que pode ser estudado e aprendido de maneira acadêmica em uma faculdade, escola, treinamento, dentre outros. Aqui podemos listar as formações acadêmicas (graduação, pós, mestrados etc.), certificações (SHRM, ABAP etc.), cursos de idiomas (inglês, francês etc.).

Os investimentos nesse pilar são importantes à medida que, geralmente, é o primeiro contato que você tem com a carreira almejada, ou seja, é uma etapa importante para aprender o que se faz e como se faz a atividade. Outro ponto importante é que esses devem ser contínuos para garantir que está atualizado com as melhores práticas da sua área de atuação. Negligenciar esse pilar pode fazer com que você torne-se obsoleto e perca espaço no mercado de trabalho.

Competências comportamentais

Aqui estão as competências que têm ganhado muita força no mercado de trabalho atual, pois hoje em dia, as empresas estão predispostas a contratar caráter em prol de conhecimento técnico. São exemplos de competências comportamentais de um indivíduo protagonista: inteligência emocional, resiliência, liderança, tomada de decisão etc.

Neste pilar encontramos os aspectos que sustentam a forma de ser e agir do indivíduo dentro do local de trabalho. Por isso são difíceis de serem trabalhadas em treinamentos ou aprimoradas. É preciso que o indivíduo queira mudar, senão o resultado não será efetivo.

Sempre bom lembrar que no protagonismo não existem competências melhores ou piores, existem as suas competências individuais frente ao desafio que escolheu para si. Portanto, não fique preso às palavras bonitas nas paredes só para parecer que você é o "tal", pois fatalmente as máscaras cairão ao longo do caminho.

Propósito

Talvez o conceito mais difícil e abstrato de todos seja identificar e entender qual realmente é o nosso propósito nesse mundo. Quem nunca se perguntou "Qual a razão da minha existência?", "O que eu vim fazer?", "Estou realmente fazendo aquilo que vim para fazer?". Sim, eu sei, essas perguntas são incômodas e subjetivas, mas são elas que nos trazem as respostas que tanto buscamos.

Em nosso pilar o propósito pode ser entendido como a razão de ser dos seus esforços, como eu costumo falar para meus colegas, é aquilo que faz você levantar da cama todos os dias e seguir em frente rumo ao desafio final, independentemente se o dia está bom ou chuvoso, se você está saudável ou gripado, se é sábado ou terça-feira. O propósito é aquilo que acreditamos piamente que seja a nossa missão no mundo, não importando se isso trará ou não status quo, conforto etc.

Sem a identificação do propósito, fica mais difícil atuar como protagonistas, pois estaremos sempre à margem de realizar atividades ou de trabalhar em empresas que não estão em linha com nossos pensamentos.

Responsabilidade individual

Não teria como fugir deste pilar, certo? Ao assumir uma postura de protagonista em sua carreira, você assume inteiramente as responsabilidades por tudo aquilo que proporcionará o seu crescimento ou estagnação ao longo da carreira.

Trazer para si significa não esperar pela condição ideal ou pela pessoa certa, é trabalhar todos os dias para construir, mesmo que em pequenos passos, o caminho rumo ao seu objetivo final. É definir quais serão as estratégias a serem adotadas, os objetivos e garantir a execução de cada um deles no prazo.

Isso não significa que condições externas não influenciam ou alterem a sua rota, mas a maneira como você tratará isso é que fará você entender se está aplicando a responsabilidade individual ou estará delegando a culpa a terceiros.

Aqui algumas perguntas de reflexão são pertinentes como:

- Eu tenho todas as ferramentas e conhecimento necessário para a tarefa?

- Eu posso realmente me comprometer com esse objetivo?

- Em uma escala de prioridades, isso é realmente importante para o meu planejamento?

- De quantas maneiras diferentes eu posso atingir meus objetivos?

- Caso meu objetivo dependa de alguém, como devo tratar o tema?

Por último, mas não menos importante, puxar a responsabilidade para si não significa sair como um espartano contra tudo e contra todos. Deve-se buscar conselhos com pares, gurus, realizar análises de cenário etc. Porém, a decisão final tem que ser sua e você deve ter claro os elementos que fundamentaram essa decisão.

Trabalhabilidade

Esse aqui é um dos meus pilares favoritos do protagonismo de carreira, pois para ser protagonista você não deve pensar somente no seu próximo cargo, mas como as suas competências pessoais e profissionais são percebidas pelo mercado de trabalho. Esse conceito é defendido pela especialista em coaching Rosa Krausz em seu livro *Trabalhabilidade*.[19] Para a especialista, não basta apenas buscar desenvolvimento nessas competências, é preciso que o profissional as tenha como um diferencial competitivo.

Em linha com o pensamento de Krausz, o autor Joel Dutra[20] defende que a pressão para que o indivíduo abrace o protagonismo visando à criação de um diferencial competitivo é fundamental em um mercado de trabalho em que observamos cada vez mais a diversificação das oportunidades de trabalho, seja por meio da revisão das estruturas organizacionais ou então do surgimento de novas profissões. Outros dois pontos levantados por Dutra e são relevantes para o tema são o aumento da discussão e de influenciadores sobre as pessoas com relação ao tema de carreira profissional e também a valorização promovida pela sociedade aos indivíduos que estão em constante crescimento profissional. Esse último chega a gerar uma maior competitividade interna entre as pessoas.

Diante desses conceitos expostos, podemos entender a importância que esse pilar tem para o protagonismo de carreira e podemos afirmar que uma pessoa com boa trabalhabilidade é aquela que conseguirá atuar em diferentes cenários e poderá fazer transições até para outras carreiras ao longo de sua trajetória profissional sem que isso prejudique o seu objetivo final ou o seu protagonismo.

---

[19] KRAUSZ, Rosa. **Trabalhabilidade**. São Paulo: Nobel, 1999.

[20] DUTRA, 2017, p.69

Visão de futuro

Último dos seis pilares da casa e talvez o mais difícil de definir atualmente. Todos os dias nos deparamos com um cenário de mudanças constantes, algumas abruptas e outras mais gradativas, fatos e tecnologias que em pouco tempo eram as novidades do momento e rapidamente se tornam obsoletos, a intoxicação das pessoas à medida que produzimos conteúdos a todo o tempo, porém a qualidade e a veracidade desses são por muitas vezes duvidosa, dentre outros fenômenos que nos permitem concluir que está cada vez mais difícil estabelecer uma visão de longo prazo consistente. O que antigamente era algo que perduraria por 10 ou 20 anos, hoje pode acabar em alguns poucos anos.

Tendo isso em mente, o profissional que é protagonista de sua carreira precisará aprender a trabalhar com a incerteza, pois dificilmente conseguirá analisar ou obter todas as informações a tempo de tomar uma decisão. Por outro lado, ter uma visão de futuro significa que este mesmo profissional deverá constantemente revisar o seu planejamento inicial e fazer os ajustes necessários visando adequar os seus passos para aproveitar as oportunidades e reduzir os impactos das ameaças.

Outro conceito para ser explorado na questão de visão de futuro é a tendência a se adotar múltiplas carreiras ao longo da vida. Esse fenômeno decorre do fato de que estamos vivendo mais e com mais qualidade de vida, ou seja, os indivíduos têm chego em suas idades de aposentadoria e ainda estão com todo o gás e disposição para contribuir. Portanto, engana-se aquele que desenhou o seu plano de carreira para iniciar como engenheiro e se aposentar como gerente de engenharia, pois esta será apenas parte da jornada.

Para finalizar este pilar, o último conceito que gostaria de trazer é a habilidade que o profissional deverá desenvolver de alinhar o seu futuro almejado com os esforços que deverá realizar no presente, seria como tentar responder: "Será que essa ação hoje me levará aquilo no futuro? Por quê?"

c. Telhado: e chegamos a terceira e última parte de nossa "casa do protagonismo profissional" que é o telhado. Esta parte é composta de duas partes, uma laje formada pelas atitudes e o telhado, que seria o protagonismo propriamente dito, conforme se pode observar na Figura 5 a seguir:

Figura 5 – Teto da casa do protagonismo profissional
Fonte: o autor

Laje

A laje de uma casa é a estrutura que fica responsável por receber e transmitir as pressões e as ações entre as vigas e os pilares da casa. Aplicando esse conceito para o nosso modelo, podemos dizer que a laje seria formada pela "Atitude".

Aqui no protagonismo, "Atitude" pode ser entendida e aplicada como toda e qualquer ação realizada pelo indivíduo para garantir o alcance de um objetivo ou meta. É o famoso *just do it* da Nike, é tirar o planejamento do papel, arregaçar as mangas e fazer acontecer. Mais do que iniciativa, princípios morais e éticos, competências técnicas e comportamentais adequadas, é preciso que o protagonista tenha atitude para trabalhar também na acabativa. É por intermédio das atitudes que colocamos em prática o nosso melhor e conseguimos caminhar até os nossos objetivos.

Telhado

Por fim, chegamos ao telhado do nosso modelo e lá temos escrito "Protagonismo Profissional". Aqui, bem no alto do modelo e sustentado por todos os temas trabalhados encontramos a nossa "missão" profissional. É importante que esteja lá, pois ela sempre será o norte e todas as suas ações deverão ser focadas e visando atingir esse objetivo. Os pilares e a base desta casa servem como meios de sustentação para o cumprimento dessa "missão".

Ser protagonista de sua carreira envolve estar 100% comprometido consigo mesmo e com seus objetivos, trabalhar constantemente buscando a diferenciação e fugir da mediocridade. É ir além daquilo que foi pedido, não só para impressionar o seu gestor, mas porque você acredita que aquilo é o correto a ser feito.

Finalizadas as devidas definições e exposições sobre cada parte que compõe do modelo, a nossa "casa do protagonismo profissional" ficou estruturada da seguinte maneira, conforme a Figura 6 a seguir:

Figura 6 – Modelo completo da casa do protagonismo profissional
Fonte: o autor

Agora, antes de partir para as reflexões finais e as recomendações, gostaria de sugerir a você, leitor, que aproveite este diagrama para realizar um exercício sobre tudo o que leu até aqui e de que forma este conteúdo poderá ser aplicado em sua vida. Quem sabe agora você consiga encontrar aquela resposta que está buscando há tempos para os seus anseios profissionais e possa nos próximos dias, meses, iniciar uma nova escrita ou um novo capítulo em sua trajetória profissional.

Reflexões finais

Ser protagonista de sua carreira profissional significa que VOCÊ é o CEO de sua vida e o principal responsável por batalhar e concretizar os seus sonhos e objetivos. É desafiar-se a escrever e reescrever continuamente exatamente aquilo que almeja, que acredita e fazer destes objetivos o propósito de vida todos os dias.

Apesar de ser uma tendência forte, é possível observar que existem profissionais dentro das organizações que acreditam e buscam conceitos antiquados quando se fala de gestão de carreira, pois muitos ainda acreditam que é possível crescer somente com o tempo de experiência na função, relacionamento com o chefe, carreira estruturada com crescimento automático por tempo de casa etc.

Como mensagem final deste capítulo gostaria de esclarecer que apesar de todo o cenário e das tendências apontando para o protagonismo como parte do processo no alcance da felicidade pessoal e profissional, é preciso que cada um trabalhe consigo os conceitos, avalie as vantagens, os riscos e os custos de ser protagonista de sua carreira para então decidir qual a melhor maneira de gerir a sua própria carreira porque o protagonismo, infelizmente, não é para todos.

Recomendações

Por tratar-se de um tema atual, novas publicações e versões relacionadas ao protagonismo estão surgindo a todo momento, por isso, recomendo como possíveis interesses em se aprofundar no tema, que o leitor procure informações relacionadas às transformações da atualidade e a maneira que elas geram a necessidade de um novo perfil profissional.

Ainda é válido incluir no processo a aplicação de uma pesquisa de campo para constatar outros fatores relacionados ao protagonismo profissional que possam acrescentar e validar os cenários apresentados nesse estudo.

Como última sugestão, acredito ser importante, estudar e entender como as empresas estão trabalhando e discutindo o tema dentro de suas equipes de trabalho, pois os resultados dessa discussão podem trazer à tona detalhes sobre o protagonismo de carreira que não foram objeto deste capítulo.

CAPÍTULO 3

O EQUILÍBRIO PERFEITO

Monike Mileke

Monike é nutricionista especialista em Nutrição Clínica e Esportiva, pós-graduada em desenvolvimento gerencial, chef de cozinha e futura engenheira de produção. Trabalha em duas áreas, atendimento como personal diet, auxiliando no emagrecimento e qualidade de vida e gerenciamento de unidades de alimentação e nutrição voltada para a produção de alimentos e desenvolvimento de equipes.

Atleta de alta performance em corrida de curtas distâncias, preocupa-se com a alimentação saudável, faz acompanhamento nutricional no ramo esportivo, trabalha em atividades comunitárias com foco em hábitos saudáveis.

Gosta de atuar na área de produção ligada à qualidade dos alimentos e decidiu cursar Engenharia de Produção para unir com a Nutrição as competências no desenvolvimento profissional.

Ama o esporte, momentos em família e estudar para ampliação dos conhecimentos.

O EQUILÍBRIO PERFEITO

O equilíbrio significa harmonia e estabilidade, é o estado que se distribui de maneira proporcional. No mundo atual com a correria do dia a dia o que seria um equilíbrio perfeito para levarmos uma vida mais saudável? O fácil acesso aos alimentos apenas para suprir a fome do momento está cada vez mais acessível e acabamos nos esquecendo da forma correta o que é extremamente importante para a melhoria da qualidade de vida e bem-estar.

A boa alimentação precisa fazer parte da nossa rotina diária, não como uma dieta, mas como um auxílio na manutenção e prevenção da saúde, pois os alimentos são fundamentais para a sustentação da vida, caso contrário, o organismo não desenvolve as suas funções corretamente. Apesar dos conhecimentos de uma alimentação equilibrada por muitas pessoas, elas continuam se alimentando de maneira incorreta, não adianta apenas saber, é necessário reeducar-se com bons hábitos, ampliar conceitos e mudar costumes, o que não é fácil ainda que possível.

O objetivo desse capítulo é contribuir de forma efetiva para uma reflexão sobre a importância de adotarmos práticas saudáveis que proporcionem um equilíbrio perfeito para termos qualidade de vida e que possamos alcançar objetivos de forma saudável e sustentável.

Você pode estar se perguntando, como manter o equilíbrio do que você considera fundamental na sua vida? O equilíbrio é algo muito pessoal, pois tudo depende do valor que você dá em determinada fase da sua vida. Não existe um modelo ideal para seguir, o dever de casa a ser feito é descobrir qual é o seu equilíbrio pessoal. É necessário desenvolver o autoconhecimento, refletindo sobre o que traz o sentido de realização, quais são suas necessidades imediatas.

Alimentação adequada

Nos últimos anos a população brasileira passou por uma mudança nos hábitos alimentares, aumentando o consumo de alimentos industrializados, açúcares e gorduras. Uma alimentação saudável e equilibrada é aquela que contém os nutrientes em quantidades adequadas, com finalidade de suprir as necessidades diárias resultando no funcionamento geral do organismo. O ideal é consumir diferentes tipos de alimentos focando na variedade, moderação e equilíbrio que é saber o que comer e o quanto comer. As escolhas feitas durante as refeições estão diretamente ligadas à qualidade de vida e consequentemente com a saúde como um todo.

A boa alimentação deve estar presente em todas as etapas da vida, pois uma criança com hábitos errados no futuro poderá ser um adulto com diversos tipos de patologias. As pessoas se alimentam por prazer e não por necessidade, estão preocupadas com o sabor, aparência, coloração e alimentos que sejam acessíveis para saciar a fome. A má alimentação prejudica não somente a saúde física, mas também a mental causando um menor rendimento durante o dia. É muito importante o equilíbrio com todos os alimentos essenciais como carboidratos, proteínas, lipídios, fibras, vitaminas e minerais em quantidades adequadas para suprir as necessidades diárias e evitar as gorduras e os açúcares.

Para formar novos hábitos é preciso iniciar uma reeducação alimentar proporcionando qualidade de vida, procure a orientação de um profissional especializado e mantenha o corpo e mente sempre saudáveis.

A importância do exercício físico

Está mais do que bem estabelecido que para termos saúde é necessário equilíbrio entre a prática de exercícios físicos e uma alimentação saudável. As pessoas desejam ter uma vida equilibrada e com hábitos saudáveis, mas pouco se faz para conquistar este estágio. São várias justificativas, como falta de tempo, maior praticidade no consumo de alimentos industrializados e não gostar de treinar. Devemos ter a consciência de que ao praticarmos atividade física com a união de uma alimentação saudável estamos praticando saúde.

É bastante comum a associação de uma boa forma somente com o exercício diário, mas é necessário o equilíbrio com a alimentação adequada. Isso deve fazer parte da rotina das pessoas, praticar esporte, se exercitar é algo indispensável para uma vida equilibrada não só física como mentalmente. A boa alimentação dará ao corpo o que ele precisa para o seu melhor desempenho na atividade.

Quantas vezes colocamos a culpa na falta de tempo para não iniciar um processo de mudança? A atividade física é fundamental, pois estimula a produção de endorfina que é um hormônio relacionado com a sensação de prazer. Somente com uma rotina diária é possível alcançar uma saúde integral e que reflita em todas as áreas da vida. O exercício não somente muda o seu corpo, muda a sua mente, a sua atitude e o seu humor.

Lembrando que assim como o treino, o plano alimentar deve ser individualizado para obter resultados eficazes, devemos respeitar o nosso corpo e seus limites.

A união entre corpo e mente

O estresse é um dos maiores problemas do mundo moderno, os sintomas físicos que ocorrem frequentemente quando nos sentimos acuados são taquicardia, tensão muscular, hipertensão, aumento da sudorese e falta de energia. Com a união de exercícios e bons hábitos alimentares, os efeitos do estresse são reduzidos, pois este tem papel fundamental na saúde mental, sendo assim, é possível lidar de forma positiva com as adversidades, "mente sã em corpo são". Uma pessoa que queira cuidar da sua saúde precisará ser perseverante, disciplinada e coerente para que o esporte passe a ser um hábito e para que ela esteja bem em todos os aspectos da sua vida. O trabalho diário do fortalecimento mental trará como resultado o alcance dos objetivos pessoais e profissionais. Alcançar um estado de bem-estar e equilíbrio mental ajuda na produção da energia vital tão necessária para atingimento dos propósitos almejados.

Se você possui o domínio das suas emoções mantendo o equilíbrio sem oscilações, pode considerar sua mente saudável. A saúde mental não é sinônimo de uma vida sem desafios, mas sim de conseguir lidar com as mais diversas situações do dia a dia.

A mente deve ser prioridade, pois ela que rege os resultados das nossas vidas. O equilíbrio emocional é o pilar de sustentação para todos os desafios diários. Uma atitude mental negativa gera uma mente inquieta com pouco equilíbrio. Você é o único responsável pelos resultados que tem colhido, tanto os bons como os ruins. O ideal é cultivar uma atitude mental positiva que refletirá no corpo e desenvolver hábitos saudáveis para o todo, assim o impacto também aparecerá na mente. Foque na vida o que você quer, compreenda o que é necessário reprogramar para caminhar em direção aos seus objetivos, coloque seus planos em prática e organize-se para chegar lá.

Precisamos de disciplina e para isso se faz necessário treinar o cérebro para entender que ele precisa fazer independentemente da sua vontade, pois existe um objetivo a ser alcançado mesmo que o caminho seja árduo. A disciplina está atrelada a uma série de processos que devemos repetir em nossas vidas, como rotinas diárias. O nosso cérebro, por natureza, funciona na base da dor ou prazer e quando a dor é gerada a consequência é a fuga para nos esquivarmos da situação o mais rápido possível. Treinar o cérebro para entendermos que depois da dor virá o prazer de desfrutar a conquista. Um exemplo é iniciar a atividade física, no início vai ser chato, vai doer, mas depois de um determinado tempo, com a disciplina e foco, fica mais fácil cumprir essa rotina e você começará a ver os resultados. Olhe ao seu redor e perceba que existem inúmeras pessoas que você admira, esta pessoas também passaram por acomodação, conformismo, medo e muitos outros sentimentos que surgiram para mudar o foco, uma forma de resistência a mudança. Sem esforço você não chegará a lugar algum. É preciso quebrar paradigmas.

Uma das habilidades mais importantes é a atitude mental positiva, ter vontade, confiança e certeza de fazer dar certo, e o resultado vai acontecer, não em segundos e nem em minutos, pois, mudança é um processo e tem início dentro de você. Você é a pessoa mais importante, vale a pena investir nesta caminhada, no início a jornada não será fácil, surgirão obstáculos, as desculpas entrarão em cena, para desviar o foco, os desacertos serão frequentes, no entanto, todos estes obstáculos podem ser vencidos com perseverança e atitude positiva.

Problemas e derrotas acontecem, mas ambas são sementes que resultam de um benefício que torna o ser humano fortalecido, os erros, as falhas, fazem parte de um processo de aprendizagem.

Vencendo as resistências

É impressionante o número de barreiras que surgem no cotidiano na vida das pessoas, para tirar o foco dos objetivos e fazer um desvio para caminhos e resultados sem esforços. As propagandas, a busca por praticidade, o modelo econômico, os resultados rápidos e milagrosos, são vários fatores que levam a uma falta de qualidade de vida, uma alimentação inadequada, enfim, um desequilíbrio total. É importante refletir que a escolha é individual e a luta será entre dois fatores: resistência ou perseverança? Uma delas sairá vencedora. É interessante refletir sobre a resistência, como uma barreira consciente ou inconsciente que nos impede de prosseguir, ela abrange desde crenças até emoções e sentimentos dificultando o processo de mudança, gerando medo e ansiedade. Sair da zona de conforto provoca sensações negativas. Quando não se sabe quais os desafios que terão que ser vencidos, surge a incerteza.

Outro problema é o medo de fracassar, esse excede os pensamentos negativos que o ser humano incorpora como "não sou capaz". A preguiça também é um fator limitante, é um esforço desnecessário que esgota toda a energia acumulada. Para que sair da zona de conforto se é tão cômodo permanecer no mesmo lugar?

O medo é o principal fator que ativa as resistências e que muitas vezes cria barreiras mentais. É importante ressaltar que a vida pode ser diferenciada, quando o ser humano faz a opção de sair da zona de conforto. Essa zona refere-se a uma série de pensamentos e comportamentos que surgem para bloquear as iniciativas e impedem que resultados satisfatórios surjam e sabota com uma falsa sensação de segurança que impede a superação e a evolução. Com o passar do tempo, é comum que esta situação passe a ser tão familiar que impedirá a percepção da situação real. Alguns sinais que surgem como alertas são estresse, falta de motivação, ansiedade, desculpas constantes, somatizações, síndrome de burnout e outras doenças provocadas pela falta de equilíbrio e qualidade de vida.

Sair da zona de conforto não está relacionado a ser irresponsável, é necessário saber reconhecer e assumir riscos, com disposição para aceitar as consequências. Avalie sua satisfação, se há espaço para melhorias, identificar os comportamentos que incomodam é a forma ideal. Experimente o sentimento de realização que vai ampliar sua autoconfiança e permitirá a utilização de toda a sua potencialidade "para chegar aonde a maioria não chega, é preciso fazer o que a maioria não faz".

Sair da zona de conforto causará uma onda de energia e adrenalina seguida por um sentimento de euforia. Cada experiência nova trará satisfação para avançar além das possibilidades cada vez mais longe. Pode ficar certo que será um gatilho para o seu projeto sair do campo das ideias e se concretizar de forma efetiva.

Foco e disciplina na obtenção de resultados

A luta para o controle de peso é uma tarefa que exige esforço contínuo. Sem foco e disciplina não haverá progresso. No início realmente é mais difícil, mas depois as coisas começam a fazer parte da rotina e tudo fica mais tranquilo.

É muito ruim olhar para o espelho e não gostar do que está vendo, ou não estar bem consigo mesmo. As pessoas precisam ter consciência que fazer uma reeducação alimentar não pode ser algo difícil e chato, tem que ser prazeroso.

O primeiro passo para emagrecer com qualidade de vida é o reconhecimento de que é necessário mudar. A melhor forma sempre vai ser uma alimentação à base de comida de verdade e associar a exercícios físicos, esses dois aliados são um caminho imbatível para quem quer emagrecer e ter mais saúde. Este processo leva tempo, requer dedicação e continuidade. Não é necessário radicalismo, as coisas acontecerão de forma lenta, o corpo precisa se adaptar ao novo estilo de vida. Tenha paciência, não tem como mudar anos de uma vida desregrada em semanas, mudanças começam de dentro para fora e não de fora para dentro. Todo processo de emagrecimento começa e termina dentro de nossa mente, apenas quando mudamos a nossa mentalidade e a relação com a comida, com os alimentos, é que podemos realmente nos disciplinar a perder peso. Um exemplo é quando comemos para aliviar tensões diárias e para termos momentos de satisfação e prazer, acabamos colocando nos alimentos toda responsabilidade em recompensar as frustações e dificuldades. Esse é um ciclo vicioso e perigoso para a saúde física, mental e emocional. O emagrecimento precisa começar na mente que se ilustra em novos comportamentos e disciplina para fazer o que é melhor para sua saúde e qualidade de vida.

Assuma um compromisso com você, alinhe seus objetivos com suas ações trabalhando sua mente. Mantenha o foco, não deixe que os outros compromissos mudem sua disciplina.

Celebrando as conquistas

É preciso ficar atento e reconhecer que diariamente estamos alcançando pequenas vitórias. Não espere por algo grandioso para celebrar, procure sempre observar e reconhecer os pequenos avanços. Esta atitude proporcionará confiança e convicção para atingir o seu objetivo final. Acabamos sempre focando em tudo o que foi realizado e não deu certo, a ênfase acaba ficando no erro e não nas tentativas de acerto. Mas onde ficam os pequenos avanços que já fizemos? Para tudo isso é necessário o equilíbrio, é preciso educar a mente com autoconfiança, ativando sentimentos bons, pois, a partir do momento que são internalizados provocam um sentimento de conquista, auxiliando assim a superação dos desafios.

As pequenas conquistas nos levarão a algo grandioso, basta ganharmos confiança e motivação para os próximos passos fazendo com que os dias não sejam apenas mais um dia. É essencial perceber a caminhada e celebrar o progresso, mesmo que seja pequeno, e pensar que está sendo o início de algo grandioso. Novos hábitos saudáveis devem ser incorporados e servirão de alavanca e fermento para novas etapas e novos desafios.

A geração Y, é determinada e espera sempre obter êxito em todos os quesitos, são jovens rodeados de todo o tipo de pressão e cobrança para obter grandes conquistas e não se enquadram em um padrão determinado. Ocupam tantas horas correndo atrás de "medalhas de ouro", que não sobra tempo para realizar, muito menos para celebrar as pequenas conquistas do dia a dia. A felicidade não está nestas grandes conquistas impostas pelo meio externo, mas nos pequenos momentos de felicidade e que muitas vezes passam despercebidos.

O mercado de trabalho e a qualidade de vida

As empresas buscam se adequar às necessidades e às demandas do mercado globalizado e, com isso, se modernizam, e se tornam competitivas e lucrativas. Os profissionais que estão inseridos nos ambientes organizacionais sofrem a influência destas mudanças e precisam se adaptar para atender às necessidades advindas do trabalho. O alinhamento das estratégias deveria passar pela análise da qualidade de vida no trabalho dos profissionais que nelas estão inseridos.

Os debates sobre o tema qualidade de vida advêm de longa data, sendo que os primeiros esboços conceituais a seu respeito remontam ainda há 384 a.C., quando Aristóteles associou "felicidade" e "bem-estar", de cuja oportunidade já se extraem aspectos interpessoais e intrapessoais em relação à situação de vida, o que era então considerado essencial para a definição de bem-estar.

Otimizar o desempenho não significa apenas aumento de produtividade, mas também melhora do processo de manutenção de estados psicológicos de bem-estar e saúde, não podendo ser entendido como algo que simplesmente pertence às organizações, mas também ao indivíduo e à forma como se apresenta, influencia e é influenciado no ambiente de trabalho.

A responsabilidade das empresas

Atualmente as pessoas passam cada vez mais tempo no trabalho, essa rotina gera dependência no consumo de alimentos durante esse período e encontrar uma alimentação saudável tornou-se um desafio constante.

Existem ações conjuntas que geram um impacto positivo à saúde, clima organizacional e segurança no trabalho, como oferecer café da manhã saudável, inserir opções de legumes, frutas e verduras nas refeições oferecidas, propiciar coffee-break saudável nos eventos, promover palestras e workshops sobre alimentação saudável e fazer parcerias com empresas de alimentação que forneçam uma refeição equilibrada. É de extrema importância que a empresa se preocupe com a alimentação dos seus funcionários tendo em vista que pessoas saudáveis ficam mais dispostas e rendem mais em suas atividades. O gestor que investe nessa questão está pensando diretamente no bem-estar da sua equipe. A conscientização é o primeiro passo para a mudança dos hábitos saudáveis e grande influência sobre a motivação, permanência, criatividade e produtividade proporcionando um melhor desempenho financeiro da organização. A alimentação regrada garante mais rendimento dentro do ambiente corporativo valorizando a importância do papel de um nutricionista em empresas que oferecem alimentação para os colaboradores visando a saúde e prevenção de doenças.

A população brasileira vive uma situação alarmante de obesidade e doenças crônicas. A má alimentação é uma das principais causas das doenças citadas, somada a hábitos de vida ruins, como sedentarismo e a predisposição genética, a probabilidade de incidência dessas doenças aumenta consideravelmente.

A reeducação alimentar no ambiente de trabalho é de fácil aplicação, consiste em um processo de mudança comportamental, no qual ocorre uma modificação nos hábitos alimentares. Durante o processo de reeducação alimentar no ambiente de trabalho, é comum que o profissional responsável por esse processo perceba a incidência desses distúrbios e doenças entre os colaboradores. Nesse caso é importante promover atividades coletivas, essas atividades são efetivas, pois promovem os envolvimentos de toda a equipe, as pessoas se ajudam e percebem que não estão sós para enfrentar a situação. Alguns temas podem ser de grande relevância como importância de uma alimentação saudável, alimentação e doenças crônicas, perigos de alta ingestão de sódio e açúcar, fracionamento das refeições durante o dia, alimentação como forma de prevenção de doenças, alimentação saudável com baixos custos e como se alimentar bem no trabalho.

Além da integração entre colaboradores, as atividades coletivas também contribuem para que os esforços individuais para se alimentar bem não sejam sabotados. Ao perceber que todos os colegas estão realmente envolvidos na missão da reeducação alimentar, dificilmente um colaborador sentirá vontade de abandonar os hábitos.

É importante ressaltar que o equilíbrio alimentar também proporciona aos colaboradores mais força e menos tensão muscular. Ou seja, durante ocasiões de maior pressão ou importância, eles não sentirão desconforto e incômodos com intensidade e terão mais tranquilidade para lidar com a situação.

Muitas empresas vêm adotando a reeducação alimentar como estratégia para promover o bem-estar corporativo. É interessante aliar toda essa questão com a implementação de atividade física combatendo o sedentarismo e potencializando os resultados.

Algumas empresas de sucesso já aderiram em suas rotinas a qualidade de vida como papel fundamental no desenvolvimento profissional como: Google, Adidas, Unilever, Facebook, Linkedin e Amazon. As empresas entenderam que colaboradores mais felizes e motivados produzem mais e melhor, essa preocupação passou a ser um dos maiores desafios no meio corporativo. A qualidade de vida está diretamente ligada aos resultados da empresa e ao grau de satisfação do colaborador com suas funções.

As doenças psicossomáticas

O corpo e a mente são uma unidade, então se o emocional de uma pessoa não vai bem, ela pode desenvolver as chamadas doenças psicossomáticas, que são aquelas que possuem sintomas físicos e que não têm explicação médica. Essa situação também é chamada de transtorno de somatização. Cada pessoa pode manifestar fisicamente as suas tensões emocionais em diferentes órgãos, podendo simular ou piorar muitas doenças. Alguns exemplos são no estômago, intestino, garganta, pulmões, músculos e articulações, coração e circulação, rins e bexiga, pele e sistema nervoso. Existem diversas situações que facilitam o desenvolvimento da somatização, como depressão, ansiedade e estresse. Algumas situações como desgaste profissional, traumas com acontecimentos marcantes, violência psicológica e tristeza.

A ansiedade e a irritabilidade são sentimentos comuns nos quadros psicossomáticos. Há uma tendência a identificar e culpabilizar eventos externos pelo problema, aumentando a sensação de impotência diante das dificuldades. Toda emoção é descontada em alguma coisa. Fazendo uma ligação com a nutrição, a obesidade, o ganho de peso está completamente relacionado ao estado emocional. Ter saúde mental é estar bem consigo mesmo e com os outros, aceitar exigências da vida, saber lidar com as emoções, sejam elas boas ou ruins, e buscar ajuda quando necessário. Acredita-se que o cérebro é capaz de criar e também curar doenças, provocando sintomas físicos reais, o corpo reflete o que as pessoas pensam e sentem.

Nas doenças psicossomáticas situações de estresse e pressão emocional são bem frequentes e estão muitas vezes relacionadas com a intensificação dos sintomas. Não existe uma regra que prevaleça, mas sim uma predisposição pessoal de como o seu corpo e o seu psicológico vão responder e reagir com as condições de vida e saúde. Em geral mudanças significativas em nossas vidas, podem ser fatores fundamentais para análise como problemas profissionais, traumas e eventos marcantes, violência psicológica, ansiedade e tristeza, entre outros.

Dizemos que a saúde é o nosso bem mais precioso por isso a prática de bons hábitos ao longo de toda vida, e que a prevenção ainda é a melhor estratégia, aliada ao bom controle dos problemas de saúde que venham a aparecer. Com o aumento da longevidade, vem o desafio de adicionar mais qualidade para colher bons frutos no futuro.

Uma reflexão sobre as consequências da má qualidade de vida

Muitas empresas, ao lado de exigir do profissional uma série de concessões, costumam possibilitar um prêmio ou acesso aos bens de consumo. Fica assim criado o vínculo que leva a uma perpetuação de algo difícil de ser aceito. Acredito que este processo é inconsciente, para a maioria das pessoas, o profissional passa por uma jornada e interação desgastante e tem acesso e à sua disposição bens de consumo que a sociedade pode lhe oferecer. Neste caso cria-se uma armadilha extremamente perigosa, seu alvo acaba sendo de progredir na empresa, de produzir mais e mais trabalho, procurando fazer o máximo no menor tempo possível, e conquistar cada vez mais possíveis símbolos de status social e de poder.

O foco acaba sendo o ter e o ser fica em segundo plano, o medo de perder gera toda uma gama de fenômenos exibíveis no ambiente organizacional entre profissionais como, vontade de mudar de atividade e até mesmo de profissão, no entanto, o medo de arriscar os bens materiais conquistados, de não estar disponível para fazer algo que possa realizá-lo mais, a diminuição da renda que pode acarretar em perdas financeiras, aqui entra a resistência à mudança, a passividade em não tomar uma atitude e a falta de coerência e talvez até de autenticidade, que já foram descumpridas inúmeras vezes, conforme relamos anteriormente.

O fato relevante nesta questão é que os profissionais ficam prisioneiros da remuneração, quanto mais forem capazes de produzir e manter a máquina funcionando, de serem engrenagens eficientes, acabam optando por viver uma vida de má qualidade e possivelmente enfrentarão consequências drásticas, como abordaremos a seguir:

- **Conformismo:** acostuma-se que a vida é isso mesmo, e acaba reduzindo o seu grau de expectativas.
- **Amargura:** o profissional vai se tornando amargo, com pouca sensibilidade às relações afetivas e muitas vezes esta impressão aparece em seu próprio semblante, com uma couraça incapaz de deixar transparecer qualquer manifestação de ordem emocional.
- **Vazio existencial:** o ser humano é dotado de capacidade reflexiva, e por causa disso corre o risco de se perder no meio da caminhada pela vida. É necessário um referencial de valores para que possam servir de guia e quando isto não ocorre surge um imenso vazio. Estas situações são muito comuns nos tempos atuais e se fazem acompanhar de tristeza profunda, angústia e um sentimento de não saber por que chegou a este patamar.

Mediante os pontos abordados podemos formular uma questão: As organizações então são as grandes responsáveis pelos profissionais viverem uma vida de má qualidade? A resposta é negativa, pois, o ser humano é definido como *Homo sapiens* e *sapiens* significa que tem a capacidade de ir fundo no autoconhecimento, chegando à essência e possui a capacidade de fazer escolhas. O ser humano não é vítima das organizações, se pensarmos de forma diferente, estaríamos esquecendo a capacidade do ser humano dizer não, quando todos querem que diga sim, seria de transferir a responsabilidade do homem para a empresa a qual presta serviços. Atualmente somos influenciados pelos valores sociais e estes sim, contribuem de forma significativa para que os profissionais assumam uma má qualidade de vida.

Mensagem final

Às vezes, tudo o que mais precisamos é mudar algo em nós mesmos, para isso, precisamos nos desafiar todos os dias e aceitarmos tudo aquilo que vemos como uma oportunidade. A ansiedade nos faz sofrer mediante uma vontade ou dificuldade, viramos reféns de nossos próprios pensamentos e sem perceber sofremos por antecipação. A nossa mente cria cenários para nos confundir. Estando bem com o seu próprio eu, se amar e se ajudar é o primeiro dos caminhos para se dar bem em qualquer situação. Acreditar no seu potencial é uma passagem direta entre o mundo de sonhos e a realidade.

Quando acreditamos em algo, damos o primeiro passo para as realizações de qualquer meta e o impossível acontece. Crie hábitos diários a fim de renovar suas ações e seus planos. Não se acomode, saia do piloto automático e mantenha a calma que o sucesso será garantido. Deixe de lado os pensamentos sabotadores e as armadilhas da mente que o impedem de agir e o mantêm em situações que não agregam. Ao enfrentar os desafios e o medo do novo, abrimos um universo repleto de possibilidades, por mais desafiador que isso possa parecer, cada meta e objetivo conquistados mostram, justamente, como é essencial ousar e permitir-se ir além para vencer na vida.

Finalizando, gostaria de deixar uma mensagem aos leitores, que na busca de fórmulas complicadas para se viver encontramos falsos conceitos de felicidade, como estágios a serem alcançados. O ser humano procura a felicidade, sem se dar conta que felicidade não é um destino a que se chega, mas uma maneira, um jeito especial de viajar. Quando buscamos de forma incessante a grande felicidade, como um patamar a ser atingido, provavelmente teremos pouca chance de encontrá-la, pois, mesmo que se encontre apenas uma vez na vida, rapidamente será esquecida. O segredo para ser feliz é valorizar as pequenas coisas que nos são apresentadas pela vida diariamente e esta somatória de pequenas alegrias é que nos propiciará a felicidade.

CAPÍTULO 4

PROFISSÃO E EDUCAÇÃO NO DIVÃ

Thais de Lima de Freitas

    Thais de Lima de Freitas (Curitiba, 28/01/1990) é psicóloga com especialização em Avaliação Psicológica e pós-graduada em Desenvolvimento Humano e Organizacional, participou do grupo de estudos Trabalho e Saúde Psíquica, momento em que despertou ainda mais o interesse em ler o comportamento dentro do mundo do trabalho, com viés psicanalítico. Atualmente ocupa o cargo de Analista de Recrutamento e Seleção em uma instituição de ensino superior, realizando processos para vagas de diversos níveis hierárquicos. É amante da dança de salão e acredita que o segredo para a construção de uma sociedade mais justa está no desenvolvimento da educação e no ato de compartilhar.

PROFISSÃO E EDUCAÇÃO NO DIVÃ

Este capítulo busca propor uma alternativa para minimizar as insatisfações profissionais e o alto índice de desemprego dos recém-formados, que não encontram espaço para exercer sua profissão e optam por outro tipo de atividade para se manterem no mercado de trabalho. Essa alternativa não se concebe de modo isolado, é sabido que a situação de desemprego no país, também é permeada por questões relacionadas a políticas públicas e governamentais e não convém tratar destes assuntos aqui. Portanto, propõe-se ao leitor uma reflexão sobre as escolhas profissionais e como a educação pode ser uma forte aliada para diminuir os impactos de escolhas malsucedidas.

O desdobramento desta construção ocorre de uma visão micro para o macro, sendo assim inicialmente será abordado o indivíduo e suas adversidades vindas do sistema familiar e o quanto este pode trazer um forte impacto em sua escolha profissional. Já a visão macro aborda a pressão do coletivo e a dificuldade do sujeito em fazer uma escolha genuína de acordo com seus próprios desejos.

Considerando que o ambiente escolar é o segundo sistema responsável por integrar o indivíduo na sociedade, pode-se compreender que essa instituição tem uma parcela de responsabilidade no direcionamento das escolhas destes futuros profissionais. Portanto, se o ensino está aprisionado no século XIX formando alunos desconectados com a realidade do homem moderno, fica difícil pensar em não fazer parte de estatísticas negativas relacionadas à insatisfação profissional e ao desemprego.

Desse modo, a pesquisa realizada pelo Núcleo Brasileiro de Estágios (NUB) no ano de 2014 a 2018 traz luz sobre os apontamentos levantados. Ela revelou que 45% dos recém-formados no Brasil estão desempregados. O estudo ainda aponta que mais de 50% dos formados estão trabalhando, porém apenas 25% conseguiu entrar em sua área de formação em menos de três meses. Outro dado importante é a análise que foi feita pelo professor da USP Hélio Zylberstajn, a partir de um cruzamento de dados do Censo do Ensino Superior e da Relação Anual de Informações Sociais (RAIS), do Ministério do Trabalho. Ele destacou que de 2000 a 2014 houve um aumento de 15% de pessoas graduadas, isso se deu pela facilidade dos financiamentos estudantis e pelo crescente número de instituições privadas. O professor também destaca que concluir uma graduação é sinônimo de status.

Pois bem, mas qual seria a solução para esta situação? O que fazer quando ter um canudo de graduação na mão, não é mais o suficiente? Será que todos que optam por uma formação desejam mesmo realizar aquele tipo de trabalho? Por onde você começaria se essa decisão estivesse em suas mãos?

É dentro desta perspectiva que gostaria de convidá-lo(a) a refletir sobre uma proposta que pode ser uma alternativa para o colapso que estamos prestes a viver. Quando observamos o cenário macro de desemprego e o crescente número de diplomas engavetados, não podemos deixar de pensar no indivíduo como parte integrante do todo, ou seja, antes de fazer parte de uma estatística nada satisfatória, ele é um sujeito com seus desejos e ambições. Desejos estes que podem ser disfuncionais quando são realizados pautados no desejo do outro e não no do próprio eu.

É com esse viés que se faz necessário olhar através de duas lentes, tanto para o indivíduo quanto para o todo, percebendo assim de que forma ocorre a fusão entre as duas dimensões sendo uma individual e a outra coletiva.

Bem, você já deve ter ouvido a frase: "Estuda menino! Só assim você vai ser alguém na vida", muitas vezes ela não vem de uma forma tão direta, mas sim como um comparativo do tipo: "Filha do fulano acabou de se formar, esse sim vai ter sucesso"", ou então "Você tem que ter uma formação para ser alguém". Todas essas falas vão apontando caminhos e dando direção para a vida daquele indivíduo ainda em formação, destacando assim o que é esperado dele.

Para refletirmos sobre esse processo, caso você tenha filhos, traga para sua memória tudo o que você pensou sobre ele(a) em seus primeiros meses de vida após o nascimento. Se você não tem filhos, pense sobre como seria se o tivesse. Quais eram ou seriam; seus pensamentos e sua fala sobre aquele ser humano que depende exclusivamente de você? Certamente suas declarações seriam ou foram as mais variadas possíveis. Desde comparações relacionadas à aparência física do bebê, apontando se é parecido com o avô ou tia, até declarações sobre o futuro daquele sujeito que ainda está isento de qualquer tipo de escolha. É desse modo que vamos sendo "falados", "falados" por alguém carregado de seus próprios desejos e ideais. Ou seja, é na projeção narcísica dos pais ou de quem ocupa este papel, que é apresentado um lugar para aquele que está por desenvolver-se. É importante destacar; que nesta etapa da vida existe satisfação plena do sujeito para com os pais e dos pais para com ele, Freud chamou todo esse processo de EU IDEAL[21]. Logo, este Eu Ideal está fixado em um passado acolhedor e repleto de satisfações.

Agora que você já refletiu sobre a criação do seu filho ou do seu futuro filho, vamos mudar um pouco o foco, mas não tão distante disso. Traga para sua memória como foi a sua escolha profissional, em qual momento você começou a perceber que determinado tipo de profissão seria mais interessante que as demais? E paralelo a isso, quando foi que você identificou que suas escolhas tinham semelhanças com o que seus pais lhe falavam em sua infância? Para Freud, isso se chama IDEAL DO EU,[22] que é o resultado da junção de dois fatores: a idealização narcísica do próprio eu (é aquele eu do passado que encontra satisfação plena) e identificação com as idealizações coletivas, como por exemplo, admirar um professor, o chefe e dentre outras imagens que carregam admiração e idealização daquele que a vê. De modo inconsciente toda essa instância é mediada pelos ideais dos pais e seu narcisismo, ou seja, "eu tenho um ideal a ser alcançado, mas se encaixa no desejo dos meus pais? Afinal de contas, era lá naquela fase que eu encontrava satisfação plena". Sendo assim, no *IDEAL DO EU* o sujeito está focado no futuro, mas traz em seu inconsciente o desejo dos pais.

Para darmos sequência ao processo reflexivo, agora pense sobre a sua escolha profissional e quão conflituoso foi quando você pensou se era ou não uma boa escolha, se em algum momento essa opção poderia ir contra os seus valores morais ou se você ficou dividido por pensar como seria o olhar da sua família e amigos. Esse processo de censura que fazemos diante de nossas escolhas, Freud chama de *SUPEREU*,[23] logo ele opera como o julgador do certo e errado.

Dentro desses conceitos podemos identificar quantas adversidades existem para fazermos uma escolha genuína. Pode-se considerar que o EU está a serviço de três senhores e também ameaçado por eles, que seria o mundo externo, a libido do isso (desejos inconscientes) e a severidade do supereu (nossa moral, julgamentos e censura). Nesse ponto já podemos perceber que encontrar satisfação em nossas escolhas é um processo que requer esforço contínuo para nos desprendermos do desejo do outro.

---

[21] FREUD Sigmund. **A história do movimento psicanalítico, artigos sobre metapsicologia e outros trabalhos.** Edição *standard brasileira das obras psicológicas completas de Sigmund Freud.* XIV (1914 - 1916). Rio de Janeiro: Imago, 1996.

[22] *Ibid.,* p. 56.

[23] FREUD Sigmund. **O ego e o ID outros trabalhos.** Edição *standard brasileira das obras psicológicas completas de Sigmund Freud. XIX* (1923-1925). Rio de Janeiro. Imago. 1996

Diante desses conceitos vamos pensar que a sua escolha profissional está sobre uma balança de pratos, de um lado estão suas vivências coletivas e desejo dos pais, e do outro está você com suas convicções e certezas, qual dos dois lados pesaria mais? O desejo dos outros ou a sua real essência?

Nesse sentido, convido você para conhecer o caso da Andrea Mota,[24] a ex-diretora executiva do Grupo Boticário, que com sua história pode exemplificar parte do que já conversamos. O relato dela não está vinculado ao processo de escolha profissional, mas sim o quanto trazemos para o mundo do trabalho as representações familiares. Andrea relata a sua história dentro do Grupo da seguinte forma:

> Dezembro de 2013. Era o meu 5ª ano como diretora-executiva de O Boticário. Gerenciava quatro diretores, 700 funcionários, mil franqueados e uma equipe indireta de 25 mil pessoas. Bom, vocês imaginam o quão estressante era esse período de fim de ano, época de pressão máxima pra bater metas. Estava exausta! Sentia meu corpo e minha mente no limite: insônia, tontura, mau humor, tremores faciais... os sinais de estresse estavam ali, escancarados. Mas, ok, nada de novo no front, afinal havia aprendido a lidar com todo tipo de pressão. *"Você sempre deu conta, só precisa de férias"*, repetia pra mim mesma. Porém, daquela vez foi diferente.
>
> Nem a viagem de férias me fez melhorar. Bem pelo contrário. No dia 11 de janeiro de 2014, estava com o Natan, meu marido, e meus filhos, Caio e Izadora, na Bahia – moro há 13 anos em Curitiba, mas sou baiana e tenho casa lá –, e acordei com uma dor de cabeça infernal. Minha mente parecia mais acelerada que o normal, não sei explicar ao certo. Também não conseguia levantar da cama. Fiquei lá, tentando descansar, e o Natan levou as crianças à praia. Não queria que elas me vissem daquele jeito. Mais tarde, quando já estavam todos de volta, meus braços, do nada, paralisaram. Entrei em desespero! "Estou tendo um derrame! ", gritei. O Natan ligou correndo pra minha irmã, que é médica e nossa vizinha de condomínio. Já no hospital, após uma bateria de exames, veio o diagnóstico: síndrome de burnout. [...] Veja bem, durante a minha gestão, a empresa cresceu três vezes mais que o esperado e se tornou uma das marcas mais admiradas do

---

[24] MOTA, Andrea. Conheça a história de Andrea Mota, ex-diretora de O Boticário, que largou uma carreira brilhante em busca de qualidade de vida. **Revista Glamour**. 21 maio 2019. Depoimento a Natália Mestre. Disponível em: https://revistaglamour.globo.com/Na-Real/noticia/2015/08/conheca-historia-de-andrea-mota-ex-diretora-de--o-boticario-que-largou-uma-carreira-brilhante-em-busca-de-qualidade-de-vida.html. Acesso em: 2 jun. 2019.

País. Só pra dar um exemplo: as metas traçadas pra 2018 foram alcançadas em 2014. Ninguém consegue tamanho sucesso com uma dedicação mais ou menos. [...] Zero tempo pra família e muita culpa. Acho que o que mais dói quando se tem uma top carreira é que o tempo pra família é quase nulo. Via os meus filhos coisa de duas horas por dia. Se me sentia culpada? O tempo todo! *Mas sou de uma geração que aprendeu que a mulher tinha que ser independente a qualquer custo e que o trabalho árduo era o único caminho pro sucesso. Tinha esses valores tão incrustados em mim que mantive a rotina frenética até durante a gravidez, considerada de alto risco, já que era gemelar e eu tinha 37 anos.*

No decorrer da história ela relata ter montado uma superequipe para se recuperar dessa situação, com psicólogos, coaching, personal trainer, homeopata e massoterapeuta, também diminuiu o seu ritmo de trabalho e reduziu as viagens, até o momento em que percebeu que não estava mais feliz no trabalho, solicitou desligamento da empresa em 2014, mas desligou-se definitivamente em 2015. Fez cursos de culinária, fotografia e no ano de 2015 estava prestes a iniciar estágio em uma floricultura.

O relato da Andrea traz alguns pontos fundamentais que nos mostra a relação entre família/trabalho. Quando ela diz: "[...] sou de uma geração que aprendeu que a mulher tinha que ser independente a qualquer custo", pode-se perceber o lugar que a família oferecia para as mulheres, provavelmente um ambiente que estimulava autonomia, porém ela também complementa dizendo "[...] independente a qualquer custo" e é este custo que a fez suportar por tanto tempo uma situação de desgaste físico e emocional. Outro ponto que chama atenção em seu discurso é quando ela diz "[...] o trabalho árduo é o único caminho", é como se lançasse para si mesma uma profecia disfuncional. Ambas as falas fazem menção sobre o IDEAL DO EU, ela está se lançando sobre o futuro, ainda que de uma forma custosa, mas ser bem-sucedida era a meta.

Manter-se com essa convicção pareceu de fato um caminho árduo para Andrea, ter um alvo a ser alcançado é o desejo da maioria das pessoas, mas será que este objetivo foi construído por elas mesmas? Bem, no caso da Andrea o que se pode perceber é que no decorrer de sua trajetória no Grupo, houve muitas situações de sucesso certamente acompanhadas de muitas realizações pessoais e profissionais, manter-se nesta posição foi lhe desgastando, a rotina frenética com o excesso de responsabilidades e compromissos resultou no esgotamento emocional e o seu corpo começou a emitir respostas sobre este sofrimento e a partir daí foi que ela resolveu mudar.

É fato que as representações familiares acompanham o desenvolvimento do sujeito ao longo da vida, e como essas projeções podem se transformar em verdadeiras prisões quando há o desejo de uma ação autônoma. Andrea precisou de uma equipe de profissionais para conseguir se desvincular desta atividade, ela comenta que mesmo depois de pedir desligamento permaneceu na empresa por mais um ano, além de ocupar um cargo executivo que provavelmente não poderia ser abandonado de um dia para o outro, mas isso também pode representar o apego por aquela posição. Já em 2015 quando Andrea se desliga por completo da instituição e se descobre em uma atividade completamente diferente de sua rotina, certamente o processo terapêutico permeado por tantos profissionais, auxiliaram-na a experimentar outras áreas como culinária, fotografia e jardinagem. Além dessas descobertas ela preferiu também: prezar pela sua família e ficar mais próxima da criação de seus filhos e, o principal, decidiu ser feliz.

A história da Andrea pode representar a vida de muitos executivos, que em algum momento de sua carreira se percebem encurralados por suas escolhas e por algum motivo aquele caminho lhe traz angústias e não faz mais sentido. No caso dela houve um final de superação, mas quantos trabalhadores que ocupam posições que não fazem ou nunca fizeram sentido para suas vidas? E devido às ações inconscientes acabam permanecendo a todo custo nestes cargos, cumprindo um mandamento das relações familiares e do coletivo.

Agora, convido você a conhecer a história de um rapper que construiu uma carreira bem diferente da que acabamos de ler.

Gabriel Pensador, de 42 anos, natural do Rio de Janeiro, é rapper, escritor e compositor. A música Linhas Tortas, lançada em 2012, narra a história de sua carreira e vem ao encontro de tudo o que estamos conversando. Entretanto, ela destaca um elemento fundamental durante toda a narração de sua história, mas conversaremos sobre este item mais adiante. Vamos observar de que forma Gabriel[25] traduz sua trajetória profissional por meio de poucas rimas em forma de rap.

> [...] Tudo começou na aula de português
> Eu tinha uns cinco anos, ou talvez uns seis

---

[25] GABRIEL, O Pensador. **Linhas tortas**. Rio de Janeiro ONErpn. 2012. Disponível em: https://www.letras.mus.br/gabriel-pensador/linhas-tortas/. Acesso em: 01 jun. 2019.

Comecei a escrever, aprendi a ortografia
Depois as redações, para a nossa alegria
Professora dava tema-livre, eu demorava
Pra escolher um tema, mas depois eu viajava
E nessas viagens os personagens surgiam
Pensavam, sentiam, choravam, sorriam
Aí a minha tia-avó, veja só você
Me deu de aniversário uma máquina de escrever
Eu me senti um baita jornalista, tchê
Que nem a minha mãe, que trabalhava na TV
Depois, já aos quinze, mas com muita timidez
Fiquei muito sem graça com o que a professora fez
Ela pegou meu texto e leu pra turma inteira ouvir
Até fiquei feliz, mas com vontade de fugir

[...] Ih, pensador, isso é grave, hein!
É, vovó dizia que eu já escrevia bem
Tentei me controlar, me ocupar com um esporte
Surf, futebol, mas não era o meu forte
Um dia eu fiz uns raps e achei que tava bom
Me batizei de Pensador e quis fazer um som
Ficar famoso e rico nunca foi minha meta
Minha mãe já era isso, eu só queria ser poeta
Meu pai, um homem sério, um gaúcho de POA
Formado em medicina, não podia acreditar
Ao ver o seu garoto Gabriel
Com um fone nos ouvidos, viajando com a caneta no papel
O que cê tá fazendo? Vai dormir, moleque!
Ah, pai, peraí, eu só tô fazendo um rap!
Ninguém sabia bem o que era, mas eu tava viciado naquilo
E viciei uma galera!

Ele cita quatro familiares que tiveram participação na construção de sua trajetória, pai, mãe, avó e tia-avó. Diante desse quadro, podemos levantar de forma hipotética como foi seu ambiente familiar. Mãe jornalista, pai médico, duas figuras representativas socialmente e rodeadas por status também, provavelmente um ambiente cercado por discussões político-sociais além de saúde, doenças e curas. Em um de seus aniversários ganhou de sua tia-avó uma máquina de escrever e a avó também percebia que ele se destacava na escrita, nesse ponto pode-se observar o quanto o ambiente apresentava-lhe estímulos que poderiam ou não; direcionar suas escolhas.

Já na adolescência Gabriel percebe a habilidade que iniciou lá na infância e no decorrer dos anos foi se aperfeiçoando, até ser reconhecido pela professora e colegas. É nesse momento, então, que ele começa a pensar que aquilo que era uma facilidade; poderia se tornar uma profissão. Inicia o processo de IDEAL DO EU, aquele lugar que eu almejo conquistar. Entretanto, essa posição não parecia ter aprovação 100% do pai, ele comenta também que tentou se ocupar com outras atividades esportivas, mas viu que não era o seu forte e permaneceu buscando o seu próprio caminho.

> [...] O amor que ainda tenho é o amor da palavra
> É falar e cantar, despertar consciências
> Dediquei a vida a isso e a maior recompensa
> É servir de referência pra quem pensa parecido
> Pra quem tenta se expressar e nunca é ouvido
> É olhar pra minha frente e enxergar um mar de gente
> E mergulhar no fundo dos seus corações e mentes
> É esse o meu mergulho, não é o do Tio Patinhas
> É esse o meu orgulho, escrever as minhas linhas
> Escrevo em linhas tortas, inspirado por alguém
> Que me deu uma missão que eu tento cumprir bem
> Escuto os corações, como um cardiologista
> Traduzo o que eles dizem como faz qualquer artista
> Que ganha o seu cachê, que é fruto do trabalho
> De cigarra e de formiga, e eu não sei o quanto eu valho
> Mas sei que quando eu ganho, divido e multiplico
> E quanto mais eu vou dividindo, mais fico rico
> Rico da riqueza verdadeira que é de graça
> Como um só sorriso que ilumina toda a praça
> Sorriso emocionado de um senhor experiente
> Em pé há duas horas debaixo do sol quente
> Ouvindo os meus poemas em total sintonia
> Eu sou ele amanhã, e hoje é só poesia. [...][26]

No decorrer da música há um ponto fundamental que é cerne de toda sua trajetória, quando ele diz: "Escrevo em linhas tortas, inspirado por alguém / Que me deu uma missão que eu tento cumprir bem". Aqui nesse ponto, fica evidente que além de sua habilidade em escrever, ele poderia direcionar para qualquer outra profissão, ele percebe que tem uma missão, ou seja, é algo além da rentabilidade financeira ou exposição na mídia, ele demonstra ter um chamado que não traz apenas status.

Essa declaração remete a pensarmos que a sua escolha profissional não estava baseada em um conceito superficial ou meramente mantenedor de suas despesas, ela foi além, pois passou a contagiar estudantes e professores

---

[26] GABRIEL, O Pensador. Linhas Tortas. 2012.

também, essa é a diferença daquele que cumpre o seu propósito, daquele que trabalha para sobreviver. Pode-se perceber que algo lhe chamava para esta missão, um chamado interno que ele precisava cumprir.

Goldeberg, declara que <u>Intuição</u> tem o seguinte significado:

> O sentido básico da palavra, porém, sugere espontaneidade e imediatismo; o conhecimento intuitivo não é mediado por um processo consciente ou racional deliberado. Usamos a palavra quando sabemos alguma coisa mas não sabemos como sabemos.[27]

A fala do cantor ao declarar que tinha uma missão inspirada por alguém reflete uma percepção para além da consciência, e sim uma escolha que traz em sua essência atributos inconscientes que lhe apontam um caminho a ser seguido. Por mais que essa escolha pode ter sido reprovada pelos pais, mas ele sentia realização nela e mais do que isso, percebia que tinha que cumprir um legado, um chamado.

Goldeberg[28] relata também que o processo intuitivo é um elemento natural da mente e que por meio dele é possível agir de modo rápido diante de um desafio e também contribui para o processo criativo agindo como um gerador de novas ideias, revelando verdades e fazendo premonições, ou seja, ele atua como um guia da vida cotidiana. Nesse sentido, o autor também comenta que muitas pessoas que aparentam ter sorte e sucesso, utilizam este processo cognitivo a seu favor.

Desse modo percebemos que ao fazermos uma escolha ela não deve apenas carregar a facilidade das nossas habilidades, mas ser ligada ao chamado interno, e isso está para além das representações sociais e financeiras. É a partir daí, que a construção, da sua história vai fazendo sentido, conforme você a tece em meio a tantas situações adversas, mas tem a convicção de que este é o caminho.

Quando começamos a analisar a história do cantor, foi comentado que havia dentro de toda sua trajetória um elemento fundamental que contribuiu fortemente para todo o desenvolvimento de sua carreira, mas que seria exposto mais adiante. O elemento que aparece logo no início de suas rimas é a escola e a figura do professor, neste sentido fica evidente o quanto o ambiente escolar tem um forte papel para apresentar um caminho

---

[27] GOLDBERG, Philip. **O que é intuição e como aplicá-la na vida diária**. O melhor livro sobre intuição para todos os que querem viver com mais criatividade, satisfação e paz interior. São Paulo: Cultrix, 1983. p. 27.

[28] *Ibidem*, p. 9.

e contribuir para a descoberta de uma escolha profissional. Ele comenta que tudo começou na aula de português ainda no ensino fundamental, embora provavelmente ser oriundo de uma escola com uma pedagogia tradicional, foi por meio da experimentação nesta disciplina que ele não só, descobriu uma profissão, mas também o seu propósito de vida.

Ao compararmos a trajetória do Gabriel e da Andrea, além dos discursos relacionados às questões familiares, nota-se o quanto a escolha feita pelo cantor carregava em si um propósito, pois o talento não se limitou apenas ao mundo da música, passou a alcançar instituições de ensino também, os professores passaram a se apropriar das suas letras em sala de aula. Assim como a escola foi o ambiente de descoberta do seu talento, ela pode ser para a vida de todos, detentora do poder de auxiliar na construção de uma nova visão de mundo, inspirar saberes e apontar o caminho as instituições de ensino podem contribuir muito na construção das escolhas profissionais.

É com esse viés que vou apontar a metodologia de três escolas que considero trabalhar com uma pedagogia que pode auxiliar nesse processo, de não apenas o aluno entrar em contato com suas habilidades descobrindo seu potencial, mas também olhar para a sociedade, enxergar suas debilidades e identificar como ele com sua competência pode auxiliar na construção de uma sociedade mais justa.

A escola pública conhecida como Escola da Ponte, está localizada em Santo Tirso, Portugal, e atende alunos do 1º ao 9º ano. Não há separação entre as turmas e nem paredes dividindo as salas, os alunos se agrupam conforme o interesse no assunto que será pesquisado independentemente de sua faixa etária. Os estudos também podem ser feito de modo individual ou em duplas, por exemplo, se o tema for "Segunda Guerra Mundial", pode haver no mesmo grupo crianças estudando História e ao mesmo tempo Geografia, ou seja, em um mesmo tema podem ser estudadas várias disciplinas.

Os professores são chamados de tutores e ficam à disposição dos estudantes para orientá-los e atendê-los, tanto em relação à aprendizagem como em situações comportamentais. Não há provas, ao final de cada quinzena quando o aluno sente que está preparado ele faz o agendamento de sua autoavaliação que é o registro das seguintes respostas: "O que eu aprendi nessa quinzena?; O que mais gostei de aprender nessa quinzena?; Outros projetos que gostaria de desenvolver". Nesse ponto é possível perceber o quanto a instituição dá voz ao aluno, isso implica nele pensar sobre o que ele gosta, como ele percebe seu desenvolvimento, e o que ele deseja aprender, fazendo o movimento de olhar para o passado, o presente e o futuro, um alicerce fundamental para o desenvolvimento do autoconhecimento que é tão importante para as escolhas futuras.

Outra proposta dessa pedagogia é permitir que todo e qualquer aluno pode expor tudo o que não está lhe agradando na escola, há um grupo de alunos responsáveis por ler todas as queixas e juntos pensarem em uma solução para os problemas, aqui já realiza na prática o exercício da cidadania, assim como a troca de papéis.

A escola Lumiar, que surgiu para desconstruir os modelos tradicionais, fundada em 2003 no estado de São Paulo, pelo empresário brasileiro Ricardo Semler, sócio majoritário da empresa Semco Partners, tem como proposta o ensino democrático, visando a uma aprendizagem participativa em que o aluno se envolva com as atividades de modo ativo. Os alunos aprendem a partir de projetos, ou seja, em grupo eles escolhem o tema de estudo que desejam aprender, portanto pode-se ter em um mesmo projeto crianças de 6 e de 8 anos desenvolvendo a mesma atividade, mas com grau de complexidades diferentes. A avaliação da aprendizagem pode ser feita de diversas formas, pode ser um questionário por escrito, dramatizações, debate, roda de conversa, tudo depende do contexto que está sendo estudado. Há também uma plataforma digital em que pais, professores e alunos acompanham o desenvolvimento de cada competência. A Lumiar criou um modelo de mosaico curricular que é estruturado na Matriz de Competências e Habilidades e na Matriz de conteúdos.

O aluno tem um tutor que é um professor responsável por acompanhar todas as atividades realizadas dentro do grupo ou ciclo. O tutor tem a responsabilidade de analisar a vida pedagógica do aluno como um todo, isso implica em descobrir quais são os talentos, inclinações, interesses, dificuldades, histórias de vida e expectativas do educando. Outro papel importante no processo de aprendizagem dos alunos da Lumiar são os mestres, que são profissionais contratados para desenvolverem projetos, oficinas ou módulos específicos, eles não precisam ter uma formação acadêmica ou em licenciatura, basta ter o conhecimento necessário e construir o saber junto com o grupo, muitos mestres da Lumiar são arquitetos, engenheiros, chefe de cozinha entre outros.

A escola Waldorf também apresenta uma pedagogia diferente das tradicionais. Criada em 1919 pelo alemão Rodolf Seteiner, busca integrar de maneira holística o desenvolvimento físico, espiritual intelectual e artístico dos alunos e é com esse viés que organiza suas práticas educativas, ela não busca a qualificação profissional e a produtividade econômica. Durante a educação infantil valoriza-se muito o brincar livre, compreendendo-se que nessa fase devido à criança vivenciar o mundo da fantasia em que tudo é possível, isso deve ser estimulado e não repreendido, é assim que a criatividade e inovação ganham espaço na formação humana é por este motivo que as crianças dão início ao processo de alfabetização aos 7 anos, pois se entende que antes da alfabetização a criança precisa saber cuidar de si e ter domínio sobre as suas necessidades físicas.

A pedagogia Waldorf dá muita importância para as artes e o amor à natureza, portanto esses elementos estão sempre associados às aulas, principalmente os trabalhos manuais. Não há provas e a escola atende alunos de educação infantil, fundamental e médio.

As três pedagogias têm alguns itens em comum que convergem para a construção de uma sociedade progressista que são: alunos com faixa etárias diferentes estudando juntos, o professor no papel de orientador e não como centro do saber, os alunos (da escola da Ponte e da Lumiar) escolhem o que desejam estudar, demonstrando assim suas inclinações e desejos por determinada área do conhecimento e as atividades geralmente acontecem em grupo.

Esses itens anunciam o que estamos prestes a viver dentro de alguns anos no mundo do trabalho, embora já esteja acontecendo em algumas empresas, mas dentro de alguns anos será de modo unânime. Se pensarmos que o modelo dessas escolas são as empresas do futuro, logo percebemos a semelhança entre essas duas instituições. Assim como a figura do professor ocupa um papel de orientador/mediador, o papel do líder também vem de encontro a apontar o caminho para seus liderados, as atividades realizadas em grupos de modo cooperativo com diferentes faixas etárias vivenciados nesses modelos pedagógicos representam o mundo da diversidade dentro das empresas, a escolha pelo tema de um trabalho a ser pesquisado dentro de um grupo, vem de encontro com o formato de um trabalho integrado com o todo e não segmentado como atualmente acontece tanto nas escolas tradicionais quanto nas empresas verticais.

A descrição dessas diferentes pedagogias é congruente à discussão principal deste capítulo, que é apontar o quanto a educação pode ser um dos alicerces para este processo de escolha. Esses modelos pedagógicos oferecem um ensino democrático, em que o aluno é ouvido e tem a liberdade em manifestar seus desejos e interesses, fazendo com que esse entre em contato com suas aptidões e aos poucos vá descobrindo suas habilidades e competências. Certamente seu processo de formação educacional tende a torná-lo mais consciente sobre suas escolhas profissionais, ou seja, é olhando para si que o sujeito consegue se projetar no todo.

A pesquisa realizada pela Confederação Nacional da Indústria (CNI) realizada em 2017, juntamente ao movimento Todos Pela Educação, aponta que 26% dos entrevistados classificam a educação de nível médio, principalmente em relação às escolas públicas, como ruim ou péssimo. Já a avaliação realizada com o ensino das escolas particulares também caiu de 76% classificado por bom ou ótimo, para 64%.

É fato que a insatisfação com o ensino não é um assunto recente e as consequências e disfunções que este modelo tradicional gera para a sociedade como um todo, vem sendo identificado nos diversos âmbitos sociais. Neste capítulo foi feito o recorte relacionado às escolhas profissionais, mas quantas outras situações o ensino ultrapassado pode resultar em uma sociedade que busca o progresso?

Sobretudo, reitero que entre tantas outras instituições que podem fazer parte da vida do indivíduo ao longo de sua jornada, seja ela religiosa, familiar, empresarial, pode-se considerar que as instituições de ensino são fortes aliadas para auxiliar neste processo construtivo das escolhas profissionais, que não deve se ater ao modo simplista de relacionar a escolha às facilidade dos alunos em determinadas disciplinas.

A construção de uma escolha junto ao processo de ensino está para além dos conhecimentos técnicos, ela deve ser envolvida por filosofias de vida, visão do homem moderno, valorização do senso de coletividade, sustentabilidade e diversidade. Portanto, por meio de uma educação democrática e participativa, projetar uma visão de homem se lança no futuro como autônomo de suas escolhas, não havendo limites para a experimentação em diversas áreas do saber, uma visão de homem que possibilite olhar para si e para os outros de modo sinérgico, uma visão de homem que perceba o sujeito para além de suas habilidades técnicas, uma visão de homem que compreenda que o indivíduo carrega seus sonhos, desejos, propósitos e que só cabe a ele fazer suas próprias escolhas, uma visão de homem não apenas preparado para o mercado de trabalho, mas também para uma jornada ainda maior chamada vida.

É por meio de um processo de ensino que permita o indivíduo ser quem ele deseja ser, que podemos construir uma sociedade plural e realmente permeada pela diversidade profissional e pessoal.

É por esse motivo que aqui retomo os questionamentos iniciais deste capítulo. Hoje percebemos que ter um diploma na mão não é garantia de inserção no mercado e realização profissional, esse assunto não está apenas relacionado às questões educacionais. Mas é importante que o indivíduo perceba que seus talentos estão além de formação acadêmica, é claro que ela é fundamental para instrumentalizar, mas se essa escolha não estiver ligada a um propósito maior, como a música do Gabriel Pensador quando ele diz que recebeu uma missão e que a tenta cumprir bem, continuará não adiantando ter um diploma na mão.

Considerando toda essa narrativa, aponto aqui algumas considerações do Cortella,[29] o qual indica que o papel da escola é também preparar o indivíduo para a vida profissional, pois ter uma profissão faz parte da vida e cabe à escola preparar os alunos para o trabalho em geral, reforçando assim os pontos levantados neste capítulo. Outro apontamento relevante que ele destaca é referente às notas, elas são requisitos importantes para medida de desempenho ao longo da vida, mas não garantem vagas de emprego, pois devido à volatilidade que estamos vivenciando, não há como garantir quais serão as profissões do futuro.

Ele considera dois elementos fundamentais para garantir a empregabilidade do futuro, o primeiro está relacionado ao aprendizado constante, buscando continuamente sua qualificação; e segundo é o aumento de conhecimento científico, técnico, artístico e filosófico em conjunto a uma mente criativa e capaz de enxergar além do óbvio.

A seguir Cortella responde à seguinte pergunta:

> A&E – *Como as escolas acompanham as transformações do mercado de trabalho? As instituições de ensino sabem como incentivar os diferentes direcionamentos profissionais?*
>
> CORTELLA – *Muitas escolas fazem um trabalho sério e contínuo de esclarecimento dos discentes e das famílias. É preciso lembrar que nos nossos novos tempos não há mais uma correspondência linear entre "graduação" e "carreira", isto é, nem sempre o curso*

---

[29] CORTELA, Mario S. **Entrevista Mario Sergio Cortella.** Revista Atividade e Experiência – Educacional, mar. 2008. Entrevista concedida a Nair Passoni. Disponível em: http://www.educacional.com.br/revista/0108/pdf/6_entrevista_mario_cortella.pdf. Acesso em: 07 jun. 2019.

> *superior feito será traduzido em carreira naquela área. A complexificação do mercado de trabalho está conduzindo mais a uma preocupação com funções do que com cargos. Desse modo, a escola mais cuidante promove seminários, chama profissionais, provoca debates em torno da temática das carreiras e profissões. Não há como a escola estar acompanhando passo a passo o mercado, por serem instâncias com dinâmicas diferentes; o mercado muda de hoje para amanhã, enquanto a escola lida com gerações e com um tempo que não é tão elástico.[30]*

É por esse motivo que o aluno não deve ser formado para alimentar o mercado de trabalho e sim para ser quem ele deseja, sendo um sujeito autônomo de suas escolhas e construtor de uma nova realidade a partir da descoberta de suas habilidades.

---

[30] CORTELLA, 2008, p. 15.

CAPÍTULO 5

SERÁ QUE É HORA DE MUDAR? O QUE FAZER?

Eunice Maria Nascimento

Eunice é consultora organizacional, coach, palestrante, professora universitária de pós-graduação e MBA. Autora de livros na área de gestão e comportamento organizacional. Fez a escolha certa em termos de profissão, ama o que realiza, pois trabalha com desenvolvimento e transformação de pessoas e organizações. Sua experiência no mundo corporativo inclui cargos seniores de direção e de staff na área empresarial e acadêmica. Atualmente é diretora de empresa de consultoria empresarial.

Possui doutorado em Psicologia do trabalho pela Université de Liège, Bélgica, na qual defendeu tese sobre envelhecimento populacional e o impacto nas relações de trabalho. É também doutora em Psicologia social pela USP. Mestre em Administração de ensino superior, tendo oportunidade de estudar e conhecer grandes universidades do mundo e as várias formas de gestão tanto estratégica como de pessoas.

Auxiliou vários executivos e empresas a traduzirem sua visão em ação, a alinharem valores corporativos, a desenvolverem competências, no engajamento dos profissionais, dando suporte ao gerenciamento de transições, a melhorarem as habilidades como executivos, aconselhando líderes empresariais, e na implantação e no aperfeiçoamento da performance e dos resultados.

SERÁ QUE É HORA DE MUDAR? O QUE FAZER?

As mudanças são necessárias em todos os contextos da vida do ser humano, seja pessoal ou profissional. Às vezes, nos perguntamos sobre a resistência que o ser humano enfrenta em se deparar com situações novas. Particularmente, não acredito que as pessoas não queiram mudar e sim que elas enfrentam um sentimento profundo, de medo, ansiedade e insegurança diante de novos desafios. Tudo está ao alcance, mas as pessoas não têm clareza de como serão as regras desta nova jornada.

A melhor prática de gerenciar a mudança é reconfigurar, recombinar e reorganizar o conhecimento recebido sobre gestão de mudança, de uma forma mais adequada aos tempos atuais. A mesma situação ocorre com as empresas quando mudam de forma rápida, sem um planejamento adequado, podem cair na síndrome da mudança repetitiva, podendo apresentar alguns sintomas como:

- Sobrecarga de iniciativa;
- Caos decorrente de mudanças e falta de transparência;
- Desgaste físico e emocional;
- Ansiedade disseminada entre funcionários;
- Tornam a mudança mais difícil de administrar;
- A mudança torna-se dispendiosa;
- Aumenta a probabilidade de fracasso;
- Interfere na rotina operacional;
- O foco se concentra mais para o interior, negligenciando as pressões externas tão importantes no contexto atual;
- Esquecem, muitas vezes, do consumidor a quem as mudanças devem atender.

O essencial é poder ver a empresa como um conjunto de partes interdependentes, é preciso saber recombinar, utilizando a criatividade e o talento dos colaboradores para fazer os ajustes necessários e adequados ao momento. O mercado se modifica rapidamente, os consumidores percebem estas mudanças e buscam satisfazer estas necessidades com a maior agilidade possível.

As empresas não têm outra forma a não ser mudar e inovar para continuarem competitivas e sobreviverem em um ambiente de intensa concorrência. A mensagem que os empresários visionários repassam é que as equipes deverão assumir a responsabilidade por encontrar novas práticas e oportunidades inéditas, vislumbrar um crescimento rápido em pouco tempo, mobilizar pessoas e principalmente atentar para a redução de custos, fazer mais com menos.

A prática que vivenciamos no cotidiano tem demonstrado que nem sempre os líderes corporativos conseguem sensibilizar os colaboradores com esta proposta de crescimento rápido, sustentável, com foco em resultados e agregação de valor para as partes envolvidas. Nesta situação o diálogo deve estar presente, os profissionais inseridos na organização precisam conhecer os rumos da empresa.

Na prática, como consultora de empresas, tenho percebido que alguns profissionais ficam presos no sucesso do passado, na imagem que a organização obteve ao longo dos anos, nos clientes conquistados e na tradição que sempre mantiveram e adotam uma mentalidade que em time que está ganhando não se deve mexer e sim que deve ser mantido sem alterações. Este contexto não é verdadeiro e não se insere no momento atual, pois, é preciso ficar atento a todas as mudanças que estão ocorrendo no mundo de forma geral, e nas demandas e nas exigências do mercado externo. Hoje o contexto é outro, com as novas tecnologias surgindo a todo instante, com escassez de recursos, com a mudança demográfica, com a nova geração que está entrando no mercado de trabalho, o que requer uma nova forma de gestão, a concorrência acelerada, sem contar com o nível de exigência do consumidor final.

O que pode ser feito para que os profissionais percebam todas estas mudanças? É preciso se engajar neste novo cenário com ponto de partida definido, mas sem previsão de chegada, cada segundo é essencial para aquisição de novos conhecimentos, de novas práticas e principalmente adoção de atitudes proativas e inovadoras, tendo o protagonismo como ponto principal.

É preciso vencer o medo da mudança

Mudança é igual à sobrevivência, a mudança é diária e imediata, se as pessoas não perceberem este novo cenário, seus espaços serão ocupados de forma geral, os profissionais perderão seus trabalhos e o resultado será catastrófico. A concorrência está batendo na porta das empresas diariamente, o consumidor cada vez mais exigente, atento à qualidade, aos prazos de entrega e principalmente ao preço. Podemos afirmar que em todos os momentos estamos vivenciando mudanças, de várias formas e contextos, é preciso prestar atenção nos sinais que são apresentados diariamente, no entanto, muitos não percebem e permanecem na zona de conforto. Alguns aspectos chamam a atenção no mundo corporativo e servem de alertas, os quais precisam ser levados em consideração, tais como:

- Gestão centralizada;
- Liderança autoritária;
- Sistemas obsoletos;
- Muito tempo perdido na resolução de problemas internos;
- Comunicação falha;
- Duplicidade de tarefas;
- Aumento de conflitos internos sem perspectiva de resolução;
- Centralização do poder;
- Profissionais despreparados aos novos tempos;
- Dirigentes donos de verdades absolutas;
- Conformismo com a situação atual;
- Miopia empresarial;
- Silos culturais;
- Apatia generalizada;
- Prisioneiros do sucesso do passado.

A mudança só vai ocorrer se a situação atual estiver desconfortável, neste contexto é preciso atentar que em algumas situações, níveis excessivos de sofrimento decorrentes da mudança também podem torná-la mais lenta, cara e muito suscetível ao fracasso. A terminologia muito utilizada "não sofre, não muda", não pode ser o padrão de referência para julgarmos o gerenciamento da mudança, utilizada como desculpa para toda mudança mal administrada.

É preciso falar sobre mudança

Quando o processo de mudança tem início é comum o sentimento de insegurança por parte das pessoas. O emocional é afetado gerando um sentimento de exclusão, começam a surgir notícias de novas tecnologias que serão implantadas, profissionais jovens são contratados, o mercado apresenta novas empresas concorrentes. Surge a sensação de perda de status e de poder por parte dos gestores da empresa e as demissões começam a ocorrer. O ambiente de trabalho fica inquietante para boa parte dos profissionais, que ficam inseguros por não saberem o que os aguarda, ocasionando sentimentos de ansiedade e angústia gerando um enorme desconforto.

As resistências afloram e precisam ser trabalhadas pelos líderes da empresa, mostrando as necessidades da mudança, os benefícios, as alterações que serão feitas e principalmente ressaltar que mudança é uma questão de sobrevivência. Faz-se necessário demonstrar as vantagens da mudança e criar situações para que a própria equipe de trabalho possa oferecer sugestões objetivando minimizar as perdas e ressaltando os ganhos que poderão ser obtidos com o processo de mudança, conforme podemos observar no quadro a seguir:

Dúvidas	Esclarecimentos
Por que a mudança está ocorrendo?	Adequar-se às exigências do mercado
Quais os benefícios?	Relacionar os desafios e as vantagens
Ficar atento às perguntas	Fornecer e esclarecer as dúvidas
Chamar para participação	Conseguir adeptos ao processo de mudança
Focar pontos complexos da mudança	Abrir ao diálogo e ao debate
Enaltecer a necessidade	Valorizar a equipe de trabalho

Quadro 1 – Dúvidas e esclarecimentos no processo de mudança
Fonte: a autora

Quando todos os fatos são esclarecidos, tem início um processo de mobilização, de sinergia e, principalmente, de uma comunicação clara e transparente. Quando esta prática não ocorre, os fatos são distorcidos gerando inúmeros conflitos. Se bem conduzidas, as mudanças geram enormes benefícios para a empresa, em termos de redução de custos, melhoria de processos de gestão e principalmente no processo de comunicação, favorece ainda o lançamento de novos produtos e adoção de novas tecnologias e como resultado, percebe-se o aumento da produtividade.

Aprendendo com a natureza

É interessante refletir que passamos por inúmeras mudanças no decorrer da vida, mudanças de residência, de escola, de posições, de ideias, de responsabilidades, de trabalhos e muitas outras. Podemos fazer ainda uma analogia com a mãe natureza que nos proporciona um espetáculo diário, citando aqui alguns exemplos como as montanhas que sofrem alterações provocadas pelo desmatamento, pela erosão, pelas temperaturas baixas ou elevadas, os rios que mudam o seu curso, que secam e às vezes até desaparecem, os corpos de uma forma geral que envelhecem e mudam as formas, os comportamentos que evoluem ou regridem, enfim, todas estas mudanças ocorrem sem muitas vezes nos darmos conta.

No contexto atual para entrarmos nesta dança da mudança, temos que antecipá-la em vez de temê-la, assumindo assim o papel de agente principal nesta jornada. Podemos aproveitar os ensinamentos de Gregory Bateson que foi um pesquisador de destaque na Escola de Palo Alto, localizada no estado americano da Califórnia, no condado de Santa Clara, que mantinha unidades da universidade de Stanford e algumas empresas de alta tecnologia do Vale do Silício. Segundo os ensinamentos de Bateson, existem dois fatores considerados essenciais no processo de mudança, um que afeta e modifica o sistema em si mesmo denominado homeostase, que reside em realizar apenas a autocorreção que ameaça o equilíbrio, pois mantém o estado do sistema, e assim tentamos implementar mudanças, no entanto, chegamos ao mesmo ponto de partida, e a conclusão obtida é que em algumas situações o resultado é insuficiente e neste cenário ocorre uma crise que resultará na necessidade de uma mudança de um nível mais elevado.

Em um estágio mais avançado, podemos denominar o aprender a aprender, como um processo de mudança que vai requerer que as regras sejam modificadas e que sofram transformações. Será necessário reconstruir a realidade, mudar as premissas e os pressupostos. Trata-se de uma mudança qualitativa que tem a sua origem na cultura e que vai resultar na imobilidade do ser humano, apresentando alguns aspectos como resistência, a não aceitação como uma forma de defesa, é neste momento que ocorre a conscientização e o ser humano constata o sentimento de aceitação, aqui tem início o processo de mudança.

A transformação e a evolução

Ao analisarmos com profundidade chegamos à constatação que o ser humano possui a necessidade de reconhecimento, de valorização para em seguida se transformar e evoluir, não consiste em eliminar as disfunções, e sim potencializar as funções adequadas para servir de base no processo de mudança, é exatamente neste instante que podemos afirmar que é o pulo do gato, pois, os recursos, as competências, os comportamentos se tornam flexíveis para serem trabalhados e para que os alvos sejam atingidos.

Toda mudança resulta de um aprendizado e principalmente da aquisição de novos conhecimentos e de uma nova reconstrução da realidade, diante deste fato, o ser humano em sua caminhada pela vida deverá percorrer alguns níveis de mudança para poder evoluir, conforme demonstramos a seguir:

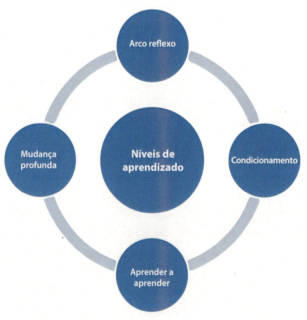

Figura 1 – Ciclo do Aprendizado
Fonte: A autora

No arco reflexo um mesmo estímulo provoca o mesmo resultado. O nível seguinte é o condicionamento que nos faz lembrar a experiência realizada pelo Pavlov, cientista russo que fez um experimento com cachorros em seu laboratório, os cães quando recebiam comida salivavam ao ouvir concomitantemente o som de um sino que celebrava aquele momento, no entanto, mesmo quando não recebiam o alimento e ao toque da sineta o som provocava nos cães a mesma reação de salivação como se estivessem sendo alimentados.

No nível seguinte que é o aprender a aprender, é importante ressaltar que somente o ser humano é capaz de transpor este processo de aprendizado fazendo a correlação com outros contextos. Na última etapa o ser humano tem acesso a uma mudança profunda, com mudança de mentalidade e externalização de comportamento diferenciado.

A transformação profunda quebra paradigmas

A aprendizagem mantém a homeostase, já a transformação profunda quebra paradigmas, rompe com premissas e modifica comportamentos e faz com que o ser humano adquira outros novos, e neste contexto é acompanhada de uma redefinição de si mesmo e da construção da realidade, fruto de uma transformação que libera a criatividade e consequentemente gera soluções inovadoras.

Para que a mudança profunda ocorra, em algumas situações será necessário como ponto de apoio o suporte e a intervenção de um profissional com uma boa expertise e preparo no processo de mudança, pois, consiste em entender o cenário que será trabalhado, identificar e retirar o problema que está ocasionando a situação inadequada, com a redefinição de um novo contexto que seja mais apropriado e adequado à realidade da pessoa que está passando ou pretende percorrer o caminho desta mudança transformadora.

As resistências enfrentadas e os bloqueios são na sua grande maioria criados pela inflexibilidade da construção dos modelos mentais, que muitas vezes são gerados pelas certezas, suposições e interpretações a respeito dos outros e acabam limitando o agir de forma diferenciada. Quando as pessoas fracassam em suas relações, muitas vezes estão direcionando o foco na pessoa errada, muitas vezes querem e precisam domar o outro, em algumas situações não conseguem rever o próprio comportamento.

É importante ressaltar que as operações mentais influem significativamente na percepção, agindo como filtros e muitas vezes atuam à nossa revelia, são as crenças os mecanismos cognitivos e também um reflexo interno do nosso estado emocional. É importante ressaltar que a nossa percepção da realidade é passível de ser modificada, assim, antes de afirmarmos algo com plena convicção é preciso rever alguns aspectos e principalmente questionar sob qual ângulo e ponto de vista se constroem e se interpenetram. A partir do momento em que olhamos para nós mesmos, enquanto mantemos um olhar externo, é possível observar o próprio eu refletido no exterior e concomitantemente o reflexo em nosso estado interior.

Quem pode ajudar a transpor esta caminhada?

Quando fazemos um julgamento do outro, estamos levando em consideração a relação experienciada com o outro, quando na verdade estamos percebendo é a impressão que o outro produziu em nós. Aqui cabe um questionamento: Quem pode ajudar a transpor está caminhada? Qualquer profissional? A resposta sem sombra de dúvida é negativa. É preciso preparo para auxiliar as pessoas a se tornarem mais do que acham que podem ser, a galgar outro patamar, a expandir uma aptidão, a ampliar a performance ou quem sabe até mesmo a mudar a forma de pensar.

Um profissional preparado consegue fazer com que o outro perceba as possibilidades além da situação atual, projetando as pretensões para o amanhã. Um relacionamento profissional produtivo, seja em que modalidade for, começa com duas pessoas com uma chama dentro de si: uma quer desesperadamente seguir adiante e a outra deseja ajudar a transpor e a completar a jornada.

Auxiliar outra pessoa nesta caminhada exige uma dedicação profunda, significa suportar muitos silêncios dolorosos enquanto espera que a pessoa que está sendo aconselhada lhe dê um retorno, significa sobreviver aos olhares de desapontamento quando, depois de vários relatos, ocorre a pergunta: E o que você acha que seria melhor? Um profissional bem preparado consegue visualizar possibilidades que a pessoa que está sendo aconselhada nem sabe que existem, um profissional com uma base sólida ajuda o indivíduo a esclarecer quais metas este deseja alcançar e por meio de inúmeras técnicas, ferramentas e de questionamentos cuidadosos e empáticos, serve de suporte para que o profissional possa trilhar com segurança e rapidez a jornada idealizada.

Nesta caminhada é necessário entender que não existe mágica e alguns pontos essenciais precisam estar presentes:

- O trabalho na área comportamental somente funcionará se o profissional que estiver sendo aconselhado mostrar-se engajado no processo;

- Se o profissional que está passando pelo processo não tiver aptidão ou experiência necessária para percorrer o processo de trabalho, esse não surtirá o efeito esperado;

- O trabalho de suporte na área comportamental consiste em um processo para chegar lá e não um processo de onde chegar. Se a empresa estiver no caminho errado, não é o trabalho na área comportamental que fará com que o profissional tome outro caminho.

Ao iniciar o processo de trabalho é necessário atentar para as seguintes questões:

- Conhecer e identificar os atributos do profissional que passará pelo processo de trabalho, não se esquecendo de obter a concordância como forma de reforçar o engajamento no trabalho;

- Identificar quem pode fornecer feedback/feedforward significativo e acompanhar o trabalho, obtendo a concordância de que a pessoa é a mais adequada para tal procedimento;

- Levantar todas as ferramentas que possam fornecer informações a respeito da performance do profissional;

- Efetuar uma análise profunda dos resultados obtidos, promovendo as forças impulsoras e restritivas e as áreas que requerem melhorias;

- Desenvolver um plano de ação, com alternativas a serem consideradas;

- Solicitar ao profissional que tenha contato com os stakeholders, coletando sugestões complementares à sua performance profissional;

- Desenvolver um processo de acompanhamento contínuo, com o objetivo de perceber como está a prática profissional;

- Analisar os resultados em todas as etapas, sendo que este acompanhamento garantirá o progresso contínuo e a relação com as metas iniciais.

A seguir abordaremos aspectos relacionados ao processo de mudança e algumas técnicas que podem auxiliar nesta caminhada. Iniciaremos sobre o trabalho de coaching e mentoring que serve como suporte nesta jornada.

Muitas organizações se deparam com mudanças provocadas durante fusões, downsizing, aposentadorias, criação de novas estruturas de trabalho, delineamento de uma trajetória de carreira para reter os melhores talentos, preparo para sucessão, aprimoramento profissional diante de novos desafios corporativos e uma expansão nos mercados globais. Estas são situações que podem exigir respostas dos líderes e tanto o coaching quanto o mentoring são ferramentas que podem contribuir de forma efetiva neste cenário.

O que o coaching pode oferecer?

O coaching oferece oportunidade para reflexão sobre o desenvolvimento pessoal e profissional, rompendo assim com a lógica tradicional de mera reação e repetição. No entanto, conduzir pessoas requer bases e pilares sólidos como confiança, engajamento, ética, equilíbrio emocional, resiliência, perseverança, empatia, e os cuidados que devem ser adotados é de não perder o foco nos resultados almejados, trabalhando os obstáculos que surgem na medida em que o processo evolui.

Em todos os contextos percebemos que os ciclos estão ficando curtos, com uma corrida infindável para encontrar maneiras rápidas de atingir um mercado que expande globalmente e como consequência o trabalho exigirá respostas ágeis e precisas diante de inúmeras questões como:

- Trabalhar com a diversidade;
- Assumir uma nova atividade;
- Tornar-se mais visível;
- Administrar conflitos;
- Adotar uma comunicação clara e transparente;
- Postura profissional diante de situações inesperadas;
- Focar no relevante;
- Adquirir uma visão sistêmica e estratégica do negócio;
- Equilíbrio emocional diante de situações cotidianas e inesperadas.

Gostaria aqui de compartilhar um pouco da nossa experiência como consultora em gestão estratégica de pessoas, comportamento organizacional e como coach de executivos. Ao longo dos anos temos percebido acentuada preocupação dos empresários, com relação ao investimento no capital humano, principalmente preparando profissionais para assumirem o papel de liderança.

Diante deste novo modelo, o líder assume um papel de grande relevância, entre os muitos que desempenha, e um deles é atuar também como coach de seus colaboradores, se não for de forma direta, deverá alinhar e acompanhar os trabalhos desenvolvidos por profissionais externos.

Temos observado que este papel não é muito bem aceito pelos líderes, pois as exigências para esta atividade são complexas, demanda tempo e requer um olhar diferenciado sendo necessária a percepção de que qualquer atividade profissional atualmente se insere dentro de um mundo de trabalho, no qual as regras básicas estão num estado fluido, sem contar que como ponto central encontram-se inúmeras variáveis que demandam tempo e energia, tais como: equipes de trabalho, gerentes, subordinados diretos, parceiros, associados, fornecedores, clientes, acionistas, sindicatos, mercado financeiro, governo e assim por diante. Permeando todas estas questões, não podemos esquecer que há um mundo competitivo que precisa ser reconhecido, embora nem sempre explorado durante o trabalho de coaching. Um trabalho de coaching para que seja eficaz deve possibilitar a integração e a leitura desses contextos.

A complexidade do trabalho de coaching

O coaching, quando é realizado por um profissional experiente, deverá permear um diálogo que possibilite a integração desses mundos, dando suporte aos executivos ou uma equipe de trabalho no desenvolvimento das competências e na eficácia dos negócios. Dentro de qualquer desses domínios ou mesmo de todos eles, a prática tem demonstrado que o trabalho é bem-sucedido quando é bem executado pelas partes envolvidas.

Para os profissionais que exercem o papel de coaching e que possuem uma percepção distorcida da complexidade do trabalho e que percebem esta atividade meramente como uma conversa entre duas pessoas, o coaching sem dúvida não provocará mudanças duradouras, sendo assim, somente terá sua eficácia no sentido estratégico quando configurado de forma profissional com um processo de comunicação estruturado e com um propósito emergente.

Aqui entra uma questão fundamental, o coaching com uma excelente qualidade é complexo e difícil de ser executado, pois, o maior desafio está em engajar o profissional no delineamento da caminhada a ser percorrida. Considero aqui um trabalho de alto impacto e alto risco. O coach despreparado pode provocar consequências trágicas a partir da tomada de decisão errada, ocasionando uma perda de tempo, um desapontamento para os profissionais e para os negócios.

Numa relação de coaching, não é o coach que estabelece os objetivos que o profissional deve atingir, não é o coach que ensina ou define os padrões do que está certo ou errado, não é o coach que avalia o que são bons ou inadequados os níveis de desempenho ou de performance. O coach não ensina, o coach é um facilitador, na tomada de decisão, de consciência, na identificação de potencial, na definição de objetivos, na elaboração e na monitorização de planos de ação para o desenvolvimento do coachee. O coach é um elemento facilitador, que favorece uma dinâmica de transformação pessoal e profissional.

Qualquer profissional pode ser coach?

Atualmente muitos profissionais se intitulam coaches sem, no entanto, apresentarem uma formação compatível, capaz de identificar a demanda e a estrutura de suporte do coachee. O maior desafio é contornar as resistências apresentadas, delinear as estratégias que serão utilizadas e sensibilizar o líder do coachee para o engajamento e o acompanhamento no processo de trabalho.

O coach é um conselheiro completo, que estabelece o diálogo, que injeta confiança, é uma fonte de meditação, criando uma ponte para superar a distância entre o planejador visionário e o realizador míope que existem dentro de todos nós. O coach nos lembra a pessoa pouco confiável que nos tornamos logo após terminar de fazer nossos planos, ele recorda ao frágil realizador o que ele deveria estar fazendo. É uma dinâmica simples, conforme apresentamos a seguir:

Figura 2 – Coach duas etapas importantes
Fonte: A autora

O coach sintoniza o nosso planejador interno com o nosso realizador interno. Desta forma ocorrem as mudanças. São nas escolhas efetuadas que casam as nossas intenções com as nossas execuções. O papel do coach é de construir uma ponte entre o planejamento e a realização, o foco é capturar a intenção original, recordando os momentos em que o comportamento desejável estava presente. Neste momento, o coach consegue reunir o planejador e o realizador que está no interior do ser humano.

É um grande desafio ser coach

A meta do coaching não é consertar o que está quebrado, mas descobrir, desenvolver talentos e encontrar em conjunto com o coachee novas maneiras de utilização do potencial, auxiliando os profissionais a trazerem todo o seu ser na realização dos projetos almejados. Este trabalho é centrado tanto na pessoa quanto no sistema, a ideia não e consertar e nem treinar as pessoas, mas sim dar liberdade e foco para que sejam o melhor que puderem ser. O coaching bem-feito é realizado de forma positiva e provoca mudanças construtivas tanto no indivíduo quanto no sistema.

Alguns pontos essenciais para ser coach:

1. Formação acadêmica compatível à área que desempenhará o seu papel como coach;

2. Reputação pessoal e profissional impecável;
3. Equilíbrio emocional para lidar com situações desafiadoras;
4. Conhecimento profundo na área de atuação, dependendo da modalidade de coaching;
5. Facilidade para detectar os modelos mentais do coachee;
6. Capacidade de identificar ameaças e oportunidades;
7. Identificar ameaças com base nas emoções, nas crenças e nos valores que o profissional utiliza para interpretar a realidade;
8. Contribuir para que o profissional vislumbre possibilidades, permitindo alterar o padrão de escolhas e obter resultados diferentes;
9. Amplo domínio da comunicação verbal e não verbal;
10. Capacidade de ouvir e escutar nas entrelinhas;
11. Dominar a arte de fazer perguntas;
12. Estabelecer confiança

Coaching, caminho a ser trilhado

Figura 3 – Os seis desafios do coaching
Fonte: a autora

O caminho que o coachee deverá percorrer desde o início até chegar ao estado desejado exigirá do coach um trabalho profundo com estímulo, suporte, estratégia e com o objetivo de ampliar as possibilidades do coachee de fazer as escolhas necessárias e adequadas ao seu momento, delinear plano de ação com o desenvolvimento e aprimoramento das competências que estão presentes e com a aquisição de outras novas, que farão a diferença e servirão de suporte para o atingimento dos resultados esperados.

A pesquisadora Krausz (2007) em seus trabalhos realizados como coach, relata que alguns pontos devem ser observados:

1. As pessoas sabem mais do que acham que sabem;

2. As pessoas apresentam todos os recursos que necessitam para operar mudanças;

3. Perguntas adequadas e bem elaboradas estimulam e produzem mais resultados do que ordens e comandos;

4. Toda falha representa uma oportunidade de aprendizagem;

5. Metas desafiadoras fazem emergir o que as pessoas têm de melhor;

6. Toda aprendizagem é precedida de alguma forma de experimentação.

Os pontos abordados podem ser confirmados ao resgatarmos na literatura grega os ensinamentos do patrono da filosofia Sócrates, o qual demonstrava grande interesse pelas questões relacionadas ao autoconhecimento e principalmente pela essência do ser humano. É interessante refletir no seu legado tendo como ponto principal o processo de comunicação com o ser humano, e que ao fazer perguntas inteligentes as respostas inteligentes afloram de forma especial.

Na sua trajetória encontramos relatos em que Sócrates gostava de andar pela cidade fazendo perguntas para as pessoas, com relação às questões pertinentes à área de interesse e principalmente que detinham domínio. Com as perguntas que formulava fazia com que seus interlocutores refletissem em suas questões, e em seguida relatava que nada sabia sobre o tema e procurava aproveitar as respostas recebidas para enunciar outras questões. E assim continuava até esgotar o seu interlocutor, que em algum momento deixava de responder por falta de conhecimento ou muitas vezes por falta de argumentos e até mesmo de repertório.

A partir deste ponto Sócrates iniciava o diálogo provocativo com inúmeros questionamentos, o que levava a uma reflexão profunda e ao desenvolvimento de um novo saber. Um dos pontos essenciais abordados por Sócrates se refere à questão relacionada ao autoconhecimento, para ele a ênfase está na procura do que não se conhece, muito mais do que na transmissão do que se julga saber.

Outra abordagem que pode ser utilizada no coaching são os fundamentos do psicólogo Martin Seligman, que em seus estudos encontrou pontos essenciais que contribuem de forma efetiva no coaching. A ênfase está em afastar os pessimistas, a doença, o medo, a dor, e o negativismo de uma forma geral, procurando substituir com alguns comportamentos construtivos que propiciem alegria, otimismo, felicidade, altruísmo e esperança.

É possível fazer com que o coachee percorra uma caminhada de avaliação apreciativa sobre a sua potencialidade e sua capacidade de perceber as situações por outro ângulo de forma positiva, valorizando as suas qualidades, seus pontos fortes, sua forças impulsoras, que podem funcionar como um antídoto contra o medo, a ansiedade e a resistência. A ênfase está na busca de um sentido, na busca de respostas de encorajamento e fortalecimento da confiança como aspecto fundamental neste processo.

Trabalhar com os pontos positivos são importantes, pois provocam um estado que induz o coachee a pensar de forma diferente, provocando uma reação criativa e proativa, enfim, funciona como uma forma de desarmar o coachee a respeito da negatividade, fazendo com que não se prenda às falhas e à omissão, mudando o foco para as possibilidades de acertos e para o fortalecimento da autoconfiança.

É importante ressaltar que quando vivenciamos um momento positivo, atingimos sensações diferenciadas, obtendo assim consciência plena do momento presente, com alteração do pensamento de forma significativa. É importante que o coachee possa experienciar e assumir o compromisso e a capacidade de deixar fluir, que o momento do coaching seja prazeroso e que obtenha satisfação do esforço que está sendo empregado no processo de trabalho e que possa sentir cada momento como único.

Os ensinamentos que esta abordagem propicia

- Alinhamento e congruência entre pensamento, sentimentos e ações práticas;
- Fazer com que o coachee perceba que as emoções positivas podem alavancar as mudanças desejadas;
- Procurar resgatar o lado bom da situação vivenciada e o aprendizado que acarreta;
- Que o aprender a aprender é um processo construtivo contínuo.

Atualmente todos se intitulam coaches

Observa-se na prática que quando o profissional por qualquer motivo sai da sua área de atuação, faz a opção de ser coach. Na nossa percepção esta situação é muito perigosa, pois, como é possível o coach como um elemento facilitador, que favorece uma dinâmica, uma transformação pessoal, despreparado em termos de si mesmo, auxiliar em uma caminhada de análise, reflexão, operacionalização, tomada de consciência e estabelecimento de metas, momentos estes que se tornam essenciais e proveitosos, tendo como apoio um facilitador que os ouve e escuta ativamente, que os questiona, desafia e acompanha durante todo processo de trabalho. Fica aqui esta reflexão.

Coach como ferramenta dinâmica

Com uma experiência prática de aproximadamente 30 anos como coach, foi possível observar que as organizações quando precisam preparar os colaboradores para um processo de mudança, utilizam o coaching como uma ferramenta dinâmica que pode se desdobrar em algumas modalidades:

a. Preparando a liderança: para um processo de sucessão ou potencializar o desempenho e o desenvolvimento em competências comportamentais;

b. Times de alta performance: orientando e desenvolvendo os profissionais no alinhamento entre a situação atual e a desejada;

c. Flexibilidade na aceitação: facilitar a percepção das forças impulsoras favoráveis à mudança organizacional;

d. Aprendizado contínuo: colocar em prática o ouvir e o escutar, criando um caminho propício para a prática da cultura do feedback e do feedforward;

e. Alinhamento: de carreira e identificação do gap de competências;

f. Estímulo da proatividade e do empreendedorismo;

g. Estratégias organizacionais: contribui para o estabelecimento de metas e estratégias.

O processo de coaching promove a aprendizagem e estimula pontos de vistas diferentes, removendo barreiras comportamentais. Existem muitas modalidades de coaching, mas no fundo todos são direcionados e aplicados na melhoria do desempenho do profissional. A seguir, alguns modelos:

• Coaching executivo: busca desenvolver as habilidades de liderança com relação ao alinhamento e desenvolvimento de competências no cargo atual ou preparo para um cargo futuro, com foco em projetos e principalmente na aquisição e ajustes na postura profissional e comportamentos que destoam da organização;

- Coaching de vida: relacionados à saúde, condições de vida, relacionamentos interpessoais, posicionamento pessoal, atividades físicas. O foco principal desta modalidade é o autodesenvolvimento.

- Coaching financeiro: com objetivo de criar consciência sobre as atitudes de consumo e seus impactos nos investimentos;

- Coaching de equipe: com o propósito de otimizar a aprendizagem, o crescimento e a transformação dos profissionais em uma equipe de trabalho com foco nos resultados esperados pela organização;

- Coaching acadêmico: trabalhar com docentes ou discentes potencializando a performance profissional. Esta modalidade é muito utilizada pelas instituições educacionais, com o objetivo de ampliar a qualidade do processo de ensino.

Inúmeras modalidades de coaching estão surgindo com nomenclaturas diferentes, no entanto a estrutura básica da ferramenta é a mesma. O importante é a reflexão que fornece, como aceitação da realidade, clareza de objetivos, relacionar as possibilidades, escolher estratégias e operacionalização de um plano de ação.

O líder como agente de transformação no coaching

As características de um líder podem ser encontradas em todas as profissões e em todos os campos. Podemos adotar como exemplo um guia de expedições. Se ele for conduzir um grupo até o Monte Everest, certamente já esteve em situações semelhantes, conhece cada uma das fendas nas geleiras e sabe dos perigos de congelamento, dos problemas de oxigênio nas grandes altitudes, das necessidades alimentares para uma luta de um mês nos campos gelados. Além disso, deve ser um profissional experiente, digno de confiança, que nunca desiste diante da pior das tempestades e principalmente deve ser um entusiasta.

Sem entusiasmo jamais se alcança um grande objetivo. A maioria das pessoas bem-sucedidas descobriu que o entusiasmo pelo trabalho e pela vida são os ingredientes mais preciosos para o homem e para os empreendimentos de sucesso. O aspecto mais importante a respeito desse ingrediente é que ele está à disposição de qualquer um, ele está dentro de nós.

Entusiasmo é um sentimento, é a centelha mágica que transforma "existir" em "viver", que torna fácil e agradável o trabalho difícil. Não há melhor tônico para a desmotivação, ou melhor remédio do que o entusiasmo para enfrentar e vencer qualquer situação. A pessoa entusiasta é otimista e vê oportunidade nas dificuldades, ao contrário de um pessimista que vê dificuldades na oportunidade.

Ser líder significa

Trabalhar com competência, conhecimento, energia e experiência. Também significa a capacidade de trabalhar com afinco, a despeito da adversidade. O sentido de equilíbrio, como subproduto de autocontrole, é tão importante como a diplomacia. Outra característica do verdadeiro líder é ser sempre justo, honesto e não ter favoritos. Isso se aplica tanto ao gerente de uma fábrica como quanto ao primeiro violinista de uma famosa orquestra sinfônica. Ninguém em cargo de autoridade pode permitir-se à dispensa de favores a um profissional em detrimento de outro.

A essas qualidades pode-se acrescentar a empatia, a profunda compreensão do outro. Empatia é fundamental em qualquer posição. Significa consideração e exige uma boa memória no tocante às "pessoas".

É importante também que o líder transmita a noção de que os liderados são membros da organização, mantendo-os a par das mudanças importantes, antes que elas cheguem ao conhecimento de pessoas estranhas à organização. As pessoas trabalham de forma satisfeita quando sentem que seus objetivos pessoais são compatíveis com as de seu líder.

Quando o líder é demagogo e adota uma política rígida de ameaças e acredita que sua obrigação é dizer: "Faça isso, senão...", não compreende a necessidade de guiar. Para ele, mandar é direito seu, seja porque é dono ou porque ocupa a posição hierárquica. Sua atitude é a de "faça isso porque eu sou o chefe e mandei fazer e, se não fizer, sofrerá as consequências". Na prática observamos que este comportamento tende a desaparecer no ambiente corporativo. É importante observar que os seres humanos procuram alguns elementos essenciais no contato com o outro:

- Aprovação;
- Reconhecimento;
- Atenção pessoal;
- Compreensão.

Para permanecer no topo, o bom líder é criativo e sempre se posiciona com novas soluções, decisões e ideias. Isso pode ser demonstrado durante reuniões em que líderes discutem novas maneiras de fazer as coisas. Com a aplicação da técnica de *brainstorming*, como uma atividade contínua e vantajosa, grupos de líderes reúnem-se em torno de uma mesa, debatendo ideias – como num pingue-pongue – de tal modo que cada nova ideia sirva de estímulo para que outro profissional tenha uma outra ideia. O resultado final é uma solução específica, ou uma meta, fruto da criatividade burilada e ampliada. Pela associação de ideias, abrem-se novos horizontes. Sonhos transformam-se em objetivos. Pensamentos vagos tornam-se aspirações e desejos concretos.

O que faz um líder coach

Possibilita o desenvolvimento das pessoas criando espaços para alcançarem objetivos individuais e coletivos, utilizando inúmeras atividades, conforme a seguir:

- Atuam como coaches e como mentores, reconhecendo os talentos dos profissionais;
- Acompanham e defendem os seus profissionais, pontuando questões quando necessário;
- Aconselham e são francos e honestos em suas intervenções;
- Criam um ambiente favorável, permitindo a expressão franca, verdadeira e transparente das pessoas, não perdendo o foco do alvo a ser atingido;
- Comunicam regras com o entendimento dos requisitos formais e informais e utilizam oportunidades, reveses ou mesmo derrotas como oportunidades para desenvolvimento;
- Proporcionam perspectivas, ampliando e mantendo visão ampla do caminho que está sendo percorrido.

O líder como mentor

O mentoring é uma excelente ferramenta de gestão e se revela como uma possibilidade rica de viabilizar a transferência do conhecimento consolidado, como forma de estabelecimento de visão estratégica e de determinar relações interpessoais positivas no ambiente organizacional. O foco do mentoring é o desenvolvimento da trajetória profissional, e o ponto forte é a experiência do mentor em seu conhecimento consolidado, com longa jornada no ambiente organizacional e principalmente com disponibilidade de compartilhamento com outros profissionais.

Normalmente, quem assume este papel de mentor é o grupo sênior da empresa, conselheiros, presidentes e diretores, que detêm uma expertise e se propõem a colaborar no aprendizado de gerações que carecem de um preparo para assumirem uma posição estratégica na empresa.

Fatores que impactam o trabalho de mentoring

Wunderlich (2004) menciona alguns aspectos interessantes sobre o mentoring que integraliza uma parte do coaching e que ambos acabam se complementando, no entanto, possuem elementos que não devem ser confundidos exigindo estratégias diferenciadas como, por exemplo: no grau de complexidade, na confidencialidade, na flexibilidade, na resolução de problemas e na tomada de decisão. Segundo o autor, no coaching as exigências normalmente são mais elevadas e no mentoring apresentam um grau moderado.

O trabalho de mentoring fornece um serviço de aconselhamento, para atingir e desenvolver uma visão estratégica, este trabalho requer vários encontros, sendo uma atividade de médio e longo prazo focando na performance de carreira. O mentor guia, atua como um mestre, como um conselheiro, os profissionais mais jovens buscam a expertise deste profissional, ouvido suas experiências, observando a sua postura profissional. Como tutor próximo do mentorado utiliza técnicas visando o aprimoramento e o desenvolvimento ao longo da trajetória de vida ou de carreira, segundo Wunderlich e Sita (2013).

É importante ressaltar que as organizações estão inseridas em um contexto e sofrem pressões internas e externas, muitas vezes os profissionais ficam muito focados na dinâmica do cotidiano sem perceber as demandas do ambiente ao redor que normalmente requerem a adoção de estratégias competitivas e inovadoras. A seguir algumas influências que podem impactar neste processo de trabalho:

Influências externas:

- Dinâmica do ambiente empresarial;
- Impactos da economia mundial;
- As variáveis da tecnologia;
- Mudanças organizacionais, reestruturações, fusões, aquisições, inovação e rupturas;
- Diversidade de uma forma global;
- Comportamento organizacional de uma forma ampla.

Influências internas:

- Desenvolvimento de competências atuais e futuras;
- Plano de sucessão de líderes;
- Alinhar estratégicas de negócios;
- Ampliar o nível de engajamento dos colaboradores;
- Desenvolvimento profissional;
- Gerir pessoas.

Algumas modalidades de mentoring que são praticados

- Mentoring individual, com um mentor experiente orientando um profissional, ao longo de um período, que pode ser de três a oito encontros, de acordo com a necessidade;
- Mentoring em equipe com aproximadamente cinco profissionais, é importante um número reduzido de profissionais para que possam ser percebidos e acompanhados de forma efetiva;
- E-mentoring, realizado de forma virtual, pelos vários recursos tecnológicos;
- Mentoring para expatriados com o objetivo de interação social e apoio em outro país.

O mentoring independe da modalidade que seja utilizada, precisa de uma organização formal, com etapas a serem percorridas, definidas em termos de periodicidade, foco e principalmente um acompanhamento efetivo, para assegurar o êxito nos resultados.

Bases de sustentabilidade do coaching e do mentoring

Existem diferenças entre o trabalho de coaching e mentoring, mas a base fundamental que sustenta estas ferramentas é o aprendizado e o desenvolvimento de profissionais. Alguns pontos essenciais devem estar presentes, tanto no coaching como no mentoring, como a seguir:

- Clareza nos objetivos a serem alcançados;
- Comunicação clara e transparente com foco nos desafios a serem atingidos;
- Estabelecimento de confiança entre as partes;
- Utilização de ferramentas disponíveis na organização, como feedback, feedforward, avaliações utilizadas na performance profissional e acompanhamento de metas;
- Análise das competências atuais e o delineamento de um plano de desenvolvimento para atingimento das ações futuras.

Existem várias modalidades de ferramentas práticas que podem ser aplicadas na gestão de pessoas e que servem de apoio em um processo de mudança, neste capítulo foram selecionados o coaching e o mentoring, como as principais, uma vez que são muito utilizados no ambiente empresarial e propiciam resultados significativos para todos os segmentos envolvidos nos processos de trabalho.

Outras ferramentas que podem ser de suporte no coaching e no mentoring

- **Autoavaliação:** identificação dos requisitos exigidos, tanto no início da atividade como em uma fase mais avançada, objetivando o acompanhamento do processo;
- **Contrato de coaching:** confere profissionalismo à relação e clarifica um conjunto de questões evitando problemas de comunicação;
- **Rapport:** capacidade de sincronizar, propiciando uma atmosfera e um ambiente de abertura, confiança e segurança favoráveis à comunicação genuína;
- **Ouvir e escutar:** capacidade de se concentrar, compreender o significado do que está sendo dito, adotando uma postura receptiva de apoio;

- **Feedback:** fornecer informações relacionadas ao entendimento, sentimento, anseios relacionados ao contexto atual, com foco em mudanças futuras;

- **Feedforward:** estimular a criatividade, a inovação e principalmente a encontrar soluções com base em ideias próprias e perspectivas diferentes com o objetivo de construir novas alternativas frente aos desafios do cotidiano;

- **Perguntas:** elaborar perguntas abertas que propiciem reflexões;

- **Feedback 360º:** obter resultados estruturados de superiores, pares, subordinados, clientes e stakeholders em torno do profissional que esta sendo desenvolvido;

- **Janela de Johari:** ferramenta que traduz as percepções que os outros possuem a nosso respeito, e que encerram em si próprias uma natureza de subjetividade;

- **Assessment individual:** identificação de aptidões, capacidades, talentos e comportamentos dos indivíduos;

- **Estabelecer objetivos:** define a direção e reforça o sentido do trabalho, proporciona a capacidade de autorregular, reforçando a persistência e a aprendizagem;

- **PNL:** repensar o modo como as experiências foram e são estruturadas, refletir sobre a visão do mundo, sobre as bases de pensamentos utilizadas, como valores, crenças e estados emocionais. Identificando os programas que cada ser humano utiliza e que resultados comportamentais produzem, com esta técnica é possível fazer as reprogramações adequadas, objetivando atingir os resultados almejados;

- **Mapeamento de competências:** serve de apoio para a autorresponsabilização pelas decisões e ações a serem implementadas;

- **State of flow:** quando este estado mental ocorre, as partes envolvidas sentem grande confiança, pensam com clareza e utilizam todos os seus recursos internos, esta abordagem envolve um equilíbrio entre complexidade, capacidade, e o valor da atividade profissional desenvolvida;

- **G.R.O.W:** a compreensão deste modelo é utilizada como uma metáfora de uma viagem;

    a. Estabelecimento de um destino, aonde quer chegar (**G**oal);

    b. Identificação do momento em que a pessoa se encontra e de onde partiu (**R**eality);

    c. Exploração dos caminhos possíveis para chegar ao destino (**O**ptions);

d. Preparo e engajamento para enfrentar a caminhada e enfrentamento de obstáculos que podem surgir na caminhada (**W**hat);

- **Soft skills:** são competências pessoais e comportamentais que determinam as interações, o desenvolvimento profissional e que normalmente são potencializadas pela estrutura do ser humano;

- **Mapa mental:** ferramenta interessante para visualizar a organização de ideias e obter a noção do todo, favorecendo a memorização e a mobilização para o atingimento do alvo. Trata-se de um diagrama interligando palavras conectadas a um tema central.

Conclusão

Na medida em que o espaço para uma mudança transformacional e evolutiva se apresenta, o processo tem início e a partir deste ponto são delineados vários propósitos, não só qualitativos, mas com a ampliação do conhecimento, na transformação das atitudes, nas crenças, nos paradigmas que são quebrados e nas práticas que são reconstruídas e possíveis de serem constatadas.

Existem inúmeras ferramentas que podem servir de suporte nesta jornada de mudança, o importante é que no momento da escolha o profissional saiba avaliar a finalidade, validade, pertinência e benefícios que trarão para os resultados almejados. Os desafios que as organizações enfrentam atualmente estão relacionados à ampliação da produtividade e da sustentabilidade por meio das pessoas.

O diferencial está em utilizar metodologias e as ferramentas integradas ao contexto organizacional que promovam uma conscientização, um empoderamento individual e coletivo, com uma comunicação direcionada, transparente e personalizada. Desta forma, os resultados serão atingidos a partir do momento em que as pessoas acreditarem mais em si, em seus objetivos e principalmente no imenso potencial que o ser humano possui e na capacidade de transformação.

O presente mais valioso que um profissional pode receber no ambiente corporativo é um retorno de sua performance, de forma honesta e que possa servir de conexão entre o pensar, o agir e as intenções, só assim será possível uma mudança positiva. As pessoas não estão dispostas a mudar se não acreditarem que a mudança será necessária. A aceitação significa que houve um entendimento, a segurança se faz presente, quando se consegue vislumbrar o caminho a ser trilhado e principalmente adotando um novo comportamento que afetará a eficácia pessoal e profissional. Costumo afirmar que quando o ser humano muda, tudo muda ao seu redor.

A verdadeira influência que presenciamos atualmente, emerge do engajamento, auxiliando as pessoas a atingirem suas metas, a realizarem os seus sonhos, essa é a essência tanto do coaching, como do mentoring. Estas abordagens, quando realizadas com profissionalismo, tornam-se experiências profundas e mutuamente gratificantes. A caminhada é longa, mas o aprendizado, o crescimento e a concretização das realizações almejadas afloram os sentimentos mais nobres, gratificantes e profundos que um ser humano possa vivenciar, em que ambos os lados ganham.

CAPÍTULO 6

O LÍDER 4.0

Selma Andrietta

Selma Andrietta é advogada empresarial, consultora jurídica e apaixonada pelo mundo do trabalho e como ele se desenvolve e se atualiza. É disruptiva, gosta de aprender a desaprender e aprender de novo. Ama viajar e conhecer novas culturas, idiomas e gastronomia. Paulista, roqueira, morou e conheceu cidades diferentes no Brasil e no mundo e atualmente vive na cidade de Curitiba.

"O primeiro contato com o mundo dos negócios foi um susto. Tudo era tão sério. Todo mundo se fantasiava de terno e gravata para convencer um ao outro de sua seriedade."

Ricardo Semler, empresário brasileiro

"Quero a delícia de poder sentir as coisas mais simples."

Manuel Bandeira, poeta brasileiro

O LÍDER 4.0

Na era da quarta revolução industrial, na qual a disrupção é a palavra de ordem, em que os robôs são mais inteligentes que as pessoas que os criaram, a internet é útil não somente às pessoas, mas também às coisas, vamos tratar de um assunto velho, porém ainda necessário: o líder! Como esta figura deve atuar no contexto da nova revolução de tudo.

O foco não está sobre o gestor, o chefe, o dono da empresa, o que tem acesso a informações confidenciais ou sobre aquele que tem o poder de demitir alguém, ou ainda sobre aquele que tem uma vaga definida no estacionamento que o difere de todos os demais na empresa. Este será trazido algumas vezes como fonte, nunca de inspiração, mas como parte de revoluções anteriores, nas quais ele era a estrela.

Falaremos sim do líder, que pode ter atribuições de controle, mas que é um inspirador, um facilitador, um mentor. Também pode ser alguém que não chefie nada ou ninguém, mas que em alguns projetos, por competência técnica e/ou comportamental, atua como líder, seja nomeado ou legitimado. Este líder trabalha com grupos ou equipes. Pode ser parte de uma equipe, pode trabalhar de forma horizontal, em iguais condições de participação e engajamento.

É um indivíduo que aprende a aprender de várias formas diferentes, o todo tempo. Define-se como uma pessoa da era digital. O líder da era digital precisa ter uma mentalidade disruptiva, capaz de aprender formas de pensamento muito diversas do início deste século XXI. Fala-se atualmente em mudança de tudo, mas essencialmente, estamos na era da mudança do ser humano. É um pensamento interessante, posto que quanto mais ligados à tecnologia, com processamento, conexão, robôs e aplicativos, maior a nossa necessidade de sermos *humanos*. Afinal, os humanos é que se aproveitarão deste novo mundo, são eles que continuarão a conviver com as ansiedades e angústias, mas também alegrias, conquistas, descobertas. Existe uma enorme possibilidade das doenças serem, em maior número, do tipo mentais, psicológicas, cerebrais. Essa época exige um ser humano que se percebe mais, que tem cada vez mais consciência de seu papel social. Cada vez mais ético, mais presente no universo.

Quanto mais os robôs aprendem sobre tudo no universo, quanto mais inteligentes eles ficam, mais será exigido dos humanos sobre as competências emocionais. E não poderemos abandonar nossas competências técnicas.

Aliás, o líder que não dispuser de competências básicas de programação, design, modo de pensamento exponencial, plataforma, dados, internet das coisas, inteligência artificial etc., poderá sentir dificuldades em liderar. Essa nova era certamente contempla e destaca os profissionais de tecnologia da informação (TI) e os emocionalmente inteligentes. Então teremos (ou já temos!) os robôs com a inteligência do processamento de dados (inteligência artificial – IA), e as pessoas com a consciência natural do ser humano.

Assim como nas outras revoluções, a digital é também mundial, quiçá intergaláctica! O impacto é sistêmico e imediato. Já se ouve todos os dias alertas sobre as transformações que já iniciaram. É interessante observar que uma criança sabe operar de forma avançada um app de localização e rotas de trânsito, enquanto em outro canto da cidade um taxista ainda possui um guia de ruas impresso no bolso da porta do carro quando até o próprio carro já é um meio de transporte obsoleto. As mudanças são muito rápidas e assim como o leite fervia na leiteira no segundo em que olhávamos para o lado, centenas de milhares de pessoas se sentirão analfabetas no novo mundo a cerca de cinco anos – ou menos! –, à nossa frente, por não se atualizarem, por não aprenderem a desaprender, por não aceitarem o novo.

O momento é dos melhores! Tudo está em aberto, tudo está se desabrochando. Qualquer um pode entrar e participar, é um espaço para a diversidade, de ideias, de tipos, de escolhas, de origens. Basta que tenhamos a capacidade de nos autoconhecer e a humildade de aprender, de começar tudo de novo: o pensamento, que já não é mais analógico, mas sim digital; os relacionamentos, que já não são mais verticais, mas sim cada vez mais horizontais; a tecnologia que fica cada vez mais intuitiva e à mão de todos; e, para o nosso estudo aqui: a de liderar pelo bem comum de um grupo, de uma equipe, e não mais egoístico, como aquele velho gestor que já citamos. O status começa a vir do *ser* e não do *ter*, já que o conhecimento e o equilíbrio emocional estão se tornando muito mais importantes do que os bens materiais que ainda utilizamos apenas para alcançarmos outro nível social.

De modo que ser um líder 4.0 é participar de uma empresa que utiliza a tecnologia para tudo e não só para se conectar; que utiliza *big data*, plataforma, apps etc., mas que fundamentalmente MUDA MENTALIDADES. Um exemplo que foi bem explorado no livro *Gestão do Amanhã* (MAGALDI; SALIBI NETO, 2018), é o da empresa Uber. Durante quase um século o desejo de uma pessoa, próxima de completar seus 18 anos, era obter a habilitação para dirigir e adquirir seu próprio carro, assim que possível.

Trabalhava arduamente para realizar esse sonho. Mesmo descobrindo que os carros poluem o meio ambiente, entre outros vários malefícios, incluindo o financeiro, ela se esforçava muito para alcançar esse sonho, trocando de carro regularmente, cada vez por um melhor ainda. O que se pode ver atualmente, é que jovens de 18 anos não se preocupam tanto com isso, pois a mobilidade proporcionada pelo Uber, por exemplo, trouxe vantagens que a eles são muito convenientes. Isso sem falar das outras opções como os patinetes e bicicletas alugadas por qualquer período, iniciando e encerrando a locação em vários pontos da cidade. Portanto, em relação à mobilidade urbana, já aconteceu uma *mudança de mentalidade*, extremamente radical e que implica outras várias, se pensarmos em saúde, bem-estar, relacionamento, economia, meio ambiente, trânsito e suas infrações etc. E quando percebemos essa mudança, ela já estava de tal modo introduzida na vida das pessoas que não havia mais retorno. Assim foi com os aparelhos celulares, com o *bluetooth*, com os apps de serviços de entregas etc., quantas coisas já não são mais como antigamente, e isso parece ótimo!

São várias as empresas que já pertencem à quarta revolução industrial, e outras que já nasceram de um pensamento digital, e que alteraram, em poucos anos de prática, a forma como as pessoas realizam as coisas do dia a dia. Exemplos são as novas formas de contas bancárias, investimentos, locação de filmes, arquivamento de documentos, fotos etc.

Novamente mencionando o livro *Gestão do Amanhã*:

> [...] a queda do muro de Berlin é uma boa metáfora para representar essa nova realidade: tal qual o emblemático e revolucionário movimento social que alterou radicalmente a dinâmica do mundo, não existem obstáculos regulatórios ou estruturais que segurem a onda de transformação. (MAGALDI; SALIBI NETO, 2018, p. 79).

Neste contexto podemos imaginar que os líderes já começaram a desempenhar um papel diferente do passado. Embora ainda controlem as atividades com foco nas metas, eles têm sido cada vez mais líderes-maestros. São líderes que sabem trazer as informações que a equipe precisa, sabem negociar os recursos necessários para que a equipe possa realizar as atividades com maior foco. É um líder que serve à equipe e não o contrário, diferente de como tem sido há décadas!

Maíra Habimorad, profissional experiente de RH, em uma de suas apresentações, mencionou que certa vez refletiu sobre o seu papel como

CEO da *Cia de Talentos* e percebeu que nada mais era do que uma "assistente geral". Ela atuava em todas as áreas, providenciando tudo o que era necessário para que todas as equipes tivessem condições de realizar suas tarefas. Também poderia se intitular "atendente de telemarketing", posto que ficava o dia todo resolvendo assuntos pelo telefone de frente para o computador. De forma resumida e bem humorada, ela conta as circunstâncias que a fizeram refletir sobre sua função de líder-mor na empresa. É interessante como ainda há a necessidade dos líderes de alta hierarquia superestimar seus cargos, quando na verdade, estão apenas possibilitando que as áreas e suas equipes se desenvolvam e executem os trabalhos. Esse é o papel do líder. Superimportante, fundamental, porém, sem a pompa e a vaga privilegiada no estacionamento – como afirma Ricardo Semler,[31] o líder é muito mais simples e muito mais útil às equipes do que os "chefes".

Cada vez mais o líder estará para a equipe assim como um dicionário está para um estudante de línguas. Ele precisa ser um suporte, um apoio, um facilitador, alguém que conduz. Por vezes poderá estar junto de uma equipe apenas, mas também poderá estar liderando várias equipes de uma só vez. Portanto deve ter as competências técnicas necessárias, sobretudo, com conhecimento sobre as pessoas, sobre a psicologia organizacional, sobre os tipos de personalidade e as reações esperadas de cada membro da equipe conforme o tipo de projeto que liderar.

Nas palavras de McDermott; Brawley e Waite[32], são:

> [...] características de líderes de equipes eficazes: visão clara do papel da equipe no alcance das metas organizacionais; [...] dos indicadores que mensurarão com precisão o desempenho da equipe; habilidades de gerenciamento de projetos e planejamento de trabalho; [...] de conflitos e resolução de problemas; entendimento dos processos e das interdependências da equipe; habilidades de gerenciar a mudança e desenvolver as competências da equipe; [e] capacidade de conquistar apoio e recursos para a equipe de executivos-chave e outros grupos.

Nota-se que as competências necessárias ao novo líder têm mais a ver com relacionamento e facilitação do que unicamente o conhecimento de engenharia, medicina, direito, desenvolvimento de produtos ou qualquer

---

[31] SEMLER, Ricardo. **Virando a própria mesa**: uma história de sucesso empresarial made in Brazil. Rio de Janeiro: Rocco, 2002. p. 118-120.

[32] McDERMOTT, L. C.; BRAWLEY, N.; WAITE, W. W. World class teams: working across boarders. *In*: DYER, William G.; DYER, Jeffrey H.; DYER JR., William Gibb. **Equipes que fazem a diferença (team building)**: estratégias comprovadas para desenvolver equipes de alta performance. São Paulo: Saraiva, 2011. p. 45-46.

SER HUMANO: DO UNO AO INTEGRAL.
COMO SE TORNAR UM LÍDER 4.0 E ALCANÇAR RESULTADOS EXTRAORDINÁRIOS

outra área. O que melhor oferece um líder a uma equipe é como este consegue fazer com que a equipe esteja presente, consciente, completa, coesa e com os recursos que precisa para que suas atividades e metas sejam factíveis.

Na quarta revolução (de tudo) que muda muito o mundo do trabalho ou das formas de trabalho, bem como das vagas para o trabalho, também poderá ocorrer que o líder de um projeto pode ser somente um membro de equipe em outros projetos. Dentro de uma equipe, pode haver líderes que se revezam conforme a atividade, o projeto, o know-how ou qualquer outro aspecto. Esses são os times mais prováveis das novas formas de trabalho, posto que as empresas deixarão de ser o tipo "hierárquica", tornando-se o tipo "clã",[33] um tipo organizacional que enfatiza o trabalho em equipes, com cocriação, colaboração, participação, valorizando a coesão entre as pessoas. Empresas com essa forma de atuação buscam o rótulo de "ser a melhor empresa para se trabalhar". Além de maior produtividade e resultados positivos, alcançam a lealdade de seus "colaboradores-parceiros". Como consequência, ocorre a retenção de talentos, culminando com a criatividade e inovação.

Nesta esteira das empresas horizontais, com equipes fantásticas e autodirigidas, felizmente já é possível encontrar muitos exemplos, desde os mais conhecidos, queridos e até óbvios como Google, Amazon entre outros; até os menos conhecidos como a Gore nos Estados Unidos e a Semco em São Paulo. Vamos explorar um pouco mais estes dois últimos exemplos.

Começando pela Gore,[34] uma empresa privada que preferiu manter seu capital fechado, fundada nos anos 1960, por Wilbert L. Gore (Bill) e sua esposa Genevieve (Vieve) Gore. A empresa partiu da descoberta de um polímero extremamente versátil chamado politetrafluoretileno conhecido como PTFE. Atualmente este polímero é utilizado em diversos produtos tais como implantes médicos e catéteres biocompatíveis; tecidos; cabos; filtração; selantes; membranas; ventilação; fibras entre outros. Os produtos são utilizados em roupas de astronautas e em vários outros como um simples par de tênis. São mais de duas mil patentes no mundo todo, operando em mais de 25 países com fábricas em alguns deles.

---

[33] Modelo de inventário de cultura organizacional de Cameron & Quinn. CAMERON, Kim S.; QUINN, Robert E. **Diagnosing and changing organizational culture**. Boston, MA: Addison-Wesley, 1999.

[34] Vale a pena consultar e verificar a diversidade de seus produtos, bem como outras informações sobre a empresa. Disponível em: www.gore.com

A história da empresa Gore é inspiradora. Ela moldou o pensamento de Bill e fez com que ele adotasse um modelo de gestão muito inovador para sua época e assim a empresa continua, mesmo após 60 anos de existência, acumulando sucesso e crescimento cada vez maiores. Nos dias atuais, sua história e seu modelo contribuem para o debate sobre gestão, liderança, "novas" formas de trabalho e equipes de alta performance. Trata-se de um exemplo bastante sólido.

Bill Gore[35] era químico e trabalhava na empresa Dupont. Ele descobriu o polímero dito anteriormente e, com muito entusiasmo, apresentou ao seu "chefe", "gestor", "superior". Este não valorizou a descoberta e ordenou que Bill não se desviasse das atividades programadas e projetos em andamento. Não conferiu a menor importância ao potencial indicado por Bill para aquele polímero.

Cabe aqui trazer uma ideia de Steve Jobs que também disse vários nãos em sua trajetória, mas todos conscientes. Ele sabia que na área da tecnologia, cada não fechava uma porta para uma nova descoberta, um novo avanço. Mas que se não tivesse foco, não conseguiria realizar um projeto.

Os gênios se desenvolvem e produzem seus feitos cada qual à sua maneira. Talvez Jobs tenha perdido vários Bills ao longo do tempo, mas assim como a Dupont, sua empresa também prosperou mesmo mantendo-se focada em alguns projetos e dizendo não para outros.

Ocorre que Bill, apostando no potencial de sua descoberta, preferiu abrir mão de seu emprego na Dupont. Então, ele disse "não" para a Dupont e "sim" para o seu chamado, o seu propósito, a sua intuição, com base em seus conhecimentos técnicos. Após patentear o PTFE, trabalhou duro no porão de sua casa, em 1958, para desenvolver o polímero que, inicialmente, serviu o mercado com produtos eletrônicos. Bill sempre acreditou que sonhos poderiam ser transformados em realizações úteis para o mundo todo. E não descansou enquanto não alcançou o sucesso. Lá na Gore é assim até hoje!

Feliz com seu sucesso, Bill decidiu que em sua empresa as pessoas trabalhariam em equipes e não sob o jugo de chefias. Bill sentiu na pele que um gestor tem o poder de arruinar um projeto ou uma grande descoberta ou invenção, ou até mesmo uma estratégia. Devido às suas obrigações e responsabilidades, muitas vezes o gestor não quer se arriscar e a empresa, os colaboradores e as pessoas que poderiam se beneficiar dos novos pro-

---

[35] Leia mais sobre Bill Gore em: https://experience.hsm.com.br/entity/951216.

dutos acabam perdendo com isso. Com esse pensamento, Bill decidiu que não constituiria em sua empresa uma estrutura com organogramas, chefias ou qualquer outra ordem que pudesse engessar as intuições, os insights e a busca pela inovação. Ele idealizou um modelo que não constituiu colaboradores, ou gestores, mas sim ASSOCIADOS.

Bill não se tornou um inimigo da Dupont, ao contrário, ao longo dos anos, a Gore foi reverenciada e reconhecida pela própria Dupont em razão de muitos de seus produtos.

Para Bill era nítido, mesmo nos idos de 1960, que uma empresa horizontal, com equipes autodirigidas e de alta performance, pode ser muito mais produtiva e inovadora do que o sistema tradicional. Obviamente que nem todos os profissionais estão aptos a este modo de trabalho. Alguns perfis certamente não saberiam o que fazer dentro de uma equipe sem chefes. Ser protagonista e responsável por suas tarefas pode ser uma limitação ou um impedimento a muitas pessoas. Até agora, na Gore, por exemplo, trabalha lá quem tem perfil para isso. Entretanto, cada vez mais este perfil se fará fundamental nas empresas, por isso é necessário buscar o autoconhecimento, novas competências e novas habilidades.

Com percepção parecida à de Bill Gore, outro exemplo é Ricardo Semler, já mencionado anteriormente. Ricardo herdou a empresa Semco, em São Paulo, de seu pai. Antes, foi roqueiro, estudou em Harvard, mas resolveu abandonar tudo o que aprendeu na conceituada escola e adotar na sua empresa uma estratégia de gestão totalmente diferente da que seu pai utilizou e que era comum aos anos 1980-1990, quando finalmente assumiu a gestão da Semco. Também não seguiu o que viu em Harvard, seguiu sua intuição, seguiu o seu chamado, após ter lido inúmeras obras "obrigatórias", tendo já viajado muito e refletido sobre muitas empresas e executivos que conheceu ou que havia estudado. Ricardo Semler chegou à conclusão de que "para uma boa gestão é preciso se livrar dos gestores". Ricardo afirma em suas palestras e vídeos que sua meta como CEO era tornar-se supérfluo. Sim, ele ansiava por desenvolver as pessoas a ponto de que as hierarquias necessárias pudessem ser permeáveis. Ele pregava que o controle é uma ilusão, pois se o gestor não confiar em quem ele emprega, não haveria bons resultados. Preferiu perguntar ao invés planejar: "Estamos no negócio certo? Temos as pessoas certas?". Ricardo usava e estimulava as pessoas a usarem sua intuição e sua capacidade de inovação e autogerenciamento.

Ricardo foi um gestor que cultivou a espontaneidade. Os cartões de visita da Semco não traziam os nomes dos cargos, somente o das pessoas. Promoveu o trabalho *home-based*, além das quartas-feiras livres, como um adiantamento da aposentadoria. Para Ricardo, quando a pessoa se aposenta ela não faz aquilo que desejava aos 30-40 anos de idade, pois seus desejos e possibilidades mudam e isso pode gerar frustração. Ele entende que as pessoas devem ter possibilidades de viver a vida intensamente em todos os aspectos, seja no trabalho, seja no lazer. Deve-se viver enquanto há vida e enquanto se há maior disposição. Por isso ele negocia os tempos de trabalho, para que as pessoas possam desfrutar de suas vidas com suas famílias ou de qualquer forma que as pessoas possam se sentir mais "vivas" e felizes.

Já em sua época ele visualizava que a maior parte do trabalho era feita por e-mail e por telefone. Portanto, ele enfatizava que as pessoas deveriam trabalhar no tempo em que elas eram mais produtivas, aceitando assim a diversidade entre os tipos de pessoas, considerando que uma produzia melhor de manhã e outra mais à noite. Também motivou que as pessoas trabalhassem em conjunto e não em lugares fixos, pois isso poderia engessar as ideias e os relacionamentos interpessoais. Por isso as paredes foram arrancadas. As pessoas não somente estavam *"no horário de trabalho"*, mas estavam participando das decisões, eram parte da empresa e cocriavam com ela.

Ao se contratar alguém, pessoas que poderiam ter contato com aquele novo colega eram convidadas a participar da seleção e suas impressões eram levadas em consideração. Com isso Ricardo conferia poder a seu pessoal, o que as tornava mais flexíveis, conscientes e responsáveis por sua existência e contribuição na empresa.

Assim como fez Bill Gore em sua vida e em sua empresa, Ricardo Semler vem semeando um novo tipo de liderança pelo ser e não pelo ter, ou seja, pela importância da contribuição nos resultados e pela liberdade consciente de trabalhar conforme seu perfil e sua intuição. Esse tipo de líder intuitivo e inspirador é o tipo de líder que a revolução 4.0 está gerando. As pessoas estão concluindo que o trabalho está imbricado em suas vidas, tal como todos os outros aspectos. E que por isso mesmo é que devem fazer parte de suas vidas de forma mais natural e mais prazerosa. A ideia de um trabalho por necessidade apenas, opressivo e castrador é antiga e nada producente. As pessoas devem ser felizes no trabalho assim como são nas viagens de férias. E para que isso aconteça os líderes também devem pensar e agir desta forma.

Competências comportamentais: novas competências?

Devido a muitos anos de desconsideração dos perfis individuais e como eles se complementam em equipes, parece até ser novidade falar em competências comportamentais. Ainda é uma realidade, talvez na maior parte das empresas, que as pessoas devem trabalhar seguindo uma cartilha de regras e determinações das quais não participaram. Independentemente do perfil de cada um, todos são tratados de forma única e todos são controlados a partir de uma regra única e ineficaz, que pretende moldar a todos como se todos fossem idênticos em talentos e em personalidades. Em grande parte, pode-se atribuir a culpa desse erro à legislação trabalhista, especialmente aqui no Brasil. Mas o gestor, aquele antigo, tem a maior parcela de culpa. O contrato de trabalho é, atualmente, como um contrato de adesão de um financiamento bancário, por exemplo: uma pessoa assina que concorda com tudo o que está ali ou não tem seu financiamento. De modo que a sua assinatura pouco importa, posto que ela não atesta o seu "de acordo". As pessoas acatam ou procuram outro emprego e encontram a mesma situação no novo emprego. A conhecida crença limitante: as chefias mandam e "quem tem juízo obedece". Obviamente que a empresa possui a prerrogativa de direção e precisa impor alguns parâmetros de funcionamento para que um planejamento estratégico seja realizado. Entretanto, quando a direção decide tudo, centralizando cada aprovação, cada processo, a empresa fica estagnada, pois a direção não é "especialista em tudo", até porque tal expressão é inexistente: especialista é diferente de generalista. Quando cada especialista participa das decisões o ganho é enorme.

O que importa aqui é destacar que as competências da emoção são essencialmente novas no sentido de que a partir de agora, no mundo 4.0, elas se sobressairão e serão responsáveis pelos empregos que ainda restarão, bem como pela liderança cabível.

No mundo digital competências como confiança, comunicação, *accountability*,[36] inteligência emocional, entre outras, devem ser bastante desenvolvidas. Até mesmo para os membros de equipe, ainda que nunca liderarem qualquer projeto, é necessário que desenvolvam competências que os permitam encontrar a sinergia com seus colegas de trabalho. E elas precisam ser versáteis, pois os colegas de trabalho podem estar na mesma sala, ou ainda em outras unidades ou mesmo em suas próprias residên-

---

[36] *Accountability* = responsabilidade.

cias, em qualquer lugar do planeta. Por isso a empatia, o entendimento, o desprendimento e o desapego precisam estar bem treinados para que as pessoas rapidamente resolvam problemas de alta importância com foco no resultado para o negócio e não para a sua carência pessoal.

Nesta esteira, o autoconhecimento é fundamental para que as pessoas possam atingir uma tal consciência de si que as levem para uma reunião com presença e foco total no assunto e não nas aparências ou nível socioeconômico de seus pares. Aprender que o par tem muito a ensinar – mesmo que seja mais novo em idade, é ter confiança no outro; ouvir o outro; debater com propriedade um assunto; assumir uma responsabilidade como parte do time; perceber que o quê e como se diz algo influencia uma equipe inteira – positiva ou negativamente. Entre outros exemplos, essas são grandes competências comportamentais.

Não é um outro emprego, mas sim um novo caminho de como se trabalhar. É como uma nova linguagem verbal e não verbal; um crescimento que vai além do profissional, porque **as pessoas são primeiro pessoas e depois profissionais**. Elas precisam se autoconhecer e se autogerenciar para que possam se relacionar melhor no mundo digital. Saber encontrar seu perfil, suas melhores habilidades, seu melhor modo de se comunicar e compreender que as diferenças não são defeitos, mas apenas um modo diverso do que o já conhecido até então é que fará com que os humanos atinjam uma nova mentalidade. Como os robôs estarão nas tarefas de repetição, caberá aos humanos se reinventarem, se redescobrirem. Estamos a tratar de uma transição para uma nova era. Assim como tivemos a era do Teocentrismo que colocava Deus acima de tudo; do Renascimento que trouxe uma nova ideia e consciência do homem no mundo, o Antropocentrismo; o Iluminismo que, ainda na carona do Renascentismo, deu origem às ideias de liberdade política e econômica; depois o Romantismo; o Liberalismo, até a nossa contemporaneidade; o que teremos agora será um Novo Humanismo, talvez, no qual as pessoas fatalmente terão de se entender e se compreender e reaprender a conviver e trabalhar uns com os outros nos novos moldes digitais. Quem mais se sobressair nessas nada novas competências serão os líderes perfeitos!

Novas formas de trabalho?

As novas formas de trabalho pressupõem também mudanças práticas na rotina das empresas. Começando pelos recursos, que são cada vez mais os mesmos para todos, para a tristeza de muitos gestores dos anos 1990-2010. Um líder não se importa, mas um gestor certamente abomina essa isonomia! As cadeiras são iguais para todos, por exemplo. Não há necessidade de cadeiras mais altas, de couro e mais caras para aquele que comanda. Os computadores, aparelhos de celular, tamanho de sala, vasos, tudo uniforme. Salas? Elas não são mais necessárias, exceto para reuniões, preferencialmente com portas de vidro, já que tudo deve ser transparente e íntegro. Salões com estações de trabalho, sem nomes, que possam servir a todos da mesma maneira, são suficientes. Ausência de divisórias; apenas as paredes de sustentação, que podem ser coloridas, com mensagens; espaços de diversão, relaxamento. Espaços criativos, de integração. Nada de melhores salas ou melhores vistas. Todos estão trabalhando e todos devem se sentir donos da empresa, lutando por ela. E são poucas estações de trabalho, pois muitos estarão trabalhando *home-based* ou mesmo a partir de seu notebook, tablet ou celular sentados numa cafeteria em qualquer canto do mundo.

Outra modalidade é o *coworking*. Essa forma integra pessoas que trabalham de forma independente, porém, preferem um espaço compartilhado onde desenvolvem *network* e são inspirados pelo local e pelas pessoas à volta. Compartilham ainda uma série de serviços como recepcionista, sala de reunião presencial, equipamentos e outros, fazendo economia ao compartilhar.

Todas essas formas não são novidades. O fato é que já existem há longos anos e vêm se aprimorando cada vez mais. Mas ainda são vistas como vias alternativas ao modo tradicional de trabalho. A tendência é que fiquem cada vez mais comuns em um curtíssimo período.

Além do local em si, os horários de trabalho – também aqui nada de novo –, são diferenciados. Eles devem ser correspondentes ao melhor tempo do dia para cada um. Nada de reuniões às 8h/8h30 da manhã, já que as pessoas possuem diferentes momentos de produtividade. Algumas só funcionam bem após às 10h da manhã. Além disso, a expansão dos negócios para vários locais do planeta faz com que as reuniões devam atender ao fuso horário de cada local. Portanto, as reuniões devem ser marcadas em horários razoáveis para todos os seus participantes e não apenas àquele gestor antigo. Para reuniões eficazes, é preciso considerar todas as variáveis, para que as pessoas estejam realmente presentes, com sua atenção plena[37].

Ainda sobre horários, apesar de ainda considerados por muitos gestores como alternativa impossível, o horário flexível também já é bastante conhecido e praticado por muitas empresas. É uma solução não só para cidades mais complicadas como São Paulo, mas porque torna a vida de todos muito mais simples e menos estressante. Há quem precise levar as crianças para a escola de manhã; há quem funcione melhor após às 10h, como dito anteriormente; há quem prefira iniciar os trabalhos às 7h da manhã, enfim, ganha o time que consegue adaptar-se, estabelecendo um horário comum em que todos os membros da equipe precisam estar no escritório, concentrando as reuniões e assuntos mais importantes para tal horário.

As novas formas de trabalho que já estão presentes há algum tempo em algumas empresas fazem com que a figura do líder seja muito mais aberta. É um líder que orienta, organiza a equipe, confia nela. Os colaboradores-parceiros, cada vez mais diversos, em locais diferentes, conscientes de suas atividades e responsabilidades, são pares do líder-mentor. A tecnologia atual suporta essas novas formas de trabalho, com equipamentos muito eficientes e com todo tipo de software que mantém as pessoas conectadas e informadas sobre tudo em tempo real.

Uma organização cada vez mais horizontal, cada vez mais desafiadora, por ser estimulante, por envolver cada vez mais os membros da equipe no negócio da empresa, em cocriação, é muito mais produtiva, muito mais "viva". Esse líder da era 4.0 promove a sinergia entre os membros da equipe e, com isso, é possível a continuidade das equipes. O pensamento deve ser sistêmico,[38] envolvendo as pessoas, o lucro e também o planeta.[39]

---

[37] Vale a pena uma leitura sobre *Mindfulness*, que trata exatamente do foco e da atenção plena na atividade em que se está a desenvolver. Esta forma de atuação é muito eficaz e poupa retrabalho, alcançando alta performance e excelentes resultados. São várias as obras a respeito do tema.

[38] Pensamento sistêmico: Com base na teoria de Peter Semge em seu livro *A quinta disciplina*, pensar sistematicamente (que é a quinta disciplina) é conectar quatro outros pontos importantes para o desenvolvimento de empresas, especialmente as que possuem negócios disruptivos. O pensamento não pode ser segmentado, ele deve integrar todas as outras disciplinas, conferindo uma visão de futuro e de projetos viáveis. É um pensamento sobre como as empresas aprendem. Essas quatro outras disciplinas são: (1) **Domínio pessoal**, que significa ter autoconhecimento, desenvolver-se continuamente, renovar seus conhecimentos técnicos e comportamentais e ter consciência de seu papel na organização; (2) **Modelos mentais** são os tipos de personalidade que as pessoas possuem (analítico, controlador, experimental e relacional); (3) **Visão compartilhada**, em que todos têm de conhecer o plano estratégico das empresas e compartilhar a visão, aplicando todas as técnicas necessárias para que a visão seja uma realidade e não uma ficção; e, (4) **Aprendizado em equipe**, que são workshops e treinamentos coletivos que colocam as pessoas no mesmo nível de conhecimento e aprendizado necessários.

[39] Conceito de Triple Bottom Line (people, planet, profit).

Possibilidade de novas formas de trabalho na legislação trabalhista brasileira

No mundo do Direito as mudanças são sempre muito lentas, apesar das muitas leis que são incluídas nos códigos quase todos os dias.

Todas as vezes que a sociedade muda seus usos e costumes ou que alguma regulação se faz necessária, a lei precisa ser alterada. Entretanto, nem sempre as alterações das leis acontecem ao mesmo tempo em que a sociedade muda.

Com isso, o atraso legal é enorme e tem-se a impressão, em muitos casos, que a lei está contra as pessoas e seus melhores interesses e não servem à sociedade. Um dos grandes exemplos disso é a legislação trabalhista brasileira. A CLT[40] data de 1942, ou seja, 77 anos atrás.

São várias as situações em que a CLT e todo o conjunto de normas trabalhistas, atuam de forma contrária ao bom desempenho dos trabalhos. Muitas são as circunstâncias em que os próprios trabalhadores se sentem privados de sua liberdade de escolha e de negociação em razão das normas trabalhistas. E afirma-se que estas últimas são para a proteção do trabalhador. Não há dúvida sobre a necessidade deste direito ser protetivo. Entretanto, há urgência na atualização do contexto do trabalho e do perfil do trabalhador. Desde 1942 as empresas, os trabalhadores, as necessidades, as formas de trabalho, a economia, a sociedade, a chamada vulnerabilidade do trabalhador, entre outros aspectos, já mudaram muitas vezes e nas duas últimas décadas as mudanças foram exponenciais. Mas todo o conjunto de normas ainda é extremante engessado.

A reforma da CLT, publicada em 2017, que só vem sendo praticada há cerca de um ano com maior segurança, foi tímida e ainda submissa aos controles dos sindicatos. Ao mesmo tempo, os sindicatos foram enfraquecidos pela retirada da arrecadação compulsória. A reforma possibilita algumas pequenas negociações livres, considerando empregado e empregador em condição de iguais. Na prática, quando analisado o contexto e os julgamentos da Justiça Trabalhista, não se percebe a devida segurança jurídica sobre estas negociações. De modo que mesmo com as inovações da reforma de 2017, a CLT ainda é um dinossauro que ameaça as empresas e os empregados, desejosos de mudanças radicais em sua estrutura. O medo

---

[40] CLT – Consolidação das Leis Trabalhistas. Disponível em: http://www.planalto.gov.br/ccivil_03/decreto-lei/del5452.htm

das pesadas e implacáveis condenações da Justiça do Trabalho ainda engessam as empresas e assim as novas formas de trabalho que conferem maior liberdade aos trabalhadores, como horários e locais diferenciados, uso de tecnologias remotas, equipes autodirigidas sem descrição de atividades, banco de horas livres de regras, negociação entre empregado e empregador sobre compensação de horários, entre outros, ainda não são tão empregadas quanto os funcionários e as empresas desejam.

Outras leis trabalhistas como contratações intermitentes, de terceiros e de prestação de serviços foram importantes, mas ainda são de difícil operação e esbarram em várias travas legais que acovardam as empresas pelo compreensível receio das sentenças e acórdãos que ainda tratam o trabalhador como uma criança inocente e incapaz de negociar por si só o que lhe convém, bem como as empresas como se fossem eternas e incorrigíveis vilãs.

Nesse cenário, percebe-se que mesmo com as mudanças a galope que a revolução 4.0 traz ao planeta e, em especial, ao mundo do trabalho, o Direito brasileiro caminhará novamente a curtos e demorados passos. Com isso, mantendo as empresas mais tradicionais ainda muito controladoras, com regras antigas que não combinam com este admirável mundo novo.

Enquanto a legislação trabalhista brasileira, bem como a Justiça do Trabalho perseguir as empresas, o custo Brasil para empreendedorismo será muito alto comparado a outros países.

Por outro lado, a mudança cultural que a revolução 4.0 e as novas tecnologias estão trazendo será capaz de transformar também o perfil do trabalhador brasileiro, que diminuirá a incidência de processos trabalhistas aventureiros, motivados pelo desejo de locupletamento apenas. Quando este viés é explorado, nota-se que o trabalhador também é fundamental para que as novas formas de trabalho sejam aplicadas e possíveis, pois partem deles a ainda grande massa de processos trabalhistas oportunistas. Esse tipo de mudança também já iniciou. Muitos trabalhadores, especialmente os que optam por empresas que promovem o "novo jeito" de se trabalhar, são pessoas que prezam por sua qualidade de vida, liberdade de horários e locais, que gostam de trabalhar com maior independência e que possuem um senso de responsabilidade enorme. Muitos profissionais já negaram trabalhar em empresas outrora tão sonhadas, multinacionais carregadas de benefícios e regras antiquadas, para tornarem-se parte de uma equipe inovadora em uma empresa do tipo *startup* ou ainda para empreenderem suas próprias ideias com a abertura de suas próprias empresas. Isso tudo em nome da liberdade de negociação, de **poder trabalhar sem deixar de ser o que são.**

Uma ideia, um notebook, um celular e uma network podem ser o início de uma grande empresa, com crescimento exponencial, alcançando um altíssimo valor de sua marca com pouco tempo de trabalho. É bem provável que a legislação trabalhista brasileira não conseguirá conter as novas formas de trabalho com suas amarras por muito tempo. E isso é boa notícia!

Conclusão: o contexto dos novos líderes

É fácil imaginar que um elemento essencial está presente em tudo o que foi exposto e que será a mola propulsora das mudanças especialmente no trabalho: a diversidade! A diversidade que cada indivíduo traz consigo, seja em sua cor de pele, opção sexual ou religiosa, gênero, idade, naturalidade ou nacionalidade; mas muito além dessas diversidades óbvias: a diversidade de opinião e de ideias, de sentimentos e de personalidades; é o que mais vai contribuir para que as pessoas – muito diferentes entre si, possam ser cada vez mais entendidas como seres iguais, apenas seres humanos! As oportunidades começam a ser disputadas por mérito, por integridade, por alcance de habilidades intelectuais e interpessoais.

O líder 4.0 deve ser mestre em lidar com as diversidades. A composição e o contexto das equipes devem levar em consideração essencialmente as diversidades e a harmonia entre elas.

CAPÍTULO 7

REINVENTANDO A LIDERANÇA PARA VENCER EM UM MUNDO VUCA

José Vicente B. M. Cordeiro

José Vicente possui mais de 25 anos de experiência na área organizacional como consultor, gestor e executivo. Fundador da Integral Works (integralworks.com.br), é doutor em Engenharia de Produção pela UFSC e professor da FAE Business School, onde também atua como diretor de pós-graduação e de Educação Executiva. É idealizador e facilitador do ILP (Integral Leadership Program) da FAE. Amante dos esportes e do contato com a natureza, surfa desde os 13 anos e é campeão sul-brasileiro de natação master. Pratica yoga e meditação desde 1999, gosta de conhecer novas paisagens e culturas e estar com sua família e amigos.

REINVENTANDO A LIDERANÇA PARA VENCER EM UM MUNDO VUCA

O mundo **VUCA** chegou para ficar. Não por muito tempo, é verdade, uma vez que em breve provavelmente teremos mais algumas letras para descrever o ambiente de negócios predominante na grande maioria dos setores, mas é inegável que praticamente a totalidade dos ambientes de negócios nos últimos anos vem se tornando mais voláteis (V), incertos (U[41]), Complexos (C) e Ambíguos (A). Obviamente, alguns setores apresentam muito mais características VUCA do que outros. Porém, mais do que nunca, volatilidade, incerteza, complexidade e ambiguidade vêm aumentando de forma generalizada. Para começar, pensar que seus concorrentes se encontram em seu setor nunca foi tão perigoso. Os taxistas e empresários de hotelaria que o digam![42] Assim como os fabricantes de componentes plásticos que veem seu pacote de produtos e serviços (fabricação de peças plásticas e posterior entrega na operação de montagem dos clientes) sendo substituídos pela manufatura aditiva na própria planta montadora. Quem, há oito ou 10 anos poderia pensar que estaríamos vivenciando tudo isso? Falar em competição intrasetorial hoje não faz mais sentido. O conceito de "Arena Competitiva" vem se tornando cada vez mais adequado como substituto do antigo conceito de setor ou indústria. O que delimita uma Arena, não são os tipos de ativos ou tecnologias utilizados, mas as necessidades dos clientes atendidos. Isso é VUCA! E esta vai ser a realidade do seu setor, seja ele qual for, mais cedo ou mais tarde.

Neste novo ambiente competitivo, no qual a tecnologia é utilizada para viabilizar novos modelos de negócio antes inimagináveis, um novo conceito de organização está surgindo e vem ganhando popularidade nos meios acadêmicos e empresariais: as **Organizações Exponenciais**.[43] Este novo modelo se apresenta como o arcabouço organizacional necessário para viabilizar modelos de negócio fundamentados na agilidade e na entrega de valor líquido crescente aos clientes, sujeitos à competição em arenas nas quais a volatilidade, a incerteza, a complexidade e a ambiguidade são elevadas e

---

[41] Do inglês *uncertain*.

[42] Organizações como o Uber e o Airbnb causaram uma revolução nos setores de mobilidade urbana e hospedagem sem possuírem um automóvel ou hotel próprio.

[43] Termo cunhado por Salim Ismail em seu livro *Exponential Organizations*, utilizando-se de uma nomenclatura já empregada no âmbito de empresas do Vale do Silício e na Singularity University.
ISMAIL, S. **Exponential organizations**: why new organizations are ten times better, faster, and cheaper than yours (and what to do about it). New York: Diversion Books, 2014.

vertiginosamente crescentes e a constante atualização de propostas de valor e processos precondições para a sobrevivência no longo prazo. Juntamente com a Organização Exponencial, surge um novo perfil de liderança, por muitos denominado "**Liderança Disruptiva**". Para outros, trata-se simplesmente do Líder Exponencial. De uma forma ou de outra, esta nova forma de liderar é parte fundamental das Organizações Exponenciais e, sem ela, os novos arranjos organizacionais correm o risco de se tornarem desenhos ousados e inovadores, porém fracassados.

Embora os conceitos de Organização Exponencial e Liderança Disruptiva tenham se popularizado a partir dos workshops e publicações do Vale do Silício e, especialmente, da Singularity University, eles não são tão novos assim. Aquilo que Dee Hock denominou "Organizações Caórdicas"[44] ainda no final do século passado foi o embrião das atuais organizações exponenciais. De fato, tratava-se de um sistema fundamentado nos mesmos princípios (que veremos a seguir), apenas um pouco menos "alavancado" pela tecnologia, em função da indisponibilidade das soluções baseadas na internet de alta velocidade e nos aplicativos para dispositivos móveis de hoje em dia. Na academia, assim como em meio aos consultores da área organizacional, este novo arranjo exponencial tem um nome: **Holarquia**. Este sistema, bastante difundido a partir de 2014 pelo trabalho de Frederic Laloux em *"Reinventing Organizations"*,[45] tem se tornado um desafio para muitas empresas. Afinal, como saltar de uma lógica hierárquica e baseada em controle para o mundo do autogerenciamento? Laloux é bastante convincente em apresentar cases reais de sucesso, como o do gigante do setor de energia AES, do fabricante de autopeças francês FAVI e do líder do setor de vestuário outdoor Patagonia, sinalizando que a mudança paradigmática estaria ao alcance de todos. Entretanto, muitos destes cases de sucesso deixaram de ser, não porque as empresas fracassaram, mas sim porque retrocederam na implementação das estruturas holárquicas. Sem dúvida, a principal questão por trás destes retrocessos tem a ver com um ponto pouco enfatizado por Laloux, mas que já era apontado por Don Beck e Chris Cowan[46] no início da década de 1990: organizações holárquicas necessitam de líderes com

---

[44] HOCK, D. **Birth of the chaordic age**. San Francisco: Berrett-Koehler Publishers, Inc, 1999.

[45] LALOUX, F. **Reinventing organization**: a guide to creating organizations inspired by the next stage of human consciouness. Brussels: Nelson Parker, 2014.

[46] BECK, D.; COWAN, C. **Spiral dynamics**: mastering values, leadership and change. Malden: Blackwell Publishing, 1996.

pensamento de segunda camada, ou seja, líderes com pensamento integral ou **Líderes Integrais**.

Voltando à terminologia da Singularity University, percebemos que hoje, não só as startups do Vale do Silício, mas mesmo grandes corporações centenárias como a Coca-Cola e a General Electric, buscam transformar-se em Organizações Exponenciais. Embora esta mudança seja por muitos denominada **Transformação Digital**, de fato, a grande mudança a ser feita não diz respeito às tecnologias que a organização utiliza (estas estão disponíveis para serem obtidas), mas às estruturas organizacionais e ao perfil da liderança necessário para implementá-las com sucesso.

Neste texto, pretendo mostrar quais são as características desta nova liderança, necessária para implantar a holarquia e transformar nossas empresas em organizações exponenciais, conduzindo a humanidade a um novo patamar de desenvolvimento. Para isso, vou começar mostrando como os arranjos organizacionais evoluíram ao longo da história da humanidade e como cada nova estrutura organizacional foi uma consequência de uma nova forma de pensar, trazida por líderes inovadores que rompiam com os paradigmas de liderança vigentes até então. Estes novos arranjos organizacionais e novas formas de liderar foram e continuam sendo respostas da consciência humana à incapacidade das formas precedentes em resolver os novos problemas que se apresentavam, muitos deles efeitos colaterais da forma dominante de resolver problemas até então. Em seguida, vou caracterizar o Líder Integral e a Holarquia. De que modo a nova forma de pensar deste líder difere das que a precederam? Quais as características da holarquia e por que ela precisa de líderes integrais para funcionar de forma efetiva? Respondidas estas perguntas, passaremos para a última parte do texto, onde veremos como desenvolver esta nova liderança que nos permitirá viabilizar organizações efetivamente exponenciais, mudando a forma de se trabalhar nas empresas.

1 Liderança: a evolução do ser humano e das organizações

A abordagem integral diz respeito a uma forma mais abrangente e compassiva de se avaliar os mais diversos fenômenos envolvendo a consciência humana. De forma resumida, pode-se dizer que a visão integral envolve múltiplas perspectivas sob uma lógica evolutiva. Ken Wilber, seu principal autor, manifestou o caráter pluralista e de perspectivas múltiplas da sua abordagem ao dizer que não acreditava que uma mente humana pudesse estar 100% errada. Assim, o fato da maioria das ciências, especialmente as sociais, como é o caso da gestão de negócios, ter teorias conflitantes, não significa que existam algumas certas e outras erradas, mas sim uma quase totalidade de verdades parciais. No âmbito da abordagem integral, esta parcialidade refere-se, na grande maioria das vezes, a questões de perspectiva e de contexto. O modelo AQAL (All Quadrants, All Levels) é extremamente útil para ilustrar a questão do pluralismo integral. A Figura 1 apresenta os quatro quadrantes do modelo AQAL aplicados às ciências de forma ampla, com as abordagens de diferentes autores alocadas aos seus respectivos quadrantes no que se refere ao ponto de vista principal de suas abordagens.

Ainda na Figura 1, percebe-se que os quadrantes do alto representam perspectivas individuais, enquanto os quadrantes de baixo enfatizam perspectivas coletivas. Por outro lado, os quadrantes da direita referem-se a realidades exteriores e tangíveis, enquanto os quadrantes do lado esquerdo focam as realidades interiores ou subjetivas. Tomando o exemplo de duas "forças" concorrentes da Psicologia, percebe-se que a psicanálise trata os problemas psicológicos por uma perspectiva interpretativa, individual e subjetiva (Jung e Freud encontram-se no quadrante superior esquerdo). Por outro lado, a corrente behaviorista trata as questões psicológicas sob uma lógica comportamental e positivista (quadrante superior direito). Portanto, sob um ponto de vista integral, não faz sentido dizer qual das abordagens está certa ou errada, mas sim qual é a mais adequada em um determinado caso específico. Uma evidência da tendência por um aumento das características integrais na psique humana é o grande número de terapeutas que se valem de mais de uma das correntes da psicologia em suas atividades clínicas nos dias de hoje, algo extremamente raro até o final do século passado.

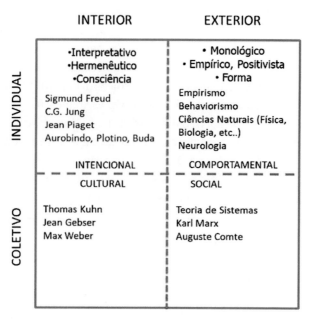

Figura 1 – Os quatro quadrantes do modelo AQAL da abordagem integral
Fonte: adaptado de Wilber (2000)[47]

Como o nosso foco neste texto são os negócios e a liderança, a Figura 2 apresenta os quatro quadrantes do modelo AQAL aplicado às organizações. Percebe-se que os valores individuais de cada um dos membros de uma organização encontram-se no quadrante superior esquerdo. Encontraremos o comportamento de cada uma dessas pessoas em seus quadrantes superiores direitos. Estes comportamentos refletem os valores individuais que aparecem no quadrante superior esquerdo, mas não apenas estes, pois são também influenciados pelos sistemas organizacionais (estruturas, processos e práticas), mostrados no quadrante inferior direito, assim como pela cultura organizacional (os valores compartilhados pelos membros da organização), que aparecem no quadrante inferior esquerdo.

---

[47] WILBER, K. **Integral psychology**: consciousness, spirit, psychology, therapy. Boston: Shambala, 2000.

Figura 2 – Os quatro quadrantes do modelo AQAL aplicados às organizações
Fonte: adaptado de Wilber (2000)[48]

Ainda observando a Figura 2, percebe-se que a influência entre os diversos elementos do quadrante é mútua, ou seja, a cultura organizacional influencia os valores individuais e é influenciada por eles, assim como também influencia os sistemas organizacionais e é influenciada por eles. Uma das principais conclusões que tiramos da observação atenta dos quatro quadrantes aplicados às organizações da Figura 2 é o fato de que mudanças organizacionais só são efetivas quando os quatro quadrantes mudam juntos. Por isso não existe apenas mudanças nas estruturas e nos processos das organizações (quadrante inferior direito). Para vingarem, elas têm de vir acompanhadas de mudanças na cultura organizacional, que por sua vez exigirá mudança nos valores e comportamentos de cada indivíduo que atua na empresa.

Como o nosso foco neste texto são as estruturas organizacionais e o perfil da liderança específicos para o mundo VUCA, precisamos localizá-los nos quatro quadrantes da Figura 2. As estruturas organizacionais localizam-se no quadrante inferior direito, como já mencionei anteriormente.

---
[48] Idem.

Um determinado líder atuando em uma organização, por outro lado, teria seus valores integrais (aqueles equivalentes às organizações exponenciais) localizados no quadrante superior esquerdo. Conforme mencionei no parágrafo anterior, o comportamento disruptivo deste líder (quadrante superior direito) e sua influência sobre a cultura organizacional (quadrante inferior esquerdo), que por sua vez balizará o comportamento dos seus liderados, também precisam estar em sintonia com a estrutura organizacional em questão (quadrante inferior direito), qual seja, a Holarquia ou o arranjo organizacional das Organizações Exponenciais.

Quando falamos de valores, é importante entender os diferentes tipos de valores e suas implicações para o *mindset* de um líder em uma organização. A Figura 3 apresenta a relação entre artefatos, valores expostos, valores subjacentes e níveis de consciência. A linha pontilhada representa a fronteira entre os quadrantes do lado direito e os quadrantes do lado esquerdo. Tudo o que está acima dela são manifestações tangíveis dos valores do líder em questão. Os artefatos representam as ações ou comportamentos do líder, o que ele realmente faz. É aquilo que costumamos chamar de *walk* do líder. Os valores expostos representam aquilo em que o líder diz que acredita. É importante ter em mente que, não necessariamente o *walk* do líder será uma manifestação direta do seu *talk*. Quando isso não ocorre, estamos diante de uma lacuna de integridade deste líder. Entretanto, este alinhamento pode estar ocorrendo (ou seja, como dizem os americanos, o líder *walk the talk*), mas ambos não estão perfeitamente alinhados com os valores subliminares do líder em questão. Estes valores subliminares correspondem principalmente às crenças da pessoa. São as respostas mais absolutamente sinceras às perguntas: "O que é importante para você?" e "Em que você acredita?". Portanto, são valores que direcionam o "QUE" do comportamento das pessoas.

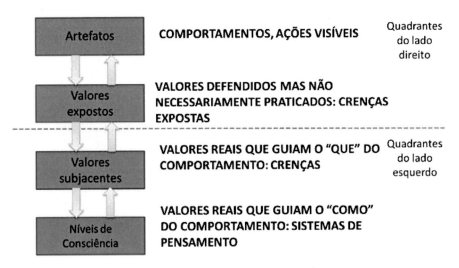

Figura 3 – Valores e comportamentos na abordagem integral
Fonte: Cordeiro, Lamoglia e Cruz Filho (2019)[49]

Entretanto, estes não são os valores mais profundos existentes na nossa psique. Aquilo que Wilber, Beck e Cowan, Kegan[50] e outros denominam "níveis de consciência" diz respeito aos valores que balizam nossos processos de pensamento. Eles se referem ao "COMO" do nosso pensamento. Para exemplificar a diferença entre os dois, tomemos um fazendeiro do meio-oeste norte-americano e um comerciante da Grande Teerã. Se colocarmos estas duas pessoas em uma sala fechada para conversarem, provavelmente elas não encontrarão nenhum assunto de gosto comum para discorrer sobre. Suas realidades são absolutamente distintas, motivadas principalmente pelas grandes diferenças existentes no nível dos valores subjacentes ou crenças. O mais provável é que eles acabem chegando às vias de fato, se forem capazes de entender o que o outro diz. O primeiro é protestante, acredita no Deus do Velho e do Novo Testamento e acha que os Iranianos são todos terroristas e pecadores, que não seguem as palavras de Deus. O segundo é muçulmano, crê que Maomé foi o último profeta e acha que os Estados Unidos são a manifestação contemporânea do grande Satã. Entretanto, muito provavelmente seus processos de pensamento são

---

[49] CORDEIRO, J. V. B. M.; LAMOGLIA, L. B.; CRUZ FILHO, P. R. A. **Liderança integral**: a evolução do ser humano e das organizações. Petrópolis: Vozes, 2019.
[50] KEGAN, R. **The evolving self**: problem and process in human development. Boston: Harvard University Press, 1982.

muito similares. Ambos tendem a ter propósitos de vida claros e definidos por terceiros, interpretam os fatos sob uma lógica dicotômica de certo ou errado, sem muitas concessões a questões contextuais. Ou seja, por mais que suas crenças sejam absolutamente distintas, seus níveis de consciências são muito similares. No que tange a caracterização do perfil do líder exponencial ou disruptivo, a variável que nos interessa é o nível de consciência e não as crenças e valores subjacentes. É este nível de consciência que vem evoluindo desde os primórdios da humanidade e vem dando origem a diferentes arranjos organizacionais que foram efetivos e dominantes enquanto novas demandas ambientais não emergiam. A necessidade de um *mindset* específico para liderar equipes em organizações exponenciais não é um caso isolado de necessidade de ajuste entre nível de consciência, perfil de liderança e estruturas organizacionais. Quando buscamos analisar de forma profunda as razões para o fracasso de muitas iniciativas de equipes autogerenciáveis no chão de fábrica de nossas empresas, por exemplo, percebemos que os líderes e liderados sujeitos a esta estrutura organizacional também necessitam dispor de um nível de consciência específico atuando, no caso o VERDE, Comunitário ou Pós-Moderno. Assim, pretendo caracterizar a partir deste ponto os diferentes níveis de consciência desenvolvidos pela humanidade ao longo dos séculos, contrapondo-os aos diferentes estilos de liderança a que deram origem e às diferentes estruturas organizacionais mais efetivas sob a ótica destes líderes.

Antes de começarmos, é importante mencionar que, para a abordagem integral, o desenvolvimento ou evolução das abordagens para a liderança correspondem à evolução da humanidade. Portanto, conforme mostrado na Figura 4, foi a evolução dos níveis de consciência dos seres humanos que deu origem aos diferentes formatos de sociedade que caracterizaram a história da humanidade. É esta mesma evolução dos níveis de consciência que motivou a emergência e a dominância de diferentes estilos de liderança e arranjos organizacionais. Ou seja, a evolução da humanidade é a evolução da liderança. É importante mencionar que esta evolução é motivada e direcionada pela mudança dos desafios ambientais para os quais os seres humanos têm de se organizar para garantir sua sobrevivência, ou seja, da caça e da coleta para a horticultura, para a agropecuária, para a agricultura avançada e o comércio, a indústria, a sociedade da informação e assim por diante. Portanto, é importante abandonar definitivamente a visão romântica de que os sistemas organizacionais baseados em autonomia não existiam no passado porque as pessoas responsáveis pelo seu design eram más, queriam abusar dos liderados ou então ignoravam que eles trabalhariam melhor se fossem submetidos a um sistema com mais autonomia. Estes sistemas não existiam porque não dariam resultado efetivo à época, não unicamente porque os líderes não os desejavam, mas principalmente porque os liderados não tinham maturidade suficiente para atuar desta forma, ou seja, seu nível de consciência demandava supervisão direta e controle.

Figura 4 – Evolução sociocultural e níveis de consciência
Fonte: adaptado de Wilber (2000) e Beck e Cowan (1996)

1.1 O Sistema de Pensamento BEGE: foco exclusivo na sobrevivência

Os sistemas de pensamento BEGE podem ser caracterizados pelo foco exclusivo na sobrevivência. Os homens das cavernas apresentavam características distintivas do restante dos primatas, mas ainda faziam uso intensivo do cérebro reptiliano, embora o cérebro límbico e o neocórtex (cérebro racional) já estivessem presentes e atuantes nestes primeiros humanos (ao contrário dos outros animais) e possuíssem praticamente a mesma estrutura que possuem nos dias de hoje. Entretanto, independentemente do fato de você achar que fomos criados por Deus ou somos frutos de um acidente cósmico, foi a partir do surgimento dos primeiros humanos que as estruturas dos cérebros límbico e racional começaram a ser ativadas no sentido de desenvolver novos níveis de consciência e de existência, enquanto estruturas similares em primatas, baleias e golfinhos permaneceram sob domínio de um nível de consciência similar ao BEGE. Sob o comando do sistema de pensamento BEGE, o foco principal é a satisfação das necessidades fisiológicas, como fome, sede, conforto térmico, sono e sexo (procriação). Por tudo isso, liderar o nível de consciência BEGE é algo incomum, a não ser que você trabalhe com ajuda humanitária direta em organizações como a Cruz Vermelha ou os Médicos Sem Fronteiras. Assim, não conseguimos associar o nível BEGE de consciência a um estilo de liderança específico ou a uma estrutura organizacional predominante. Mesmo no caso dos nossos ancestrais das cavernas, a estrutura de seus bandos era difusa, prevalecendo, na maioria das vezes, a liderança dos mais fortes e que melhor caçavam e protegiam o bando das ameaças externas. Mas isso não duraria muito tempo. Estudos mostram que à medida que os bandos foram se tornando mais estáveis e a expectativa de vida das pessoas aumentando, o papel de liderança não só começou a ficar mais claramente atribuído aos mais fortes e bem-sucedidos na caça e proteção do bando, como começou a se expandir para o restante de sua família. Assim, aquele que defendera o bando por muito tempo assume de forma crescente um papel de planejamento e consulta dos demais mesmo em situações que não implicavam diretamente na sobrevivência física. Este papel tende a se manter com ele mesmo depois quando ele se torna mais velho e não possui mais a força que tinha antes. Sua companheira e filhos ganham um status privilegiado perante o resto do grupo também. O caminho para a formação de uma estrutura tribal estava aberto.

1.2 O Sistema de Pensamento ROXO: liderança tribal

O nível de consciência ROXO ou mágico pode ser associado claramente a um perfil de liderança tribal. O cérebro límbico e o neocórtex tornam-se mais ativos que o cérebro reptiliano, com um papel especial sendo exercido pelo primeiro. Os seres humanos começam a estabelecer fortes vínculos emocionais com os mais próximos e é esta característica principal da estrutura tribal, patriarcal e nepotista em sua essência. Embora raro, ainda encontramos empresas organizadas desta forma, como uma tribo em torno de um núcleo de liderança familiar, principalmente em pequenas empresas familiares. Notadamente, muitas destas empresas crescem, mas acabam preservando traços deste perfil de liderança. Em locais ainda muito pouco desenvolvidos do ponto de vista socioeconômico, é possível uma empresa se estruturar de forma mais complexa, mas ter de lidar com uma liderança informal local que ainda opera no *mindset* tribal. São vários os cases de empresas multinacionais que fracassaram em implantações de filiais ou processos de mudança por terem ignorado a existência de lideranças tribais informais entre os funcionários contratados localmente. A liderança tribal, normalmente exercida por homens mais velhos que provaram ser sábios o suficiente ao longo da curta história do grupo, resolve os seus problemas com base na tradição, ou seja, o que deu certo no passado deve ser utilizado no presente. Estas práticas tendem a incorporar rituais mágicos e superstições. A dança da chuva é um típico exemplo destes rituais. A solução para a seca que mata as árvores que dão fruto, mingua a caça a destrói a incipiente lavoura era dançar até chover, em um ritual comandado pelo feiticeiro da tribo (o nosso "pajé"). Como efeito colateral de seu modo de resolver problemas e característica marcante do nível de consciência ROXO, temos o conformismo com o resultado obtido. "Se dançamos e não choveu, é porque os Deuses da Natureza não querem que chova. Tudo que podia ser feito, foi feito.". Para romper este ciclo de magia, tradição e conformismo, um novo modo de pensar precisava surgir. É neste momento que ocorre o despertar do nível de consciência VERMELHO na humanidade.

1.3 O Sistema de Pensamento VERMELHO: liderança coerciva

A forma de pensar do *mindset* VERMELHO ou egocêntrico rompe com a lógica da tradição, do conformismo e do sacrifício pela tribo. "Se não choveu aqui, deve ter chovido em outro lugar. Temos gente suficiente para lutar e vencer outra tribo que tenha uma boa caça, um bom extrativismo ou tenha tido uma boa colheita próxima daqui". O foco do ser humano se desloca do sacrifício pelo grupo para a autoexpressão individual e a conquista. Da tradição, dos rituais e da magia para a força e o poder sobre os outros. O neocórtex assume pela primeira vez um papel largamente hegemônico em relação aos cérebros límbico e reptiliano. Entretanto, como o ser humano ainda não tinha desenvolvido o raciocínio conceitual necessário para projetar o longo prazo, o foco individualista desta forma de pensar se desloca para a satisfação das necessidades de curto prazo, especialmente aquelas atividades que dão prazer imediato. Para lidar com este hedonismo dominante, a liderança precisa mostrar pulso forte e por isso a coerção é a sua característica mais marcante. Átila, o Huno e Alexandre, o Grande são alguns exemplos históricos de líderes operando neste nível de consciência.

Nos dias de hoje, esta forma de liderar está presente de forma mais perene nas gangues de criminosos e máfias, mas acaba sendo utilizada muitas vezes em áreas operacionais, com trabalho repetitivo e gente pouco qualificada. A liderança coerciva deve dar provas de seu poder e sua força quando afrontada. Seja por meio do assassinato de um traidor em um bando de criminosos ou pela demissão sumária e imediata de um subordinado que desobedece a uma ordem na frente dos outros empregados.

A hierarquia coerciva, a estrutura organizacional alinhada a este perfil de liderança, possui poucos níveis hierárquicos e mobilidade muito restrita, sendo esta última condicionada à comprovação de poder e à capacidade aos olhos da liderança máxima. Cada líder "funga no cangote" dos seus liderados para garantir que eles façam o que a organização precisa, e não o que eles querem. No passado, as grandes construções foram exemplos de empreendimentos erguidos por líderes e hierarquias coercivas. Civilizações inteiras, da Grécia Antiga e do Império Romano ao Império Inca, se vale-ram deste tipo de liderança, muitas vezes com a mão de obra empregada sendo formado por escravos, o que constitui o ápice da coerção. Mas ao contrário das formas organizacionais alinhadas aos sistemas de pensamento anteriores, as hierarquias coercivas ainda são uma realidade nos dias de hoje. Pequenos negócios ou alguns não tão pequenos assim, localizados em regiões pouco desenvolvidas, baseados em atividades essencialmente operacionais e repetitivas, que podem se valer de mão de obra com pouca ou nenhuma qualificação, ainda exigem líderes e hierarquias coercivas e é com esta estrutura que eles, provavelmente, maximizarão o seu desempenho. Entretanto, com o crescimento destes negócios e/ou o aumento da exigência dos consumidores (fruto do desenvolvimento local que também pode causar o aumento do poder de barganha do empregado), mais cedo ou mais tarde estas organizações perderão seu alinhamento com o ambiente à sua volta. As demandas por um trabalho mais padronizado, que garanta a qualidade de produtos e serviços, e por uma mão de obra mais madura e capaz de seguir regras, pedirão um novo perfil de liderança e uma nova forma de organização. Na história, os grandes Impérios da Antiguidade, com suas várias frentes de batalha, acabaram ruindo. Estava aberto o caminho para a liderança autocrática tradicional e as estruturas hierárquicas rígidas e mecanicistas. É o nível AZUL de consciência despontando na psique humana.

1.4 O Sistema de Pensamento AZUL: liderança tradicional

Historicamente, o sistema tradicional de pensamento (AZUL) foi responsável por um enorme salto qualitativo da humanidade. Isso se dá porque, pela primeira vez na história, o pensamento abstrato de longo prazo deixa de estar presente apenas em lampejos, como costuma ocorrer sob o domínio do *mindset* VERMELHO, e passa a constituir um dos elementos-chave da nova forma de pensar. Assim, a diplomacia e a negociação focadas no longo prazo substituem grande parte dos conflitos e medições de força como forma de resolução de problemas. Para o adolescente que amadurece, a chegada da forma de pensar tradicional significa substituir os prazeres de curto prazo por ações direcionadas ao cumprimento de um determinado papel na sociedade. Em geral, o *mindset* AZUL é imbuído de propósito, por mais que este seja imposto externamente, na grande maioria das vezes. É justamente o compartilhamento deste propósito no longo prazo que permitiu a formação dos primeiros Estados Modernos, ou seja, o surgimento das nações. Este propósito pode ser a salvação da alma, conforme descrito na Bíblia, ou a independência e o sucesso de um povo, que agora forma uma nação. Em um ou outro caso, a liderança atua como defensora máxima do "livro de regras", que pode ser a Bíblia, o Corão, a Torá ou a Constituição. O foco principal da ação do *mindset* AZUL é o *compliance,* e fazer certo as coisas (*do things right*) é o objetivo da mente que opera dessa forma. Em geral, existem apenas duas formas de agir: a correta e a errada, ou seja, a que está em conformidade com o "livro de regras" e todas as demais. É essa dicotomia que leva o pensamento AZUL ao fundamentalismo quando em desequilíbrio com o ambiente.

O líder operando em AZUL deve dar o exemplo para seus liderados e seguir estritamente o livro de regras. Em culturas nas quais o pensamento AZUL é dominante, o sentimento de culpa de um líder que não segue as regras e é descoberto fazendo isso por seus liderados é tão forte que ele poderá até cometer suicídio. Aliás, a culpa é o grande motor da busca da conformidade da mente que opera em AZUL. A maior parte dos adultos do mundo e do Brasil tem o centro de gravidade de seu pensamento em AZUL. Isso significa que a burocracia mecânica e autocrática, a estrutura organizacional alinhada à liderança (e aos liderados) que opera(m) em AZUL, ainda deve ser bastante efetiva em diversas indústrias e regiões do mundo, algo que tendemos a negligenciar em função da profusão de livros, palestras e cases defendendo a elevada autonomia no trabalho como a melhor solução para todos os ambientes organizacionais.

Nos dias de hoje não é raro encontrar "equipes autogerenciáveis" no chão de fábrica de empresas nas quais, apesar do aumento na implementação de "melhorias" de processo pelos operadores, o índice de não conformidades permanece longe dos *benchmarks* da indústria. Na maioria das vezes, trata-se de casos de dissonâncias tão grandes entre o *mindset* alinhado aos sistemas de liderança e organização proposto (no caso, o VERDE, como veremos a seguir) e o *mindset* dos operadores submetidos a tal sistemas (na maioria das vezes, na transição de VERMELHO para AZUL), que ao invés de produzir um desconforto que tenda a mobilizar a força de trabalho a mudar e passar a pensar da nova forma, produz uma falsa sensação de que "estamos quase lá", em virtude da total falta de compreensão dos envolvidos. Sua reação tende a incluir coisas como: "legal que os chefes querem saber nossa opinião sobre tudo, isso é importante"; "é interessante termos voz para eleger nossos líderes, assim sabemos que temos alguém lutando por nossos direitos". Mas ao mesmo tempo, também gera reações do tipo: "será que este cara sabe o que deve ser feito? Essa história de pedir nossa opinião me cheira à incompetência da chefia"; "precisamos de um norte, de um supervisor que nos diga qual o jeito certo de operar e não de alguém que passa para nós a responsabilidade pelo alcance de resultados". A conciliação destes dois grupos de opiniões antagônicas passa pela compreensão da diferença entre os valores subjacentes (conteúdos do pensamento) e os níveis de consciência (processos de pensamento), apresentados na Figura 3. Vivemos em uma era (tanto em nosso país como na maior parte do mundo) na qual a forma de pensar de vanguarda (no caso, aquela na qual a maioria das elites formadoras de opinião do mundo opera) é o pós-moderno ou VERDE (que veremos em detalhe mais adiante). A internet e as redes sociais têm feito com que os formadores de opinião de diferentes partes do mundo estejam em contato com estas elites intelectuais dos países mais desenvolvidos, o que vem uniformizando seus posicionamentos. Entretanto, esta uniformização não se dá, na grande maioria das vezes, nos processos de pensamento (que exigem questões existenciais reais a serem enfrentadas e vencidas, questões estas que ainda não estão sendo apresentadas aos formadores de opinião dos países mais pobres, na grande maioria das vezes), mas nos seus conteúdos. Portanto, vivemos em uma era em que os conteúdos VERDES e pós-modernos são o padrão, mas os processos de pensamento mais frequentes, especialmente nos países em desenvolvimento, como o Brasil, ainda estão em AZUL. Assim, para lidar com o contexto presente na maior parte das operações atuais no Brasil, é fundamental colocar "uma roupa VERDE nas abordagens AZUIS". Ou seja, devo me preocupar em ouvir a todos, dar voz aos operadores, mas lembrar de definir o que se espera de cada um em termos de trabalho e, de preferência, ter tudo isso expresso em procedimentos-padrão cujo cumprimento é o principal critério de desempenho organizacional (mais do que as "propostas de melhorias"). Este é sem dúvida o melhor caminho para permitir que empresas cuja liderança e liderados ainda operam em AZUL possam atrair bons funcionários capazes de fazer suas operações entregarem resultados fantásticos em termos de qualidade e produtividade, mesmo em ambientes nos quais a volatilidade e a incerteza já são elementos importantes.

Ao longo da história, o *mindset* AZUL foi capaz de produzir grandes revoluções, mas acabou ficando conhecido como sendo responsável por uma grande estagnação, qual seja, a Idade Média na Europa. O mesmo nível de consciência que quando colocado no lugar da rebeldia e egocentrismo de VERMELHO conseguiu trazer a estabilidade e constância de propósito para que grandes metas de crescimento fossem alcançadas acaba produzindo resultados diametralmente opostos quando a volatilidade, as incertezas e a complexidade do ambiente começam a aumentar de forma significativa. A insistência da mente AZUL em soluções *"by the book"* nestas circunstâncias levam à estagnação e à deterioração da economia, que acabam pedindo a emergência de uma nova forma de pensar. No entanto, ao sufocar a ascensão deste novo nível de consciência, a cultura ocidental (em uma mistura de conteúdos e formas de pensar em AZUL e em VERMELHO) produziu a Idade das Trevas Medieval e todas as suas consequências, que somente seriam superadas com o Iluminismo e o Renascimento, quando o pensamento moderno (LARANJA) conseguiu alcançar o status de elite em algumas sociedades e espalhar seus conteúdos por toda a Europa, produzindo uma onda de liberalismo e desenvolvimento econômico. Apesar de tudo isso, muitos líderes nacionais de destaque (tanto positivo quanto negativo) recente na história operavam em AZUL. É o caso do regime autoritário nazista de Adolf Hitler e a gestão "democrática, mas firme" de Winston Churchill, ambos durante a Segunda Guerra Mundial. Recentemente vimos presenciando uma revitalização das lideranças operando em AZUL (ou AZUL-laranja) com processos e conteúdos de pensamento mais tradicionais, tanto na Europa (Orbán, Le Pen e Johnson, entre outros) quanto nos EUA (Trump) e no Brasil (Bolsonaro). Talvez a maior causa para esse fato tenha sido a "briga feroz" dos politicamente corretos (VERDE e AZUL com conteúdo em VERDE) contra o pensamento moderno (LARANJA) nas últimas duas décadas, principalmente no que se refere às questões políticas, ambientais e culturais. A rigidez de VERDE associada ao fundamentalismo daqueles que operam em AZUL defendendo "bandeiras" VERDES levou a tal ponto a crítica ao pensamento moderno (LARANJA), apontando-o como o grande causador da maioria dos males da humanidade em qualquer contexto, que um saudosismo de voltar aos bons tempos "tradicionais" vem se instalando de forma progressiva no ocidente.

No mundo corporativo, lideranças operando em AZUL não só são abundantes, como principalmente desejáveis. Sam Walton, um dos ícones da América Corporativa era um líder tradicional (AZUL), embora incorporasse alguns elementos modernos (LARANJA) à sua filosofia de gestão. No Brasil, o Grupo Votorantim à época de Antônio Ermírio de Moraes, o Bradesco de Amador Aguiar e as Organizações Globo quando sob gestão da família Marinho são clássicos exemplos do *mindset* AZUL. Mesmo em empresas sob clara inspiração das formas de pensar LARANJA e/ou VERDE, muitas áreas como a controladoria e a contabilidade costumam funcionar melhor sob o comando de um *mindset* AZUL ou AZUL-laranja e seu grande foco em estabilidade e *compliance*. O mesmo vale para a área de operações na maioria das indústrias de processos e na manufatura repetitiva, bem como em serviços de grande escala. Setores mais estáveis tendem a funcionar bem ainda hoje com muitos dos líderes em suas diretorias operando em AZUL. Entretanto, esse quadro não deve se manter por muito tempo. Se por um lado o pensamento AZUL garante conformidade e *compliance,* por outro, especialmente em ambientes mais voláteis e incertos, ele tende a levar à estagnação. Foi assim na Idade Média Europeia e na maioria dos governos conservadores da Europa a partir da Revolução Francesa, situações nas quais o *mindset* AZUL dominava a elite intelectual que inspirava tais movimentos. O status quo da estabilidade e da conformidade com os padrões, com as regras e com o "livro sagrado" precisou ser desafiado. Sem dúvidas, o maior antídoto para a estagnação causada pelo pensamento AZUL é a racionalidade e o pragmatismo do pensamento moderno ou LARANJA.

1.5 O Sistema de Pensamento LARANJA: a liderança moderna

Do mesmo jeito que o nível de consciência LARANJA surge nas ciências naturais medievais como forma de se opor à expansão do dogma religioso a todos os aspectos da vida das pessoas, nos governos dos países e nas organizações a modernidade enfrenta a tradição propondo a substituição do que é "correto" ou "adequado" pelo que "funciona" e produz melhores resultados. O método científico desenvolvido por Newton e Descartes chega às Ciências Sociais com o Positivismo e em pouco tempo começa a se tornar sinônimo de "mentalidade de negócios". Rapidamente a noção de "fazer certo as coisas", típica do nível de consciência AZUL, começa a ser substituída pela ideia de "fazer a coisa certa". Melhorar, otimizar, inovar. Estes são os verbos do pensamento moderno ou LARANJA. Aos poucos, a liderança autocrática típica do *mindset* AZUL começa a ser substituída por uma liderança *pacesetter* e transacional característica do *mindset* LARANJA, no âmbito da qual a busca de promoções rápidas e a conquista do conforto social proporcionado pelos rendimentos elevados se tornam os grandes motores do crescimento das empresas e do desenvolvimento das nações. Ao contrário da cultura organizacional tradicional operando por meio do pensamento AZUL, tipicamente etnocêntrica e preconceituosa, na qual determinadas "patentes" (formação superior em determinada área, ter determinada nacionalidade ou cor etc.) são necessárias para se ocupar alguns cargos, a cultura organizacional moderna operando em LARANJA seleciona os que ocuparão cargos com base no seu desempenho e competência. Esta característica é uma decorrência direta do ideal social de liberdades individuais do pensamento LARANJA.

Esta nova liderança tem novas expectativas com relação aos liderados. Em oposição ao *compliance* e a fidelidade, aliados ao conhecimento "do seu lugar na estrutura", típicos da liderança AZUL, o líder moderno espera que seus liderados queiram progredir na hierarquia e, consequentemente em termos materiais. Eles devem querer dar o melhor de si. Cumprir regras e procedimentos não é mais suficiente. É preciso reinventá-los. Todos devem buscar melhorar produtos e processos de forma constante para vencer a competição em um mercado cada vez mais volátil, incerto e complexo. A complexidade dos produtos leva à complexidade crescente dos processos, que quando associados à volatilidade e à incerteza do mercado tornam a Organização Maquinal AZUL cada vez mais inviável. Não dá mais para separar as pessoas entre as que pensam e as que fazem, as que especificam e as que seguem, as que fizeram curso superior e as que não fizeram. São muitas novas especificações a serem criadas a cada momento (complexidade + volatilidade). Todos têm de contribuir para a melhoria contínua da empresa buscando deixar seus produtos e processos mais adequados às demandas do mercado do que os dos seus concorrentes. Competir cada vez melhor é fundamental. Para isso, a Burocracia Autoritária dá lugar à Burocracia Estratégica e às Estruturas Divisionais e Matriciais, com os níveis hierárquicos se reduzindo e o poder decisório se espalhando pela organização. Líderes empresariais como Jack Welch, o trio do 3G Capital (Jorge Paulo Lehman, Marcel Telles, Beto Sicupira) e Abílio Diniz são ícones do *mindset* LARANJA no meio organizacional. Por outro lado, Ronald Reagan (que fez a transição de AZUL para LARANJA no início do seu primeiro mandato na presidência dos EUA) e seu conselheiro econômico Milton Friedman, Margareth Thatcher, Bill Clinton (que operou na transição entre LARANJA e VERDE ao longo de seus dois mandatos), Fernando Henrique Cardoso (assim como Clinton, operando entre LARANJA e VERDE ao longo dos seus mandatos) e seus ministros Pedro Malan e Gustavo Franco são exemplos de lideranças político-econômicas operando em LARANJA.

Não é preciso muito esforço para identificar claramente todo o benefício trazido pelo *mindset* LARANJA de liderança para as organizações e para as pessoas de forma mais ampla. Todo o conforto proporcionado pelos bens de consumo nos dias de hoje é fruto da modernidade e seus sistemas de gestão. Assim como o avanço da ciência no combate às doenças e a resolução da maioria dos problemas que afligia a maior parte dos seres humanos até a primeira metade do século passado.

Entretanto, também não precisamos nos esforçar muito para identificar os principais problemas decorrentes da atuação deste *mindset*. Se por um lado o foco "no que funciona" (no lugar do foco "no que está certo") nos trouxe tantos benefícios, muitos novos problemas surgiram como consequência desta forma de pensar. Em sua maioria, estes problemas decorrem do materialismo científico exacerbado característico do *mindset* LARANJA, especialmente em suas versões menos saudáveis. Se para as organizações a melhoria contínua de produtos e processos de forma infinita é muito interessante, o mesmo pode não acontecer com o seu entorno. Quando entram no "modo rolo compressor", os líderes modernos tendem a buscar resultados a qualquer custo e acabam fragmentando suas vidas em busca do sucesso financeiro e material. As empresas lideradas por estas pessoas terminam por esgotar o ambiente à sua volta para maximizar a produção e buscar a otimização tendo em vista apenas suas fronteiras. Então, uma série de crises da modernidade se apresenta: crise ecológica, crises pessoais, crises familiares, crises de significado, crises de liderança. Para o líder que "acorda" e percebe os efeitos colaterais desta forma de agir e todas as consequências que ela trouxe para a sua vida, de repente, a principal pergunta parece não ser mais "o que fazer" para ganhar dinheiro e ter "a vida dos sonhos" (que de fato nunca chega), mas "por que" e "para que" fazer algo que ocupa a maior parte do nosso tempo acordado, ou seja, nosso trabalho. O foco sai do conforto e dos prazeres provenientes do sucesso financeiro para o significado relacionado ao propósito de uma vida. Assim, está aberto o caminho para o surgimento do nível VERDE de consciência.

1.6 O Sistema de Pensamento VERDE: a liderança pós-moderna

As bases do pós-modernismo nascem nas Ciências Humanas (especialmente na Linguística e na Filosofia), mas chegam às Ciências Sociais e até mesmo às Ciências Naturais com o conceito de "paradigmas" de Thomas Kuhn. De repente toda a noção de que a Física Moderna se baseava única e exclusivamente nas observações comprovadas pelo método científico é questionada por uma ideia simples: toda construção científica se dá sobre pressupostos. E o principal pressuposto da Física Moderna é exatamente a possibilidade de comprovação empírica aos olhos (e demais sentidos) treinados do cientista. Ora, aquilo que até então parecia algo tão abrangente, de repente torna-se um caso específico: o das coisas que são comprováveis empiricamente pelos sentidos pouco refinados do cientista. Todo um mundo não observável pelos nossos sentidos e não explicados pela Física newtoniana pode ser explicado pela teoria de Kuhn. O mundo das galáxias e das estrelas de Einstein e da relatividade, grande demais para os nossos sentidos, e o mundo das partículas subatômicas da Física Quântica, pequenos demais para nós.

Nas organizações, esta mudança de paradigma se refletiu principalmente na percepção de que o foco na otimização das partes para otimizar o todo era contraproducente. Com a Teoria dos Sistemas, fica claro que ótimos globais são fruto de sub-ótimos locais. Com isso, abordagens focadas na cooperação, como o Supply Chain Management ganham popularidade. Não fazia mais sentido buscar aumentar a margem da sua empresa "espremendo" seus fornecedores, pois no fundo, estes são elos da sua própria cadeia de valor, responsáveis por entregar aos seus clientes algo melhor do que a concorrência. Outro ponto que emerge com força é a questão da sustentabilidade socioambiental. A ampliação do conceito dos "interessados" na organização dos tradicionais *stockholders* da lógica LARANJA para os *stakeholders* da lógica VERDE implica na internalização de diversas externalidades do modelo econômico moderno dominante. Com isso, a empresa passa ser responsável pela destinação dos seus resíduos, sejam eles subprodutos do processo de fabricação, embalagens ou o resíduo final de seu uso pelo cliente. A questão ecológica assume papel fundamental na visão de mundo pós-moderna, sendo a questão do aquecimento global aquela a alcançar maior popularidade em termos mundiais, motivando novas leis e acordos internacionais. Simultaneamente, conceitos como o de Social Business, criado pelo indiano e Nobel da Paz Mohammed Yunus, começam a ganhar popularidade, difundindo a noção de que é possível produzir riqueza e ao mesmo tempo reduzir a desigualdade socioeconômica.

Juntamente com a lógica sistêmica, ganha força o relacionamento, afinal, a única forma de conhecer as expectativas, contribuições e possíveis alternativas de inovação a partir do todo e não de cada parte de forma isolada se dá por meio do diálogo próximo com cada uma das partes envolvidas. Isso é verdadeiro tanto em uma lógica interempresarial, na qual o Supply Chain Management tende a ser apenas um primeiro passo para o fortalecimento de redes interempresariais com forte cooperação entre seus elos, quanto na questão intraorganizacional, com a popularização de arranjos baseados em uma maior autonomia, como os grupos semiautônomos e as equipes autogerenciáveis. A estrutura organizacional considerada ideal nas grandes organizações, que já vinha passando por um grande "achatamento" sob o domínio do *mindset* LARANJA, tende a tornar-se ainda mais *flat*. Os novos desenhos organizacionais fundamentados no trabalho em equipe mostram-se especialmente adequados para lidar com a crescente complexidade ambiental, associada à volatilidade e à incerteza. Simultaneamente, um novo estilo de liderança e de tomada de decisão começa a emergir. No lugar da delegação acompanhada de *pacesetting* guiadas pela otimização de foco puramente utilitário, típicas do pensamento moderno, a lógica pós-moderna traz a participação na tomada de decisão e a busca do consenso entre as partes envolvidas como forma de minimizar o tempo de execução após a tomada de decisão. Embora esta prática seja responsável em grande parte pela agilidade de implementação de muitas empresas japonesas e escandinavas, assim como em muitas organizações norte-americanas e do norte da Europa, este modelo acabou não sendo tão efetivo, especialmente em culturas onde o *mindset* LARANJA ainda não se consolidou, como é o caso dos países do sul da Europa e da América Latina. De forma simultânea ao fortalecimento da liderança democrática, surgem conceitos como o da liderança transformacional, na qual o líder busca as motivações intrínsecas dos seus liderados, no lugar das motivações extrínsecas da liderança transacional que predominou até LARANJA.

Se no nível social a consciência pós-moderna traz consigo a inclusão, o pluralismo, o respeito às diferenças, as ações afirmativas e a proteção das minorias, no mundo organizacional a ascensão desta forma de pensar não foi menos revolucionária do ponto de vista da diversidade e inclusão. Sob esta nova lógica, quanto mais diversidade, melhor. Assim, as empresas sob liderança do pensamento VERDE buscam introduzir o máximo de diversidade em suas equipes, seja fortalecendo a interculturalidade, as questões raciais ou de gênero. Ao mesmo tempo, cresce a preocupação em dar voz a todos os níveis hierárquicos, além de um foco maior no bem-estar dos colaboradores e em aspectos de qualidade de vida no trabalho. Na vida pessoal, os líderes que operam em VERDE buscam um maior equilíbrio entre trabalho, família e comunidade, privilegiando aspectos relacionados à saúde física e emocional.

Angela Merkel, Barak Obama e Justin Trudeau talvez sejam os líderes internacionais com pensamento pós-moderno mais conhecidos na atualidade. Entretanto, sua forma de pensar muito provavelmente já está na fronteira com o próximo nível, qual seja, o AMARELO ou o pós-pós-moderno ou integrativo, o primeiro nível de consciência de "segunda camada". Desta forma, acredito que o ex-vice-presidente norte-americano Al Gore, o português Mario Soares e o brasileiro Fernando Gabeira sejam melhores exemplos deste *mindset* na política. No mundo empresarial, os brasileiros Guilherme Leal e Antonio Seabra, fundadores da Natura, são grandes referências deste *mindset* de liderança, assim como John Mackey, CEO do Whole Foods Market, recém-adquirido pela Amazon e Rose Marcario, CEO da Patagonia, empresa de roupas californiana totalmente comprometida com causas ambientais.

Não são poucos os autores que chegaram a caracterizar o pensamento VERDE e pós-moderno como sendo efetivamente "integral" e de "segunda camada", por incluir características típicas de metaconsciência. Entretanto, com o passar do tempo, ficou claro que esta forma de pensar apresentava uma forte tendência à rigidez, principalmente quando colocada diante de formas de pensar distintas da sua em termos de conteúdo (crenças) e processos (níveis de consciência) de forma simultânea. São vários os autores a apresentar evidências de que a forma pluralista / pós-moderna de pensar ainda não poderia ser considerada efetivamente integral em função da sua incapacidade de identificar as demais formas de pensamento.[51] Ou seja, embora tenha entre seus postulados fundamentais a aceitação de que não existe verdade independente da cognição e que os valores culturais funcionam como filtros para a apreensão da realidade pelos seres humanos, fazendo com que na prática cada ser humano tenha a sua verdade particular em relação às mais diversas questões da vida, a consciência operando em VERDE é incapaz de perceber a diferença entre as formas de pensar (níveis de consciência) e os conteúdos do pensamento (crenças).

Tomemos como exemplo um líder político francês do Partido Socialista operando em VERDE. Este líder considera fundamental levar em conta os pontos de vistas dos imigrantes mulçumanos do norte da África e seus descendentes (a maioria operando em AZUL com "conteúdos" islâmicos de sua cultura), entretanto, se recusa sequer a ouvir os pontos de vista dos franceses conservadores de extrema-direita (também operando em AZUL, mas com "conteúdos" cristãos tradicionais). Esta nova forma de intolerância (no fundo, uma "intolerância à intolerância", esta última uma característica do nível AZUL) acabou por resultar na correção política, hegemônica nos veículos formadores de opinião nos dias de hoje, que acaba por impedir o avanço daqueles que operam em VERMELHO e AZUL para níveis de consciência mais complexos, justamente por preconizarem um "salto" destas formas de pensar para o nível VERDE (que por eles é tido como o "correto") e não uma passagem por LARANJA, que é visto por VERDE como sendo antiecológico, antissocial e antiético. A pior faceta da correção política se dá, sem sombra de dúvida, quando os conteúdos do pensamento VERDE são abraçados por pessoas operando em AZUL. Quando isso ocorre, pensar diferente torna-se um pecado mortal: "como ele pode ser racista?"; "será possível que alguém ainda acha que os homens devem ganhar mais que as mulheres?"; "como ela pode dormir tranquila sendo executiva de uma empresa que polui e utiliza mão de obra semiescrava na Indonésia?".

---

[51] GRAVES, C. **Let us bring humanistic and general psychology together**. New York: National Institute of Mental Health, 1973; KEGAN, *op. cit.*; BECK; COWAN, *op. cit.*; WILBER, *op. cit.*

Neste ponto, é importante enfatizar que igualdade racial e de gênero e sustentabilidade socioambiental não devem jamais serem deixadas de lado (ou reprimidas) no processo de evolução da consciência e da liderança. Entretanto, estas questões têm o seu momento no processo de desenvolvimento da psique. A questão é que não é possível uniformizar instantaneamente o pensamento de todas as pessoas em relação a estes pontos. Pessoas mais velhas ou que foram criadas em ambientes mais tradicionais, jamais serão convertidas à forma pluralista de pensar em um passe de mágica. Embora tenham de respeitar as leis (por exemplo, no que se refere à proibição de discriminação racial ou de gênero na contratação de um funcionário ou no cumprimento da legislação ambiental), elas não podem ser obrigadas a achar que existe realmente esta igualdade racial e de gênero ou que o meio-ambiente deve ser mais importante que os lucros. Elas podem não concordar com isso e têm o direito de fazê-lo (embora sem desobedecer às leis). Entretanto, isso não é aceito pela consciência VERDE, especialmente quando quem não concorda com a igualdade é um membro de um segmento dominante da sociedade. Ou seja, para o politicamente correto, está tudo bem se o marido islâmico francês proíbe sua mulher de trabalhar ou mesmo de mostrar o rosto na rua. Afinal, "temos de respeitar as diferenças culturais". Entretanto, este respeito às diferenças desaparece quando um francês conservador diz preferir contratar homens para uma função específica em sua empresa porque acredita que eles a desempenharão melhor que as mulheres. "Machista" e "monstro", dirão os mesmos. Ocorre que, embora ambos tenham *backgrounds* culturais distintos, a origem do seu preconceito é a mesma: a forma de pensar tradicional (AZUL), que não é igualitária como VERDE e privilegia determinados estratos ou "patentes" de raça, gênero e formação, por exemplo, em relação a outros.

Em função das características dos níveis VERDE, LARANJA e AZUL e seu papel no mundo de hoje, a civilização humana se encontra atualmente em uma encruzilhada. AZUL quer voltar aos bons tempos (Baby Boom nos EUA, Ditadura Militar no Brasil etc.), mas estes nada mais têm a ver com o contexto VUCA no qual vivemos hoje, sendo este *mindset* totalmente inadequado para lidar de frente com as crescentes volatilidades, incertezas, complexidades e ambiguidades. LARANJA quer continuar gerando cada vez mais riqueza a qualquer custo, vendo a todos que se opõem a esta ideia como fanáticos "religiosos". Você pode até não concordar com a tese de aquecimento de origem antropogênica do nosso planeta, mas é inegável que o nível de poluição e envenenamento do solo, mares e rios, bem como a qualidade de vida daqueles que continuam a viver sob a hipótese de que é necessário primeiro conquistar sua "liberdade financeira" para depois pensar em viver de forma plena, são absolutamente insustentáveis no longo prazo. Sem falar na contínua escalada da desigualdade de renda, que permanece aumentando no mundo de hoje, apesar de toda a evolução tecnológica, deixando cada vez mais gente literalmente à margem da sociedade e cujas origens se encontram exatamente neste capitalismo inescrupuloso e sem limites. Por fim, VERDE acha que vai salvar o mundo convertendo todos à sua maneira de pensar, mas sequer imagina que a sua forma de pensar é a evolução da forma de pensar LARANJA, que evoluiu a partir da forma de pensar AZUL e assim por diante. Por isso, VERDE propõe soluções pluralistas e democráticas em situações de crises violentas (VERMELHO), em que uma ordem absolutista e autocrática (AZUL) resolveria o problema de forma efetiva. Por isso VERDE propõe soluções igualitárias e social-democratas em situações de estagnação econômica (AZUL), nas quais um esquema de livre inciativa liberal traria os resultados mais consistentes (LARANJA). Por tudo isso, o mundo precisa de lideranças integrais, ou seja, precisa de líderes operando no nível de consciência imediatamente mais complexo do que VERDE, qual seja, o nível AMARELO. É exatamente isso que abordaremos a partir deste ponto.

2 Liderança Integral: o ser humano "além da ação"

Beck e Cowan (1996) descrevem o tipo de mudança que ocorre na consciência humana quando a pessoa deixa de operar em VERDE para operar em AMARELO como sendo um "salto quântico". Eles explicam que toda mudança de nível de consciência por si só corresponde a um grande salto qualitativo, mas nenhuma das mudanças ocorridas entre BEGE e VERDE se compara àquela que ocorre quando o centro de gravidade da consciência desloca-se do VERDE para o AMARELO. A mente que opera em VERDE ainda está presa a um traço em comum com as mentes que operavam em BEGE, ROXO, VERMELHO, AZUL e LARANJA: caracterizam seres humanos "de ação" (ou com pensamento de primeira camada), ou seja, em maior ou menor grau, a mente operando entre os níveis BEGE e VERDE de consciência ainda tem como foco principal a sobrevivência. O nível AMARELO, que aqui também denominaremos "integrativo" ou "pós-pós--moderno" marca o início da consciência humana focada na existência (ou seja, de segunda camada), e não mais na sobrevivência.

2.1 O Sistema de Pensamento AMARELO: a liderança pós-pós-moderna ou integrativa

As condições de vida que despertam o nível de consciência integrativo na psique humana estão associadas aos efeitos cumulativos das abordagens de resolução de problemas de todos os níveis de consciência de primeira camada. Por mais que o nível AZUL de consciência tenha surgido para resolver os problemas por meio da conformidade com as regras e assim aplacar o ímpeto rebelde de VERMELHO, ainda são grandes os danos causados pela abordagem de resolução de problemas do nível egocêntrico. Entretanto, na maioria das vezes, o remédio utilizado para enfrentá-lo não é a conformidade AZUL, mas abordagens humanitárias e sensíveis de VERDE, o que, como se pode imaginar, não resolverá os problemas enfrentados, podendo até mesmo agravá-los. O mesmo vale para as situações nas quais se esgotam as "munições" do nível AZUL ou tradicional. Ao invés de se abordar a situação por meio de uma lógica moderna ou LARANJA, muitas vezes insiste-se em abordagens típicas do nível VERDE. A principal diferença entre a consciência que opera em VERDE e aquela que opera em AMARELO é justamente a capacidade que esta última tem de perceber as formas distintas de pensar (e não apenas os conteúdos) das outras pessoas, calibrando a melhor abordagem para cada uma delas de acordo com as necessidades do momento. Embora a forma de pensar integrativa possa ser caracterizada da mesma forma que as que a precedem, sua abordagem para resolução de problemas é totalmente ad hoc, ou seja, flexível e condicionada aos níveis de consciência envolvidos no problema. Estas características do nível de consciência AMARELO também são compartilhadas pelos níveis TURQUESA e CORAL, que o sucedem em termos de complexidade. Por isso, vamos caracterizar como líderes integrais todos aqueles cujo *mindset* é AMARELO, TURQUESA OU CORAL.

A autonomia e a autogestão são questões extremamente importantes para o líder integrativo, mas ele as reconhece como meios e não fins, como ocorre com o nível VERDE. Aliás, outra forma de caracterizar a liderança que opera em AMARELO e distingui-la dos líderes com *mindset* de primeira camada seria por meio da resposta a duas perguntas: i) Qual o sistema organizacional no qual você prefere ser liderado?; ii) Qual o sistema organizacional com o qual você prefere liderar? Para a totalidade dos níveis de consciência de primeira camada, isto é, operando entre VERMELHO e VERDE, a resposta às duas questões tenderá a ser igual. O líder operando em

VERMELHO poderá até tentar dizer que gostaria de ser liderado por meio de uma estrutura sem coerção, mas isso faz parte da sua psique egocêntrica. Na prática, ele sabe que só funcionaria como liderado em uma hierarquia coerciva baseada em supervisão direta. Este também seria o seu sistema preferido para exercer o papel de líder. O líder tradicional operando em AZUL, por sua vez, tenderá a responder "uma estrutura hierárquica com funções bem definidas e muita padronização de processos" tanto para uma quanto para a outra questão. Por sua vez, o líder moderno operando em LARANJA preferirá tanto liderar quanto ser liderado em uma estrutura com poucos níveis hierárquicos e muita mobilidade, focada principalmente na padronização de resultados (estabelecimento de metas) como mecanismos de coordenação. Por fim, o líder operando em VERDE tenderá a responder que prefere tanto liderar como ser liderado em estruturas *flat* não hierárquicas (que podem ser equipes autogerenciáveis ou redes), tendo como principal mecanismo de coordenação a padronização de valores, ou seja, uma forte cultura como forma de regular o comportamento dos liderados. Ao contrário de todos estes, o líder operando em AMARELO tenderá a responder que prefere trabalhar e ser liderado em holarquias (arranjo organizacional do qual falaremos mais à frente), mas deverá responder que, como líder, sua estrutura preferida variará de acordo com a situação. Esta característica fez com que Beck e Cowan (1996) chamassem de *FlexFlow* as lideranças operando neste nível de consciência.

O foco na existência em lugar da sobrevivência só é possível na pessoa operando em AMARELO porque no processo de transição do nível VERDE para o nível atual esta pessoa vivenciou um grande aumento de sua capacidade de aceitação dos fatos, a começar pela concordância da própria finitude. Esse consentimento também faz com que o apego deste nível de consciência a um tipo específico de abordagem organizacional inexista, permitindo a flexibilidade descrita no parágrafo anterior. Esta grande capacidade de aceitação do líder operando no nível de consciência AMARELO se reflete no fato de sua mente apresentar-se, na maior parte do tempo, muito mais "limpa" que a dos líderes operando na primeira camada, o que confere a estas pessoas uma capacidade de resolução de problemas muito superior aos demais mencionados. Esta "limpeza" mental, com "liberação de mais espaço" para focar na solução dos problemas se dá pela ausência da "fofoca mental", típica da não aceitação dos fatos pelas mentes operando entre BEGE e VERDE. Abordarei as características distintas dos líderes operando no nível AMARELO mais à frente, pois antes caracterizarei muito brevemente os *mindsets* TURQUESA e CORAL. Esta brevidade se dá em função do meu foco principal em diferenciar o líder integral daqueles que operam em níveis de consciência da primeira camada e não em detalhar as características que diferem cada um destes níveis dos demais níveis de segunda camada.

2.2 Para Onde vai a Consciência Humana e a Liderança? Os sistemas de pensamento TURQUESA (holístico) e CORAL

Uma das principais diferenças entre a mente que opera em AMA-RELO, ou seja, o líder integrativo, e a mente operando em TURQUESA do líder holístico, é o maior foco individual da primeira. Por se tratar de um nível de consciência de autoexpressão, representado por uma cor "quente" (assim como VERMELHO e LARANJA), a pessoa operando em AMARELO tende a focar suas preferências pessoais individuais no que se refere ao tipo de trabalho que realizará. Ou seja, a vontade do tipo "quero trabalhar com aquilo que eu gosto e sou competente e contribuir para a evolução da humanidade" em geral se sobrepõe a eventuais sacrifícios que possam ser necessários em processos de liderança de organizações. Ao contrário do líder integrativo, o líder holístico (que opera em TURQUESA, uma cor "fria", assim como ROXO, AZUL e VERDE) tende a se sacrificar pelo grupo e tenderá a fazer o trabalho mais necessário em termos de contribuição para a evolução da humanidade, mesmo que isso implique em atuar em funções que lhe desagradem.

Outro ponto fundamental da diferença entre os líderes integrativo (AMARELO) e holístico (TURQUESA) diz respeito ao processo de resolução de problemas de ambos. A capacidade de identificação de padrões é um traço comum entre eles e é fruto da habilidade em identificar os diferentes níveis de consciência envolvidos na situação e quais as formas de pensar necessárias para resolver os diferentes problemas que se apresentam. Para isso, ambos contam com informações provenientes tanto de suas mentes conscientes como de seus subconscientes. Entretanto, o líder operando em TURQUESA processa de forma distinta estas informações, incorporando uma grande dose de intuição em seus processos de análise e tomada de decisão. Isso faz com que, muitas vezes, pessoas operando em níveis de primeira camada ou mesmo em AMARELO não consigam entender os fatores que levaram o líder holístico a uma determinada escolha.

O sistema de pensamento CORAL surge para resolver problemas os quais a liderança holística, utilizando-se de todo o seu aparato TURQUESA, que transcende e inclui as abordagens dos sistemas de pensamento AMARELO, VERDE, LARANJA, AZUL, VERMELHO, ROXO e BEGE, não consegue resolver. Tendo em vista a capacidade das lideranças integrativa (AMARELO) e holística (TURQUESA) em resolver problemas se valendo de todo o repertório dos níveis de primeira camada e ainda incluindo suas abordagens específicas, podemos apenas imaginar de que forma o líder que opera em CORAL pode agir de forma distinta destes dois níveis integrais de complexidade menor. O que se sabe é que o sistema de pensamento CORAL é focado em autoexpressão, assim como os sistemas VERMELHO, LARANJA e AMARELO. Além disso, sabe-se também que ele possui capacidade similar à do nível TURQUESA no que se refere à percepção de questões sutis e intuitivas. Entretanto, ao invés de privilegiar sempre a evolução da humanidade com foco exclusivo no longo prazo, a mente operando em CORAL teria uma capacidade mais desenvolvida de identificar intuitivamente obstáculos sutis de curto e médio prazos à sua progressão até condições necessárias para influenciar positivamente no processo de desenvolvimento da humanidade, atuando então de forma a neutralizar estes obstáculos.

2.3 Organizações Exponenciais e Liderança Integral

Muitas pessoas me questionam por que deveríamos nos preocupar em desenvolver o *mindset* integral de liderança. Muitos afirmam que os contextos enfrentados pela maioria das nossas organizações ainda poderiam ser resolvidos por meio de estruturas mais tradicionais e menos revolucionárias do que as Organizações Exponenciais. A minha resposta a estas questões é justamente que: i) exatamente por estes motivos; e ii) também porque o ambiente tende a se tornar cada vez mais VUCA – o desenvolvimento de líderes operando em AMARELO ou TURQUESA passa a ser uma missão cada vez mais crítica.

Para explicar a primeira parte da minha resposta, basta lembrar que os líderes operando entre ROXO e VERDE não conseguem identificar os demais níveis de consciência de forma adequada. Sendo assim, em muitas situações nas quais a solução mais adequada seria uma estrutura mais hierárquica baseada em controle e cumprimento de padrões (AZUL, por exemplo), um líder operando em VERDE poderia preferir utilizar equipes autogerenciáveis, justamente por ser incapaz de perceber qual a real necessidade. Já pude testemunhar casos como este mais de uma dúzia de vezes e, na maioria deles a posterior redução da autonomia das equipes provocou significativo aumento de desempenho. Portanto, teria sido mais efetivo começar com menor autonomia e não ter de retroceder, o que teria ocorrida caso a liderança estivesse operando em AMARELO ou TURQUESA.

A segunda parte da questão diz respeito à essência das organizações exponenciais, conceito cunhado pela *Singularity University*. Da mesma forma que Organizações em Rede e Equipes Autogerenciáveis não funcionam sem líderes pós-modernos operando em VERDE e Hierarquias Estratégicas com alta mobilidade e responsabilização não alcançam os melhores resultados sem líderes modernos operando em LARANJA, Organizações Exponenciais não dão resultado efetivo sem lideranças operando em AMARELO ou TURQUESA. O problema é que, sendo este desenho organizacional o mais adequado ao ambiente VUCA para o qual a maioria das arenas competitivas caminham, nossas organizações precisam urgentemente tornar-se exponenciais. Este processo, que vem sendo denominado de forma equivocada "Digitalização" ou "Transformação Digital", implica na adoção de uma entre duas alternativas de estrutura organizacional, quais sejam, a adhocracia e a holocracia.

Entende-se por adhocracia toda estrutura organizacional cuja definição se dá condicionada a um contexto e a um propósito específico. Ad hoc, significa exatamente: "definido para um contexto específico". Em termos organizacionais, isso significa que, em função de seu ambiente externo e sua estratégia, uma única empresa poderá, por exemplo, otimizar seu desempenho por meio de estruturas de elevada autonomia (como as equipes autogerenciáveis) nas áreas de relacionamento com os clientes, estruturas hierárquicas autocráticas na área de operações e estruturas hierárquicas estratégicas de alta mobilidade e responsabilização na área de desenvolvimento de produtos e serviços. Ou seja, não haveria um tipo único de estrutura organizacional que funcionaria adequadamente para todos os departamentos da empresa. Isso exigiria lideranças operando em VERDE para a área de relacionamento com clientes, AZUL na área de operações e LARANJA na área de desenvolvimento de produtos, ou líderes operando em AMARELO ou TURQUESA em cada uma destas áreas, tendo em vista a flexibilidade destes perfis de liderança em se adaptar às demandas do ambiente. De certa forma, a adhocracia acaba sendo a solução mais adequada para organizações que operam em ambientes VUCA, mas mantêm-se mais integradas verticalmente, ou seja, mantêm funcionários próprios nas áreas com maior conteúdo operacional do trabalho.

Já a holocracia constitui-se em um arranjo organizacional bastante específico, no qual diferentes unidades são incluídas e incluem outras em si próprias, seguindo a lógica do hólon, no qual cada elemento é um todo para partes menos complexas e uma parte de um todo mais complexo. A Figura 5 apresenta um exemplo de organização holárquica. Neste caso, a mesma divide-se em quatro hólons, sendo três deles ligados a cada uma das suas linhas de produto (ou diferentes perfis de cliente) e um deles focado no desenvolvimento de políticas para os demais. Dentro de cada um dos três hólons-fim, todas as funções relacionadas ao marketing, desenvolvimento, produção e venda dos produtos, assim como a tecnologia da informação, atuam de forma dedicada e exclusivamente focada para aquela linha de produto, enquanto o hólon de funções-meio trata das políticas a serem desenvolvidas para o funcionamento dos demais. Diferentes variações são possíveis para as estruturas holárquicas, mas o importante é que o grau de autonomia demandado de cada hólon-fim exige que todos os problemas sejam resolvidos no nível do desse, além das atividades de planejamento e todo o processo de tomada de decisão relacionados a clientes, produtos e mercados. Esse nível de autonomia e responsabilização exige que as lideranças de cada hólon tenham o centro de gravidade de seu nível de consciência no mínimo em AMARELO[52] e que seus liderados tenham o seu centro de gravidade no mínimo em VERDE, operando boa parte do tempo em VERDE-amarelo ou verde-AMARELO, ao contrário do que afirmam Laloux[53] e Robertson,[54] autores das obras mais importantes sobre holarquias.

---

[52] BECK; COWAN, *op. cit.*

[53] LALOUX, *op. cit.*

[54] ROBERTSON, B. J. **Holacracy**: the new management system for a rapidly changing world. Philadelphia: Henry Holt and Co, 2015.

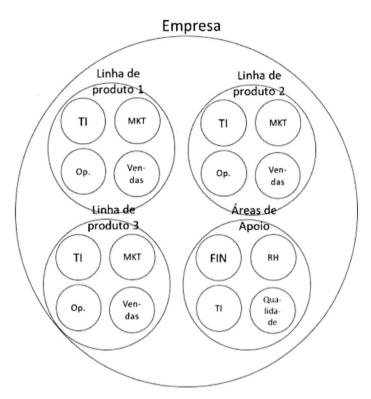

Figura 5 – Exemplo de estrutura holárquica
Fonte: O autor

Com base no que foi visto anteriormente, fica claro que o desenvolvimento de lideranças integrais, ou seja, com *mindsets* integrativo ou holístico é uma precondição fundamental para a competitividade no ambiente VUCA. Se você está convencido disso, então provavelmente a próxima pergunta que você irá fazer é: Como posso me tornar um líder integral?

2.4 Desenvolvendo Líderes Integrais

Quando falamos em lideranças integrais, muita gente lembra apenas de uma das características do líder integral, qual seja, a não fragmentação. Neste sentido, o líder integral seria aquela pessoa que tem as quatro principais dimensões de sua vida (trabalho, self, família e comunidade) integradas, conseguindo manter sua essência nos diferentes papéis que exerce no seu dia a dia. É importante mencionar que a integração (ou não fragmentação) é bem diferente do conceito de equilíbrio. Quando falamos em equilibrar as quatro dimensões de nossas vidas (o que muitas vezes também é necessário), estamos mantendo a ideia de *trade-off* entre elas, ou seja, nosso foco é tirar horas de dedicação e grau de importância de uma ou mais dimensões (aquelas que estão com empenho de tempo ou importância excessivos, como, por exemplo, o workaholic que trabalha 14 horas por dia e não tem tempo para si, para a família e a comunidade) e passar para outras dimensões para fazer o ajuste. Trata-se de movimentos de "soma zero" que, muitas vezes, como já mencionado, devem ser feitos. Entretanto, a ideia de integração vai além dos ajustes focados em um melhor equilíbrio entre as quatro dimensões e inclui a sinergia (ou superposição) entre estas dimensões. Portanto, se eu passo a trabalhar em uma nova atividade na qual eu possa envolver minha família e também a comunidade, bem como utilizar parte das minhas atividades físicas e espirituais (como a prática de esportes e meditação) para melhorar o meu desempenho neste trabalho, eu aumento a sinergia entre as minhas quatro dimensões ao mesmo tempo em que passo a dedicar mais tempo e importância a cada uma delas simultaneamente, sem que para isso tenha de ter menos horas de sono![55]

Entretanto, já sabemos que os líderes integrais são aqueles que têm não só as quatro dimensões de suas vidas integradas, mas também operam na segunda camada do pensamento humano, ou seja, têm o centro de gravidade de sua consciência em AMARELO, TURQUESA ou mesmo CORAL. O importante, a esta altura, é saber que o processo de desenvolvimento apresentado a seguir refere-se às duas dimensões, que de fato se reforçam mutuamente: quanto mais nos esforçarmos para integrar as quatro dimensões de nossas vidas, maior será a tendência de passarmos por transformações em nossa consciência que nos conduzam às formas de pensar de segunda camada (AMARELO, TURQUESA, CORAL) e quanto mais desenvolvermos nossa consciência rumo a formas de pensar integrais, mais iremos nos preocupar em integrar as quatro dimensões de nossas vidas.

Venho trabalhando com o processo de desenvolvimento de líderes integrais nos últimos cinco anos, seja na FAE, por meio de cursos de pós-graduação e do Integral Leadership Program (ILP), seja por meio de trabalhos

---

[55] As quatro dimensões e o conceito de sinergia entre elas baseiam-se em: FRIEDMAN, S. D. **Total leadership**: be a better leader, have a richer life. Boston: Harvard Business Review Press, 2014.

em empresas pela Integral Works.[56] Ao longo deste tempo, desenvolvi junto com meus colegas uma abordagem fundamentada em cinco pontos, que denominamos "Pentágono do Desenvolvimento Integral de Lideranças". Conforme pode ser visto na Figura 6, cada vértice do pentágono corresponde a um dos pilares fundamentais do processo, não necessariamente sequenciais, mas que se reforçam mutuamente de forma integrada: i) Novos Desafios (dissonância); ii) Autoconhecimento e auto-observação; iii) Mudança de atitude; iv) "Equilíbrio"; v) Flow.

O primeiro ponto diz respeito à necessidade de buscarmos constantemente sair de nossa zona de conforto. Ter uma vida agradável e equilibrada é muito importante, mas isso não tem nada a ver com sentir-se sempre confortável. É neste ponto que entram os **novos desafios**. Para que nosso *mindset* evolua para formas de pensar mais complexas temos de enfrentar problemas que não se resolvem por meio da nossa forma de pensar atual. E aqui não me refiro apenas ao trabalho, mas também aos nossos relacionamentos em geral e até mesmo atividades físicas. Desde que passei a me empenhar de forma a estar sempre me desafiando, seja na prática do yoga, seja nos treinos de natação ou de corrida, passei por mudanças no centro de gravidade da minha consciência de forma muito mais rápida do que antes. Além disso, tornei-me muito mais resiliente ao enfrentar grandes desafios profissionais, ficando cada vez menos tenso diante de questões as quais, inicialmente, eu não sabia como enfrentar. No fundo, este ponto diz respeito à nossa capacidade de ficar bem, mesmo quando nossos desafios ainda não foram superados e os nossos resultados almejados não foram alcançados. Uma expressão em inglês resume muito bem este conceito: *It's OK to be NOT OK*. No yoga, trata-se da capacidade de conciliarmos "TAPAS", o esforço sobre si próprio, a busca de estar sempre melhorando, com "SANTOSHA", o contentamento, a sensação de que tudo está bem e é como deveria ser.

Esta dissonância entre nossa capacidade e as competências atuais é fundamental para provocar mudanças nos níveis de consciência. Entretanto, ela deve ser pequena. Se eu opero em LARANJA, posso querer enfrentar problemas que exijam o nível LARANJA-verde, laranja-VERDE ou mesmo VERDE como forma de me desafiar. Entretanto, de nada adiantará enfrentar desafios que exijam o nível AMARELO, por exemplo. O tamanho da lacuna

---

[56] Tanto os trabalhos na FAE Business School, quanto na Integral Works, vêm sendo desenvolvidos junto com os professores da FAE, Paulo Cruz Filho e Luciane Botto, meus sócios na Integral Works.

provocará não uma mobilização no sentido de testar novas abordagens, mas uma ausência de compreensão do problema em questão que pode, inclusive, produzir uma falsa sensação de conforto.

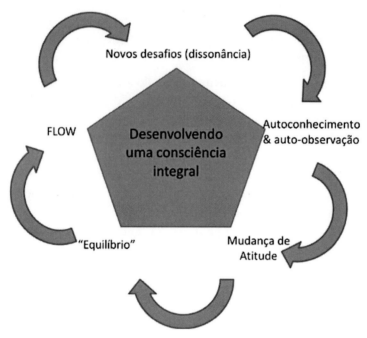

Figura 6 – O pentágono do desenvolvimento da consciência integral
Fonte: o autor

Falar em **autoconhecimento e auto-observação** pode parecer meio óbvio quando se trata do desenvolvimento da consciência. Entretanto, não estamos falando apenas de ações como a prática do *mindfulness* ou a identificação de sombras e a ressignificação de eventos por meio de psicoterapia ou práticas como o 3-2-1, desenvolvida pelo Integral Institute, mas principalmente pela capacidade que estas práticas têm de nos trazer para o momento presente e, consequentemente, tornar possível a auto-observação durante os momentos mais críticos, como os grandes e novos desafios no trabalho, vida pessoal ou atividades físicas. Como ponto de partida para o autoconhecimento, utilizamos o diagnóstico dos níveis de consciência, por meio de um *assessment* que inclui um questionário padronizado na internet e uma entrevista customizada, além de outros *assessments* focados em identificar traços de personalidade e perfis de liderança. Utilizamos os resultados destes *assessments* em sessões de coaching e mentoring, individuais e em grupo. Este ponto é parte fundamental do processo de desenvolvimento de líderes integrais, pois não apenas as definições dos objetivos de cada um, bem como todo o plano de ação a ser implementado deve levar em conta estas características específicas nas quais estes líderes iniciaram sua trajetória integral. Por exemplo, por sabermos que não é possível que nossa consciência "salte" por sobre um ou mais níveis de consciência, sabemos que um líder que hoje opera em VERDE tenderá a ter um caminho mais curto e com características mais diretamente relacionadas aos níveis integrais do que um líder que inicia um programa de desenvolvimento operando em azul-LARANJA, uma vez que este último deverá consolidar o nível de consciência LARANJA, para somente então focar na transição para o nível VERDE e apenas mais tarde (muito provavelmente após o término do programa) ambicionar operar em níveis integrais como AMARELO ou TURQUESA.

No que se refere à **mudança de atitude**, nossos programas trabalham com a implementação de cinco atitudes no dia a dia profissional e pessoal dos líderes que passam por eles: propósito, *accountability*, integridade, humildade e veracidade. Para praticá-las, é fundamental já ter se familiarizado com algumas das abordagens de auto-observação e autoconhecimento mencionadas anteriormente. Começamos pela definição de um *statement* para o propósito individual e a visão de liderança de cada líder. Em seguida, trabalhamos em projetos para o alinhamento das atitudes de cada um com seu propósito e sua visão de liderança. Na busca da consecução de sua missão de vida e do alcance de sua visão, os líderes devem incorporar o *accountability* ao seu dia a dia. Trata-se de um grande desafio de responsabilização pessoal, fundamental para o alcance de resultados em todas as quatro dimensões da vida de cada um, conforme visto anteriormente. Como limite para a prática da responsabilização pessoal, temos a atitude de **integridade**. Neste aspecto, enfatizamos o *value based decision process*, no qual os líderes são incentivados a utilizar os seus valores e os valores de suas organizações como parâmetro principal em seu processo de tomada de decisão. Entretanto, temos de evitar a qualquer custo nos apegar aos nossos valores a ponto de discriminar a opinião daqueles que não os compartilham. Por isso, a quarta atitude trabalhada em nossos programas de desenvolvimento de líderes integrais é a **humildade,** apresentada como uma virtude aristotélica, o meio caminho entre a submissão às ideias e valores dos outros e a arrogância de achar que suas ideias e valores são os únicos que fazem sentido. Por fim, com a prática consciente dessas quatro atitudes descritas ao longo de alguns meses, o líder é convidado a ampliar o seu foco com a prática da mais difícil das cinco atitudes, a **veracidade**, que consiste em ampliar o seu foco de aceitação dos fatos de forma contínua com o intuito de eliminar toda a "fofoca mental" e disponibilizar nosso espaço cognitivo, emocional e relacional para a resolução de problemas e a inovação.

O quarto vértice do pentágono da liderança integral diz respeito ao foco no lado "integrado" do líder integral, que na Figura 6 aparece como **"Equilíbrio"**, entre aspas. O motivo das aspas foi explicado no primeiro parágrafo desta seção, e traduz o foco em integrar as quatro dimensões dos líderes (self, família, trabalho, comunidade), de forma a aumentar a sinergia entre elas e não apenas em reduzir o tempo e a importância dedicados a algumas destas dimensões, aumentando o de outras, mantendo os *trade-offs* existentes. O foco da nossa abordagem é justamente eliminar parte dos *trade-offs*, fazendo com que uma mesma atividade possa "somar" tanto à dimensão pessoal como à dimensão profissional, por exemplo.

Por fim, o último vértice do nosso pentágono de desenvolvimento de lideranças integrais enfatiza a questão do *flow*, o estado de fluxo definido por Mihaly Csikszentmihalyi, que ocorre toda vez que executamos com a máxima atenção e em um nível de desempenho elevadíssimo uma atividade na qual temos um alto grau de habilidade.[57] Este estado pode ser obtido por meio da prática de esportes em alta performance (o famoso *runners high* é uma de suas variações), meditação ou outras práticas contemplativas e mesmo em nosso trabalho diário. Ele se caracteriza pelo acrônimo STER (*selflessness, timelessness, effortlessness and richness*), ou seja, trata-se de um estado no qual a pessoa perde a noção da separação entre sujeito e objeto, fica desconectada da percepção da passagem do tempo, desempenha uma atividade de altíssimo desempenho sem qualquer sensação de esforço e vivencia uma sensação de alegria a beatitude de profundo êxtase.[58] Embora se trate de um estado de consciência (e não um nível ou estágio de desenvol-vimento, como os que apresentei no início deste capítulo), conseguir entrar em um estado de *flow* de forma frequente contribui de maneira significativa para acelerar o processo de desenvolvimento da consciência, favorecendo o deslocamento do seu centro de gravidade para níveis cada vez mais

---

[57] CSIKSZENTMIHALYI, M. **Flow**: the psychology of optimal experience. Philadelphia: Harper Perennial, 2007.

[58] KOTLER, S.; WHEAL, J. **Stealing fire**: how silicon valley, the navy SEALs, and maverick scientists are revo-lutionizing the way we live and work. New York: Dey Street Books, 2018.

complexos em um espaço de tempo menor, além de proporcionar prazer, o que é fundamental ao longo do trajeto cheio de dificuldades e desafios.

Ao final desse processo mostrado, percebe-se que a grande maioria dos líderes conseguem ao menos experimentar o *mindset* de liderança integral (AMARELO ou TURQUESA) de forma temporária. Muitos passam a ter o centro de gravidade do seu pensamento em AMARELO e alguns, que já operavam em AMARELO ou TURQUESA, passam a operar em TURQUESA ou CORAL. Em geral, todos conseguem ampliar as habilidades diferenciais dos líderes integrais, tornando-se sua atuação mais alinhada às necessidades das nossas organizações, nossas famílias e nossa sociedade de forma geral. Líderes que operam em segunda camada possuem maior capacidade de resolução de problemas complexos, são mais criativos, aprendem em geral na metade do tempo dos líderes operando em níveis de consciência de primeira camada, possuem maior autoconhecimento e controle emocional, são mais flexíveis e mais focados e produtivos que os demais, o que os habilita a gestão da nova organização que emerge para lidar com o novo mundo VUCA.[59]

---

[59] GRAVES, C. **Let us bring humanistic and general psychology together**. New York: National Institute of Mental Health. (NIMH), 1973; BECK; COWAN, *op. cit.*; WILBER, *op. cit.*; FORMAN, J. P. **Integral leadership**: the next half-step. New York: Excelsior Editors, 2013; LALOUX, *op. cit.*; GOLEMAN, D. **Focus**: the hidden driver of excellence. London: Bloomsbury, 2013.

CAPÍTULO 8

ATENDENDO AO CHAMADO QUE VEM DE DENTRO

Anderson Neumann Pelegrino

Anderson é casado, tem uma filha e 31 anos de vida, sendo que 11 anos foram dedicados a experiências profissionais no setor industrial. Teve a oportunidade de passar por áreas técnicas e de desenvolvimento humano, realizando atividades na Suécia, França e Polônia. Graduado em Engenharia de Produção e pós-graduado em Engenharia de Produção Enxuta e Psicologia Organizacional tem como propósito se desenvolver e ajudar as pessoas a se desenvolverem influenciando positivamente em suas vidas, buscando assim contribuir para o desenvolvimento de uma sociedade melhor. Diariamente procura encontrar uma melhor versão de si mesmo, adquirindo novos conhecimentos e experiências. Defensor da psicologia positiva, de fazer o bem para receber o bem e de que o propósito é a energia propulsora da vida. Amante da natureza, tem no montanhismo e na prática de esportes a sua forma de alcançar o equilíbrio entre o corpo e a mente. Anderson é um integrador nato que preza estar com as pessoas que ama.

"Eu jamais iria para a fogueira por uma opinião minha,
afinal, não tenho certeza alguma.
Porém, eu iria pelo direito de ter e mudar de opinião,
quantas vezes eu quisesse".

Friedrich Nietzsche

Introdução

O último capítulo desta obra tem por objetivo trazer uma história real de um profissional que decidiu mudar de carreira, inicialmente em uma área técnica e depois indo para uma área de desenvolvimento de pessoas, contando quais foram as dificuldades, desafios, motivos e por fim o encontro de propósito alinhando satisfação pessoal e profissional. Propósito este que ganha um destaque dentro das próximas páginas, introduzindo o conceito criado por Viktor Frankl nomeado Logoterapia. Este conceito pode ajudar as pessoas que estejam enfrentando autoquestionamentos sobre a busca de entendimento de algo maior, como, por exemplo, a razão de ir todos os dias para o trabalho. Será citado também o processo de encontro de propósito do autor e os benefícios do entendimento e compreensão clara deste propósito.

Por fim, as últimas páginas trarão um exemplo prático, testado e implementado de desenvolvimento de habilidades comportamentais em um time de lideranças, focado no aumento de desempenho, alinhamento de prioridades e principalmente aumento de competência de times de trabalho, conseguindo assim uma maior integração e colaboração entre os envolvidos. Este modelo pode trazer benefícios para quem deseja tanto desenvolver suas habilidades comportamentais, como desenvolver um time específico de trabalho por meio de atividades práticas, autoavaliações e *team buildings* fora do ambiente corporativo, mas que simulam comportamentos do dia a dia. Durante o programa os líderes saíram da zona de conforto e compreenderam que com as fraquezas e virtudes individuais pode-se construir um time homogêneo baseado na diversidade, quebrando os muros departamentais e melhorando as conexões pessoais.

Uma história de quebra de paradigma profissional

Se você fizer uma rápida reflexão sobre os colegas e profissionais ao seu redor, provavelmente não terá muita dificuldade em logo classificá-los em dois grandes grupos. Um deles é o grupo dos que possuem grande conhecimento técnico, são referências em sistemas, métodos, ferramentas e são reconhecidos como especialistas. O outro grupo é formado das pessoas com mais habilidade nas ciências humanas, aqueles profissionais focados em comportamentos, desenvolvimento de gente e facilidade de relaciona-mento. Aqui gostaria de fazer uma reflexão: a qual dos dois grupos você pertence? Se achou a resposta de forma fácil e sem pensar muito é porque talvez você tenha uma oportunidade em desenvolver o lado que você não escolheu. Começo este capítulo com esta provocação para contar um pouco da minha história e da grande transição e mudança que vivi tanto na parte pessoal quanto na parte profissional, saindo de uma área técnica para uma área focada em desenvolvimento de pessoas e me tornando um agente de mudança. Assim, fiz do pensamento de Nietzsche[60] um dos meus lemas: "Eu jamais iria para a fogueira por uma opinião minha, afinal, não tenho certeza alguma. Porém, eu iria pelo direito de ter e mudar de opinião, quantas vezes eu quisesse.".

Comecei minha carreira profissional cedo. Lembro-me de ir ao trabalho com meu pai, que é eletricista residencial e industrial, desde os meus 12 anos. Nessa época ia mais para acompanhar porque sempre tive muita curiosidade de saber o que meu pai fazia quando saía cedo de casa e voltava tarde, pois muitas vezes não entendia porque não tinha um horário de trabalho fixo como o pai dos meus colegas. Depois fui entender que na maioria das vezes quando ele trabalhava para indústrias, era necessário iniciar as atividades no contraturno, ou seja, quando a fábrica estava parada. Já aos 15 anos me lembro de já executar algumas atividades mais complexas, tentando fazer o meu melhor para que ele se orgulhasse do trabalho que eu havia feito. Ganhar o próprio dinheiro foi muito bom, porém lembro que ele sempre deixou muito claro que minha prioridade eram os estudos e que ele queria me dar a oportunidade de fazer um curso superior, oportunidade esta que, infelizmente, ele não teve. Isso está na minha cabeça até hoje. Meu pai é meu exemplo de pessoa trabalhadora, dedicada naquilo que faz, com habilidades técnicas incríveis e um grande solucionador de problemas.

Nestes contatos com obras residenciais e industriais trabalhei muito próximo de outros profissionais do meio da construção civil, como pintores, pedreiros e encanadores. Olhando hoje estas experiências vejo que tudo teve um propósito.

Usei grande parte do que aprendi nesta fase da minha vida para trabalhar muito próximo do nível operacional e, quando me tornei Engenheiro de Produção alguns anos depois, sempre que possível, envolvi ao máximo os operadores ao tomar minhas decisões como engenheiro, pedindo opinião e expressando o problema que estava enfrentando. Isso me trouxe uma capacidade de ter muito mais acertos do que erros em minhas decisões e projetos.

---

[60] NIETZSCHE, Friedrich. **Humano, demasiado humano**. São Leopoldo: São Paulo: Companhia das Letras, 2005.

Quando saí do ensino médio me bateu aquele desespero que imagino que todos já devam ter sentido: E agora, o que vai ser da minha vida? Estava muito dividido entre a área de humanas e a área técnica. Minha grande vontade era de fazer o curso de Educação Física, sempre fui muito envolvido na escola com os esportes, em contrapartida as aulas de Física me encantavam devido à minha curiosidade de saber e entender como as coisas funcionam. Outra possibilidade era estudar Psicologia. Cresci com uma habilidade de me relacionar facilmente com as pessoas e em pouco tempo conseguir a confiança delas para ter a liberdade de dividir os problemas e sucessos pessoais. Esta habilidade eu herdei da minha mãe que possui grandes competências sociais, demonstrando interesse pelas pessoas e tive-a como exemplo de como ser uma pessoa sociável e de bom relacionamento.

Ao final do ensino médio decidi fazer a prova do Enem e, como toda prova dessas, aquela foi bastante cansativa e com questões infinitas só de enunciado. Depois de algum tempo recebi a nota e decidi tentar uma bolsa de estudos em alguma faculdade particular a partir da minha nota alcançada. Minha primeira decisão foi de cursar Educação Física, queria viver do esporte e poder ajudar as pessoas a atingir suas metas individuais, mas, para minha surpresa, depois de algum tempo recebi uma carta em casa de que fui aprovado e consegui uma bolsa de estudos na FAE para fazer este mesmo curso. Com certeza foi um dos dias mais felizes da minha vida, pois havia garantido uma sonhada vaga na universidade. Juntei a documentação necessária com meus pais e fui até a faculdade. Mas lá soube que o curso de minha escolha não teve alunos o suficiente e não abriu turma naquele ano, entretanto pela nota que havia alcançado pude escolher qualquer outro curso da instituição. Aí me bateu à porta a mesma dúvida de meses atrás: ir para um curso de humanas ou técnico? Por influência do meu pai, fui conversar com um engenheiro com muitos anos de experiência e ele me contou coisas muito positivas, apesar de ter me assustado falando que os primeiros anos do curso eram pesados e exigiriam muito estudo e dedicação da minha parte. Decidi então encarar um curso técnico: a Engenharia de Produção entrou na minha vida para nunca mais sair, apesar de ter toda a base de cálculo e física no início do curso, ela tornou-se forte em gestão e com algumas matérias focadas para o lado humano, o que me deixou muito feliz e aumentou a minha identificação com o curso.

Os cinco anos de engenharia com certeza me ajudaram a moldar a pessoa que sou hoje. Costumo dizer que o curso é uma ótima preparação para desenvolver a habilidade de resolver problemas, olhar as situações de perspectivas diferentes e dar um forte embasamento técnico. Foram incontáveis fins de semana de estudo, trabalhos, algumas finais e enfim o TCC. Lembro também de uma frase de um famoso professor da instituição: "O engenheiro é forjado na privação e no sofrimento". Na faculdade fui um aluno dedicado, daqueles que ficam depois da aula conversando com o professor, fiz das palavras do meu pai minha filosofia de vida, prioridade para os estudos e valorizar a oportunidade que eu tive.

Parei de trabalhar como eletricista quando estava no segundo ano da faculdade, tinha 19 anos e então fui atrás do meu espaço no mercado de trabalho como estagiário de engenharia. Passei por diversas áreas e empresas de diversos ramos, até que tive a oportunidade de efetivação como engenheiro de produção aos 23 anos já com a faculdade concluída.

Foi um dia que marcou muito a minha vida: a primeira experiência como funcionário eu jamais esquecerei, pois agora assumiria grandes projetos e por consequência a minha responsabilidade também aumentaria. Lembro de todos os detalhes deste dia: era um dia de verão, o sol estava forte e o céu azul, lembro da ligação para meus pais e da ligação para minha namorada nesta época e atual esposa, Renata.

Como engenheiro de produção vivi momentos únicos e exerci grande parte dos conhecimentos técnicos que aprendi na faculdade, tive grandes oportunidades de desenvolvimento e de liderar projetos importantes. Projetos estes tanto relacionados com a introdução de novos produtos na linha de montagem, quanto alterações de *layout* industrial com investimentos de alguns milhões de reais. E aqui dou uma ênfase no contato próximo ao nível operacional que tive quando adolescente. Na minha visão ninguém conhece mais dos processos produtivos do que os operadores, por isso eles sempre foram e serão profissionais que me ajudaram e ajudam muito na minha carreira e na minha tomada de decisões. Chegamos inclusive a ganhar um campeonato interno de futebol no qual eu fui parte do time do pessoal do chão de fábrica e segundo eles foi a primeira vez que um engenheiro jogou com eles.

Neste cargo também tive a possibilidade de trabalhar em projetos globais e em grupos de compartilhamento de boas práticas com as plantas do grupo na Suécia e na Polônia. A minha primeira viagem para a Europa a trabalho também foi um marco na minha carreira. Quando fiz a minha primeira apresentação em inglês para um grupo gerencial na Suécia tive uma reflexão que algo diferente estava acontecendo e que estava de fato crescendo na carreira, até então não tinha me imaginado em tal posição que quando adolescente me parecia tão distante.

Ainda nesta posição fiz uma pós-graduação técnica voltada para o desenvolvimento de sistemas de produção por meio dos conceitos da produção enxuta, conhecimento este que me ajudou a conseguir uma nova posição dentro da empresa depois de alguns anos.

O tempo passou e com sete anos na mesma posição comecei a sentir um desconforto em trabalhar com a área técnica, apesar de me sentir feliz e realizado, algo me dizia que aquele não era o meu propósito, e conforme os dias e semanas passavam o desconforto interno começou a tomar conta. Procurei algumas oportunidades fora da empresa e tentei algumas outras internas, não tive sucesso nos processos seletivos, acredito que pelo fato de ter me tornado uma pessoa muito técnica. Era hora de mudar. O chamado que vinha de dentro era mais forte do que eu e precisava sair da minha zona de conforto para buscar algo maior, algo que me trouxesse o desafio, o motivador e o propósito de acordar cedo todos os dias para ir ao trabalho.

Quando eu menos esperava aconteceu uma das grandes sincronicidades da vida (eventos aleatórios que acontecem para um propósito maior, conceito de Jung), já havia demonstrado meu interesse em trabalhar na área de desenvolvimento de sistemas de produção, mas por ser uma área com poucos profissionais, precisava que alguém fosse para outra área para abrir uma oportunidade. E foi exatamente o que aconteceu. Depois de uma grande reestruturação organizacional recebi um convite para mudar de área e de cargo. Nessa nova atividade vi uma oportunidade de desenvolvimento, não somente da área técnica, mas também da área de humanas. Uma das principais funções deste cargo é atuar como agente de transformação na organização, propondo e suportando mudanças estruturais, pensando de forma estratégica para a melhoria de performance da empresa e desenvolvendo pessoas. Logo nas primeiras reuniões e atividades percebi que não tinha todo o conhecimento necessário e ainda não estava preparado para tal desafio, notei que precisava aumentar meu entendimento de relações humanas no trabalho e desenvolver minhas habilidades comportamentais. Percebi então a necessidade e importância da multidisciplinaridade, não ser mais uma pessoa de referência técnica, mas também conhecedor de desenvolvimento humano e ser reconhecido como tal.

SER HUMANO: DO UNO AO INTEGRAL.
COMO SE TORNAR UM LÍDER 4.0 E ALCANÇAR RESULTADOS EXTRAORDINÁRIOS

Resolvi pesquisar o mercado e entender qual tipo de conhecimento poderia me ajudar em minha nova jornada e voltei à época de adolescência. Lembrei da minha vontade em estudar Psicologia, então esta foi a primeira opção que veio à mente: que tal combinar um curso de Psicologia aplicada ao ambiente organizacional? Foi isso que encontrei na FAE. O bom filho à casa torna. Achei no curso de Psicologia Organizacional o que procurava, logo no início me empolguei com matérias de autoconhecimento, relacionamento interpessoal, gestão da intuição... Esta foi outra decisão que mudou minha vida, entrei de cabeça e com todas as minhas forças neste novo campo do conhecimento, que é um novo mundo para um engenheiro acostumado a lidar com as questões de forma lógica, racional e cartesiana. Acostumado a ter ferramentas ou métodos para resolver os problemas, vi que neste novo campo precisava expandir minha visão de mundo e entender de forma clara o meu propósito de vida, ver que sou uma pequena parte do todo e que me conhecendo mais poderia me tornar uma pessoa melhor, capaz de mudar o meio em que vivo e atuar de forma efetiva como um agente de transformação, não só de estruturas organizacionais, não só melhorando a performance da empresa, mas também ajudando as pessoas a se desenvolverem e buscando uma versão melhor de mim mesmo a cada dia que passa.

Durante esta mudança, encontrei algumas resistências. Perguntas do tipo: "O que um engenheiro está fazendo em um curso de psicologia?", foram recorrentes nos primeiros meses de curso, era engraçado também nas primeiras aulas durante o curso que na apresentação pessoal quase sempre eu era o único com formação em exatas, o que algumas vezes incitava a curiosidade em algumas pessoas e em outras, um certo espanto. Hoje percebo que sair do padrão é difícil e gera desconforto, mas ao mesmo tempo percebo que grandes ideias, invenções e quebras de paradigmas aconteceram quando alguém quebrou o padrão e buscou o novo. Tivemos inúmeros exemplos de quebra do padrão no meio científico, cito aqui o exemplo do grande gênio Nikola Tesla, que travou uma das maiores batalhas no meio científico com Thomas Edison, conhecida como "guerra das correntes", propondo que a melhor forma de transferir energia elétrica para grandes distâncias era usando a corrente alternada, e não a contínua como dito por Edison, um grande inventor e empresário consolidado da época. Como resultado desta "guerra", usamos a corrente alternada até hoje para receber energia elétrica em nossas casas. Outra grande quebra de paradigma no mundo científico se deu quando Albert Einstein virou a física clássica de cabeça para baixo, lançando a sua teoria da relatividade, estabelecendo um novo padrão e uma diferente forma de ver o mundo, afinal de contas tudo é relativo.

Encontro de propósito

Quando iniciei meus estudos na Psicologia comecei a receber perguntas das quais não tinha a mínima ideia da resposta. Lembro claramente da primeira vez que ouvi a reflexão: "Você sabe qual é o seu propósito de vida?". Confesso que no início achei meio vago e sem sentido, não entendia a profundidade da pergunta e não estava preparado para achar uma resposta usando o meu pensamento lógico e cartesiano. Por vezes já havia me perguntado sobre isso, principalmente na fase da adolescência, tentando entender o meu papel na sociedade e no mundo. Certa vez me peguei perdido em meus pensamentos e decidi que aquilo não estava me fazendo bem, ia esquecer essa história e seguir a minha vida. Nesta fase não tinha maturidade e nem vivência o suficiente para entender uma questão dessa magnitude. Quinze anos depois quando comecei novamente a ter as mesmas reflexões, agora uma pessoa mais madura, me senti pronto para embarcar nessa jornada, e chamo de jornada porque ela só tem início e não tem fim.

Conforme fui passando pelas matérias da pós-graduação o meu desconforto foi aumentando por ainda não ter essa resposta: pedi sugestões de leitura para os professores, pesquisava na internet, queria achar algo mais prático, algum caso real de alguém que tenha encontrado o seu propósito. Foi então que recebi uma dica preciosa da professora Eunice para ler o livro *Em busca de sentido: um psicólogo no campo de concentração*, de Viktor Frankl,[61] no qual o autor compartilha suas experiências quando ficou aprisionado em campos de concentração nazistas e iniciou seus pensamentos relacionados à logoterapia.

Hoje percebo que não encontrei essa resposta somente após ler o livro, mas sim depois de uma construção de todas as leituras que fiz, as reflexões em sala de aula, o meu nível de maturidade, conversas com pessoas mais experientes, mas o livro foi a faísca necessária para me despertar para uma nova fase da minha vida.

Terminei de ler o livro em 10 dias, como de costume fiz a leitura com um lápis na mão, aproveitando para sublinhar, rabiscar e adicionar meus

---

[61] FRANKL, Viktor. **Em busca de sentido**: um psicólogo no campo de concentração. São Leopoldo: Sinodal; Petrópolis: Vozes, 2017.

comentários e perguntas no livro. Posteriormente li-o novamente, dando ênfase aos pontos marcados por mim.

Trago aqui alguns comentários do livro de Frankl (2017), citado anteriormente e espero que eles possam ajudá-lo com a mesma intensidade na qual me ajudou.

A busca do indivíduo por um sentido é a motivação primária em sua vida. Esse sentido é exclusivo e específico, uma vez que precisa e pode ser cumprido somente por aquela determinada pessoa. Nada no mundo contribui tão efetivamente para a sobrevivência, mesmo nas piores condições, como saber que a vida da gente tem um sentido. Há muita sabedoria nas palavras de Nietzsche, retirada do livro de Frankl:[62] "Quem tem por que viver suporta quase qualquer como". Nos campos de concentração nazistas, Frankl testemunhou que aqueles que sabiam que havia uma tarefa esperando por eles tinham as maiores chances de sobreviver. O sentido da vida difere de pessoa para pessoa, de um dia para o outro, de uma hora para outra. O que importa, não é o sentido da vida de um modo geral, mas antes o sentido específico da vida de uma pessoa em dado momento. Cada qual tem sua própria vocação ou missão específica na vida; cada um precisa executar uma tarefa concreta, que está a exigir realização. Nisso a pessoa não pode ser substituída, nem pode sua vida ser repetida. Uma vez que a busca de sentido por parte do indivíduo é bem-sucedida, isto não só o deixa feliz, mas também lhe dá a capacidade de enfrentar o sofrimento.

Um conceito de Frankl que me ajudou a entender os impactos de não saber o sentido da vida é chamado por ele de "vazio existencial". O vazio existencial é um fenômeno muito difundido no século XX, que se manifesta principalmente num estado de tédio. E estes problemas estão se tornando cada vez mais agudos, uma vez que o crescente processo de automação provavelmente conduzirá a um aumento das horas de lazer dos trabalhadores, podendo causar uma falta de sentido. O ser humano é uma criatura responsável e precisa realizar o sentido potencial de sua vida. O verdadeiro sentido da vida deve ser descoberto no mundo, e não dentro da pessoa, como se fosse um sistema fechado. O sentido da vida sempre se modifica, mas jamais deixa de existir.

De acordo com a logoterapia, podemos descobrir esse sentido na vida de três formas diferentes:

---

[62] *Idem.*

- Criando um trabalho ou praticando um ato;

- Experimentando algo ou encontrando alguém;

- Pela atitude que tomamos em relação ao sofrimento inevitável.

Um fato real dos impactos gerados pelo vazio existencial ocorrido na semana entre o Natal de 1944 e o Ano Novo de 1945 foi quando irrompeu no campo de concentração uma mortalidade jamais vista anteriormente. As causas dessa não foram pelas condições de trabalho ou de alimentação, ou numa eventual alteração climática ou mesmo novas epidemias. Antes, a causa dessa mortalidade em massa devia ser procurada exclusivamente no fato de a maioria dos prisioneiros terem se entregue à habitual e ingênua esperança de estar de volta em casa já no Natal. Como, porém, as notícias dos jornais fossem tudo menos animadoras, ao se aproximar aquela data, os reclusos foram tomados de desânimo e decepção gerais, cuja perigosa influência sobre a capacidade de resistência dos prisioneiros se manifestou justamente também naquela mortandade em massa daquele período. Quando fui avançando com a leitura, percebi que encontrar o sentido e o propósito talvez não fosse tão difícil assim, dependia muito mais de mim mesmo do que de qualquer outra pessoa. Era necessário aumentar o meu nível de autoconhecimento, me autoperceber em minhas atitudes, e entender o que me faz bem, e qual de fato é o meu papel na sociedade. Depois de entender tudo isso, ficou mais fácil compreender o meu propósito no atual momento da minha vida. Hoje, estou nesse mundo para me desenvolver, aprender sempre e a partir do meu aprendizado poder ajudar outras pessoas a se desenvolverem. O que mais me impressionou depois de descobrir isso é o quanto esse sentido moldou os meus âmbitos pessoais e profissionais, pois fiz do meu propósito a bússola da minha vida, cada vez que vou tomar uma decisão importante me questiono se isso até alinhado com o meu propósito. Afastei-me de algumas pessoas com comportamentos adversos aos meus pensamentos, mas que antes tolerava por educação, fiz novas amizades com outras pessoas maravilhosas que compartilham do mesmo propósito, aumentei meu engajamento em projetos sociais, principalmente aos relacionados à educação, que para mim é a única forma de melhorar o país em que vivemos. Em resumo: o propósito direcionou as minhas ações, mudou meu comportamento, minha forma de ver o mundo e me guiou para o que de fato quero para mim.

Fiz outra leitura enriquecedora, do livro *O jeito Harvard de ser feliz*, de Shawn Achor[63] que escreve sobre a importância e os impactos da psicologia positiva em nossas vidas.

A definição de felicidade é basicamente como a experiência de emoções positivas, prazer combinado com um senso mais profundo de sentido e propósito. A felicidade implica um estado de espírito positivo no presente e uma perspectiva positiva para o futuro. Martin Seligman, o pioneiro da psicologia positiva, citado no livro de Shawn Achor (2012), a segmentou em três componentes mensuráveis: prazer, envolvimento e senso de propósito. Seus estudos confirmaram (apesar de a maioria de nós já saber disso intuitivamente) que as pessoas que buscam apenas o prazer vivenciam somente parte dos benefícios que a felicidade pode trazer, enquanto aquelas que buscam os três caminhos têm a vida mais plena. Para mim, felicidade é a alegria que sentimos quando buscamos atingir nosso pleno potencial.

A combinação destas literaturas me fez acreditar que propósito e felicidade estão intimamente conectados, para nos tornarmos melhores seres humanos e conseguirmos mudar o meio em que vivemos, estes conceitos podem nos ajudar a atingir a plenitude.

De forma natural as habilidades de *coaching* foram tornando-se fáceis para mim, busquei literaturas para melhorar meu entendimento e quando me dei conta, algumas pessoas na organização estavam me pedindo para ajudá-las no direcionamento de carreira e desenvolvimento pessoal. O primeiro trabalho de *coaching* foi muito gratificante, inicialmente pensava que precisaria ter cargo de liderança para ajudar a guiar carreiras. Com o tempo percebi que alguns líderes surgem de maneira espontânea e que as pessoas ao redor reconhecem, se identificam e se espelham quando encontram uma referência. Mesmo que essas pessoas não tenham cargos de liderança, os líderes informais podem ser tão efetivos quanto os formais em uma mudança organizacional e no desenvolvimento de pessoas. Percebi também que pequenas atitudes positivas do dia a dia foram motivos decisivos para me tornar uma referência para algumas pessoas.

Entendo que o autoconhecimento é parte importante para conseguir ajudar no desenvolvimento de outras pessoas, compartilho da opinião de Nietzsche[64] sobre este assunto:

---

[63] ANCHOR, Shawn. **O jeito Harvard de ser feliz**. São Paulo: Saraiva, 2012.

[64] NIETZSCHE, *op. cit.*

> Para se relacionar plenamente com o outro, você precisa primeiro relacionar-se consigo mesmo. Se não conseguimos abraçar nossa própria solidão, simplesmente usaremos o outro como um escudo contra o isolamento. Somente quando consegue viver como a águia, sem absolutamente qualquer público, você consegue se voltar para outra pessoa com amor; somente então é capaz de se preocupar com o engrandecimento do outro ser humano.

Desenvolvendo habilidades comportamentais

Este é um assunto bem atual e que frequentemente tem aparecido em revistas, jornais, sites da internet e rodinhas de conversa nas empresas. Por se tratar de um tema recente e que tenho grande interesse, escolhi este assunto para fazer meu trabalho de conclusão de curso da pós-graduação em Psicologia.

O trabalho se trata de um caso real de uma metodologia criada para desenvolvimento de habilidades comportamentais, na mesma empresa que falei no capítulo um que tive a oportunidade de ser efetivado e que tem por característica a predominância de funcionários com formação em cursos de exatas, tendo assim o pensamento cartesiano forte influência na organização.

Percebi que trabalhar com o desenvolvimento de habilidades comportamentais é de extrema importância, pois, as equipes não são constituídas apenas de competências técnicas, mas também de habilidades humanas que contribuem para uma melhoria das relações interpessoais.

Uma frase que já ouvi algumas vezes na minha carreira é de que as empresas normalmente contratam pelo conhecimento e competências técnicas e demitem pelo comportamento ou deficiência das habilidades comportamentais.

O desenvolvimento das habilidades comportamentais é um grande desafio do profissional contemporâneo, a mudança precisa ser interna, exige autoconhecimento e normalmente é desconfortável. Por toda a dificuldade envolvida, muitos tentam mudar, mas poucos efetivamente estão dispostos a dispender a energia necessária para tal.

Para ajudar no desenvolvimento dessas competências tão comentadas é preciso ter foco e disciplina.

Hard skills são habilidades técnicas e podem ser denominadas de "o que você sabe". São habilidades tais como: programação, sistemas, redes, língua estrangeira, dentre outras. Costumo chamar de habilidades que você aprende pelo Google.

As competências comportamentais ou conhecidas como *soft skills* são as habilidades necessárias para você obter sucesso no seu ambiente de trabalho. Pode ser denominado de "como você as usa". São habilidades interpessoais, humanas, pessoais, comportamentais que são necessárias para aplicar da melhor forma as habilidades técnicas no seu ambiente de trabalho, tais como: comunicação, negociação, audição, apresentação, forma de resolver os problemas e tomar decisões. Em geral, são difíceis de ser desenvolvidas por existir a necessidade de um melhor autoconhecimento.

A empresa estudada traz em sua cultura a autonomia como pilar. No ano de 2000 teve início a implementação do programa de melhoria contínua baseado nos pilares do Sistema Toyota de Produção. Após a consolidação das novas práticas e implementação de ferramentas de otimização de processos, a planta de Curitiba tornou-se referência global em índices de produtividade, segurança e qualidade.

Diante de um mercado cada vez mais competitivo e para fortalecimento da cultura da melhoria contínua dos processos, a empresa estudada decidiu buscar melhorar resultados por meio da implementação da metodologia do *World Class Manufacturing* (WCM). A metodologia baseia-se na criação de "Áreas de Foco" que definem sete passos para melhoria e otimização dos processos para cada departamento. No momento do estudo deste trabalho a empresa estava trabalhando com 11 "Áreas de Foco".

As 11 áreas de foco são:

- Segurança: busca a melhoria das condições de trabalho, com o objetivo de zero acidentes;

- Meio ambiente: busca a redução dos impactos ambientais seguindo conceitos de fábricas sustentáveis;

- Desdobramento de custos: identifica e estratifica os maiores custos da empresa;

- Melhoria focada: gerencia e implementa os projetos de redução de custos e mantém viva a cultura da melhoria contínua;

- Manutenção autônoma: gerencia as atividades de manutenção que são realizadas pelo nível operacional;

- Manutenção profissional: gerencia as atividades de manutenção profissional buscando a quebra zero dos equipamentos;
- Organização do posto de trabalho: busca a redução dos desperdícios para otimização da produtividade e organização dos equipamentos na estação de trabalho;
- Logística: gerencia os fluxos logísticos de peças buscando a disponibilidade de peças no tempo e quantidade correta;
- Comunicação: comunica as informações relevantes da empresa a partir de diversos meios;
- Desenvolvimento de pessoas: gerencia as competências necessárias na empresa buscando o seu desenvolvimento, por meio de treinamentos e educação formal;
- Qualidade: busca garantir a qualidade de peças de fornecedores externos e também a qualidade interna nos processos produtivos.

A empresa está trabalhando com as 11 Áreas de Foco desde 2016. Para cada uma, existe um líder que tem como responsabilidade gerenciar seus respectivos times para atingimento de resultados e metas da empresa.

Os líderes das áreas de foco possuem alta qualificação profissional com formação em Engenharia, Administração e Jornalismo, alguns possuem pós-graduação e mestrado. O tempo de casa varia de três a 25 anos, sendo homens e mulheres que possuem cargos de liderança entre um a 13 anos. Todos alcançaram ótimos resultados individuais em seus respectivos times, mas ainda com oportunidades para aumentar a visão holística da empresa e integração maior com as outras áreas de foco.

Nesta etapa, em discussão com o RH da empresa e aprovação da alta liderança, decidimos por dar um passo à frente. Fui nomeado líder deste projeto e desafiado a trazer algo novo para aumentar o engajamento dos líderes e estabelecer uma equipe de alta performance. O projeto foi baseado no mapeamento e desenvolvimento de competências comportamentais (*soft skills*) para o time dos líderes das áreas de foco.

Mapeamento das competências

Para o mapeamento das competências comportamentais dos líderes das áreas de foco, primeiramente foram selecionadas as competências com base no livro *For Your Improvement*.[65] Em seguida, foram feitas as avaliações dos membros em conjunto da liderança imediata deles e o gerente de sistemas de produção.

A avaliação foi baseada em um critério de 1 a 6, sendo que: 1 corresponde a Iniciante, 2 corresponde a Básico, 3 corresponde a Eficiente, 4 corresponde a Altamente Qualificado, 5 corresponde a *Expert* e 6 corresponde a Guru.

As 10 competências selecionadas para desenvolvimento foram:

- Criatividade;
- Direcionando outras pessoas;
- Gestão de inovações;
- Motivando os outros;
- Perseverança;
- Definição de prioridades;
- Orientado para os resultados;
- Formação de equipes eficazes;
- *Lean coach* (esta competência não está no livro *For Your Improvement*);
- Trabalho em equipe (esta competência não está no livro *For Your Improvement*).

Como resultado desta atividade, foi criada a matriz de competências comportamentais do time, em que foi possível visualizar os *gaps* para cada competência e quais deveriam ser priorizadas para desenvolvimento.

Ao final desta etapa foi possível identificar os *gaps* do time: *coach*, trabalho em equipe e motivando os outros.

---

[65] LOMBARDO, Michael M.; EICHINGER, Robert W. **FYI For Your Improvement**. Minneapolis: Lominger Ltd Inc., 2000.

Fechando os *gaps* de competências comportamentais

Para desenvolvimento dos *gaps* de competências traçamos um plano de ação em conjunto com o RH e aprovado pela alta direção, focado na melhora dos resultados e maior integração entre líderes.

1. Atividade prática: chefe por um dia

A primeira ação que fizemos foi baseada em um *team building* chamado de "Chefe por um Dia". Os líderes das áreas de foco tiveram que preparar um almoço para o time gerencial da empresa com a ajuda de uma chefe de cozinha profissional que ajudou a estabelecer o cardápio completo. Eles tiveram que se dividir em quatro grupos distintos, sendo: grupo 1 para elaboração das entradas; grupo 2 elaboração do prato principal; grupo 3 elaboração da sobremesa e grupo 4 elaboração dos drinques. Para atingimento do objetivo eles tiveram que trabalhar como uma equipe de alta performance: definindo líderes, estabelecendo atividades, tempos para cada atividade e também garantindo uma boa qualidade do produto final. A equipe teve três horas para executar todas as atividades e entregar as refeições prontas no mesmo momento. As refeições estavam ótimas e foram entregues no tempo estabelecido, mas percebi que existiam oportunidades de melhorar a habilidade de trabalho em equipe: eles precisavam ter um melhor contato pessoal para aumentar a confiança no time.

Nesta experiência eles tiveram a oportunidade de vivenciar o sentimento de comportamento e pensamento coletivo para compreender a importância de se trabalhar como um time. Esta etapa foi focada no desenvolvimento de duas principais competências: trabalho em equipe e motivando os outros.

2. Atividade prática: construindo a confiança

Outra etapa foi baseada na construção da confiança. Durante a primeira atividade ficou evidenciado que os membros do time se conheciam muito bem no âmbito profissional, mas sem qualquer tipo de contato e conhecimento pessoal.

Para mim, a confiança é importante para abrir discussões, desenvolver-se mais rapidamente, apresentar maior originalidade, maior autocontrole e menos resistência à mudanças. A confiança, ou a falta dela, é determinante no nível de eficácia da resolução de problemas.

Neste outro *team building* propusemos aos membros do time que respondessem quatro perguntas em um *flipchart* e se apresentassem para todos os outros membros. No início foi estabelecido um contrato de informalidade, abertura para perguntas, não uso de computador e celular, sinceridade e transparência. As quatro perguntas foram:

- Quem sou eu?
- Coisas que vocês não sabem sobre mim.
- Qual a principal razão que me faz acordar cedo todos os dias para vir ao trabalho?
- Coisas que eu gosto de fazer nas minhas horas livres.

Após todas as apresentações foi organizado um churrasco com todos para aumentar o sentimento de time de alta performance, construção de confiança e trabalho em equipe.

Ao final desta etapa percebi que algo diferente começou a acontecer. Os contatos se tornaram mais próximos, algumas barreiras foram quebradas e o relacionamento melhorou consideravelmente, inclusive membros que antes tinham receio em expor suas opiniões agora já começaram a se expor de forma natural e serem aceitos pelo time. São melhorias fáceis de se sentir, mas difíceis de se medir.

3. Atividade prática: avaliação da equipe

Para a terceira atividade relacionada ao desenvolvimento de *soft skills*, houve um convite para que uma coach sênior fizesse parte do time de trabalho para guiar o grupo em busca do desenvolvimento de competências comportamentais.

A primeira atividade consistiu em entrevistas individuais com líderes com perguntas básicas para identificação de possíveis pontos de melhoria da equipe:

- Tempo de casa;
- Tempo na função;
- Qual a atividade que você mais gosta de fazer no seu trabalho;
- O que significa desenvolver pessoas;
- Como você julga o seu desenvolvimento na empresa;
- Quais são possíveis pontos de melhoria na equipe que você atua.

A segunda etapa foi baseada em um questionário individual com 40 perguntas, que os membros da equipe tiveram que responder, tomando como referência a pergunta: "Como você se enxerga dentro da sua equipe?". O questionário aplicado tinha perguntas relacionadas ao atingimento de metas, expectativas, decisões, diversidade, iniciativa, dentre outras.

Os líderes se autopontuaram baseados em critérios de 1 a 5 para cada pergunta, sendo 1 "eu preciso melhorar", 3 "eu sou bom o suficiente" e 5 "eu sou muito bom".

Após responder cada pergunta, o membro deveria somar os pontos das respostas "a" e "b" para cada uma das 40 perguntas. Depois de receber todos os questionários os dados foram tabulados e tivemos o seguinte resultado referente ao perfil do time dos líderes das áreas de foco, identificando pontos a serem trabalhados:

	Habilidades	Ruim			Bom			Alto		
Entendendo o time	1. Entendimento das metas	2	3	4	5	6	7	**8**	9	10
	2. Entendimento das responsabilidades	2	3	4	5	6	7	**8**	9	10
	3. Entendimento da forma de trabalho	2	3	4	5	6	7	**8**	9	10
	4. Respeita as diferenças	2	3	4	5	6	7	8	**9**	10
Demonstrando	5. Coloca o time em primeiro lugar	2	3	4	5	6	7	**8**	9	10
	6. Suporta as decisões do time	2	3	4	5	6	7	8	**9**	10
	7. Se dá bem com os outros	2	3	4	5	6	7	**8**	9	10
	8. Atende às expectativas do time	2	3	4	5	6	7	**8**	9	10
	9. Representa o time	2	3	4	5	6	7	**8**	9	10
Responsabilidade pessoal	10. Toma iniciativa	2	3	4	5	6	7	**8**	9	10
	11. Desenvolvimento de competências	2	3	4	5	6	7	**8**	9	10
	12. Trabalhar com a mudança	2	3	4	5	6	7	**8**	9	10
	13. Aceita feedback	2	3	4	5	6	**7**	8	9	10
	14. Lidar com o estresse	2	3	4	5	6	7	**8**	9	10
Desenvolver o time	15. Liderança descentralizada	2	3	4	5	**6**	7	8	9	10
	16. Contribuir com ideias	2	3	4	5	6	**7**	8	9	10
	17. Dá feedbacks construtivos	2	3	4	5	**6**	7	8	9	10
	18. Coaching	2	3	4	5	**6**	7	8	9	10
	19. Construir a confiança	2	3	4	5	6	7	**8**	9	10
	20. Aprender com os erros	2	3	4	5	6	7	**8**	9	10

Quadro 1 – Pontos a serem trabalhados pelos líderes das áreas de foco

Fonte: o autor

A partir dos perfis individuais dos líderes, o mapeamento de competências comportamentais mais o questionário sobre a equipe, foi possível identificar um perfil do time, sua maturidade e pontos de melhoria.

Neste momento os líderes das áreas de foco trabalharam por um dia completo para entender melhor a importância do desenvolvimento de competências comportamentais. Uma nova forma de desenvolvimento foi o aprendizado coletivo e a ressignificação dos fóruns entre os membros do time para crescimento e melhoria contínua das competências dos líderes. Para mim, o diferencial desta etapa foi o time propor ideias para melhorar o próprio time, como eles poderiam melhorar o seu próprio trabalho e aumentar a integração. Senti o engajamento de todos na busca pela construção de algo novo.

4. Atividade prática: motivando os outros – releitura de uma reportagem

Para trabalho com a competência de "motivando os outros", propusemos uma atividade em que os membros foram divididos em trios, nos quais cada um teve que escolher reportagens em jornais espalhados pela sala. Após a escolha, cada membro teve que recontar a história com as suas próprias palavras, testando assim sua capacidade de comunicação, prender a atenção dos demais membros e também motivar os outros a querer saber a continuidade da reportagem. Após a apresentação de cada membro, os demais ficaram com a tarefa de dar feedbacks sobre a apresentação, focando na energia, entusiasmo e qualidade da informação repassada.

5. Atividade prática: trabalhando o coaching por intermédio de diálogos guiados

Para esta etapa mais uma vez o time foi dividido em trios, com um papel a ser desempenhado, conforme a seguir:

- Líder: responsável por trazer uma situação crítica profissional ou um problema particular real para ser discutido com a equipe.

- Coach: auxilia o líder a partir da utilização de perguntas abertas para que esse encontre uma solução para o problema apresentado;

- Observador: observa o diálogo em silêncio, documentando o que vê, depois dá o seu feedback tanto para o líder quanto para o coach de como foram suas respectivas atuações.

Após 10 minutos de diálogo e cinco minutos para o feedback, os membros trocaram de posições, até que todos os membros passassem pelos três papéis diferentes.

Esta atividade foi importante para aumentar o conhecimento da metodologia e também a aplicação do coaching nas reuniões e fóruns diários. Outro fator desenvolvido foi a liberdade e abertura para dar e receber feedbacks dentro do time. Atuar como coach pode ser difícil, pois, a tendência é dar a resposta em vez de fazer as perguntas certas para que a pessoa chegue à conclusão por ela mesma, isso exige conhecimento, disciplina e foco no desenvolvimento das pessoas.

6. Atividade prática: construindo uma ponte – validação do time de trabalho

Esta foi uma atividade que participei durante a pós-graduação em Psicologia e que me marcou muito. Logo após ter participado, tinha comigo que seria uma ótima dinâmica para aplicar em ambientes organizacionais, até que então encontrei a oportunidade adequada para tal.

Após a conclusão das atividades e *team buildings* decidimos por fazer um exercício para validação da competência trabalho em equipe.

De início todos os líderes foram colocados em uma sala e a primeira dinâmica foi para a escolha dos líderes dos grupos, que foi baseada da seguinte forma:

- Cada membro do time escolhe um líder;
- Em seguida justifica sua escolha ressaltando uma característica da pessoa que ela mais admira;
- Os três líderes mais votados são selecionados para exercer a liderança em três grupos distintos compostos cada um por três membros durante as atividades que viriam na sequência.

Após a escolha dos líderes, expliquei a dinâmica da atividade que se baseou em:

- Todos fazem parte de uma mesma equipe, sendo assim elas não competem entre si;
- As equipes devem fazer um projeto de uma ponte, sendo que elas não podem ser iguais entre as três equipes;
- As pontes servirão para transporte de caminhões carregados com materiais diversos;

- Após a construção, as pontes serão testadas baseadas em cinco requisitos: qualidade, funcionalidade, custo, estética e segurança (a ponte terá que suportar peso de dois quilos);

- Se uma ponte cair o contrato não será fechado e todos os times saem perdendo;

- Foi estipulado um valor máximo de custo para construção das pontes. Sabendo qual seria a atividade, neste momento foi feita a divisão das equipes. Os líderes selecionaram as competências básicas para construção de uma ponte e a partir disso mapearam as competências dos demais membros, dividindo as equipes fazendo da diversidade um ponto em comum. Foram colocados em times separados pessoas com diferentes formações e departamentos, deixando as equipes com ao menos uma pessoa formada em engenharia e nesta fase foi avaliada também a capacidade de trabalho com a diversidade dos times;

- Fazer um planejamento das atividades e de gastos para construção da ponte, sendo que cada material possui um custo específico (para esta etapa foi estabelecido o tempo de 30 minutos);

- As pontes precisam ter as seguintes medidas: 50 cm de comprimento, 10 cm de largura (no topo da ponte) e 40 cm de altura;

- Apresentar protótipo da ponte mediante desenho. Cada líder apresenta a ponte de seu time para conhecimento de todos os membros;

- Construção das pontes baseados nos critérios estabelecidos, planejamento executado e de acordo com o protótipo apresentado (para esta atividade foi estabelecido o tempo de 45 minutos).

Foram selecionados inspetores de qualidade para medir as cotas das pontes e verificar a efetividade do projeto. Foi colocado então peso de dois quilos em cada ponte para validação estrutural e de segurança. Esta avaliação foi feita colocando um livro e um notebook sobre as pontes.

Como conclusão dessa atividade, foi possível perceber que o time trabalhou de forma sólida o espírito de trabalho em equipe, de forma rápida juntaram as mesas com o objetivo de trabalhar em apenas uma grande equipe, compartilhando os recursos e materiais. Em nenhum momento os recursos foram utilizados por apenas uma equipe. Outro ponto forte foi o diálogo durante a elaboração do planejamento, os líderes fizeram as apresentações dos projetos e também dos custos de forma conjunta.

Como resultado da atividade, todas as equipes atenderam as especificações e com custo abaixo do estabelecido, entretanto, a ponte da equipe 3 estava com uma estrutura frágil e não suportou o peso de dois quilos.

Após a atividade, foi exercitado o feedback. Primeiramente os feedbacks foram feitos dentro dos pequenos times, após esta etapa foram reunidos todos os membros no grande time e feitas as seguintes perguntas individualmente, primeiramente para os membros dos times e depois para os líderes:

- Qual foi a percepção sobre a execução do trabalho e dos resultados obtidos?
- Qual foi o ponto de destaque do time?
- Qual é o aprimoramento que precisamos como time colocar em prática?
- Como foi liderar durante esta atividade?

As respostas foram unânimes, sendo que o ponto mais forte foi o sentimento de trabalho em equipe, apesar de não conseguirem entregar as três pontes de acordo com o estabelecido. A maior oportunidade foi relacionada à capacidade de dar e receber feedback, durante o planejamento alguns membros da atividade alertaram a equipe 3 que o projeto da base da ponte estava fraca. Infelizmente, o time 3 decidiu por continuar de acordo com o planejado e a ponte não suportou o peso.

Depois da conclusão, os membros do time que deram o feedback comentaram que poderiam ter sido mais incisivos para mudar a decisão do time 3, desta forma houve concordância que toda a equipe falhou durante o processo de feedback assertivo. Os líderes gostaram muito da atividade e sentiram-se felizes de serem escolhidos pela equipe, sentiram que seus trabalhos estão sendo reconhecidos e que se desenvolvem de forma efetiva dentro deste time pelas ótimas atividades práticas realizadas.

Nesta atividade foi possível desenvolver todas as competências comportamentais inicialmente mapeadas, este também foi um consenso entre todos os membros do time.

Conclusão das atividades

Com este projeto percebi que foi possível desenvolver um modelo de mapeamento e desenvolvimento de competências comportamentais, bem como analisar se o modelo aplicado agregou resultados positivos para a equipe, com o objetivo inicial de fechar os *gaps* identificados. Vale ressaltar que quando falamos de competências comportamentais, é difícil medir de forma exata a evolução, mas posso afirmar que é possível sentir uma melhora significativa no ambiente de trabalho.

Com esta experiência que adquiri, vejo a viabilidade de expansão e aplicação em outras equipes, podendo ajustar as competências de acordo com a equipe estudada e também com adequação das atividades práticas e dinâmicas.

Digo que para o desenvolvimento das habilidades comportamentais tem-se como premissa o autoconhecimento, e mediante as atividades foi possível proporcionar um ambiente em que os membros puderam se perceber como partes integrantes do time de trabalho, trazendo à tona oportunidades de melhorias individuais e corporativas, que só serão desenvolvidas a partir da autopercepção de atitudes e comportamentos. A mudança concreta só existirá se os membros estiverem dispostos e abertos para mudança.

Como todo projeto que já realizei, sempre ao final identifico o que poderia ter sido feito diferente e listo as oportunidades de melhoria. Seguem alguns pontos identificados:

- Envolver os membros do time para seleção das competências a serem mapeadas e trabalhadas;
- Avaliar o nível das competências dos membros do time dividida em três fases:
  - Autoavaliação do nível das competências feita pelos membros do time;
  - Avaliação do superior imediato dos membros do time;
  - Acordo do nível de competências entre membros do time e liderança imediata.

Desta forma seria possível gerar um diálogo entre líder e liderado para identificar comportamentos a serem melhorados e se necessário já traçar um plano individual.

Mudaria também a ordem das atividades, realizando primeiro o *team building* relacionado à construção da confiança, pois esta atividade facilitou a comunicação e resolução de problemas entre os membros da equipe, criando um ambiente aberto ao diálogo e feedback, contribuindo assim para uma maior integração dos líderes das áreas de foco.

REFERÊNCIAS

AGRADECIMENTOS 1

TILLICH, Paul. **A concepção do homem na filosofia existencial.** [s.l.]: [s.n.], 1939. p.229

CAPÍTULO 1

BLANCHARD, Ken; HODGES, Phil. **Lead like Jesus**. Nashville: Thomas Nelson Inc., 2008.

FEIST, J.; FEIST, G.; ROBERTS, T. **Teorias da personalidade**. São Paulo: Saraiva 2008.

HIRSH, Sandra Kerbs; KUMMRROW, Jean M. **Life types**. New York: Warner Books, 1989.

JUNG, Carl Gustav; BAYNES, H. G. **Psychological types, or, the psychology of individuation**. New York: Martina Fine Books, 1921.

JUNG, Carl Gustav. **The archetypes and the collective unconscious**. New Jersey: Bollingen-Princeton University Press, 1934–1954.

KEIRSEY, David; BATES, Marilyn. **Please understand me**: character and temperament types. Richmond: B&D Books, 1983.

MYERS, Isabel Briggs; MYERS, Peter B. **Gifts differing**. Palo Alto, CA: Davies--Black Pub., 1997.

SILVA, M. L .R. **Personalidade e escolha profissional**, São Paulo: EPU, 1992.

SWAFFORD, Jan. **Beethoven**: anguish and triumph. Boston: Houghton Mifflin Harcourt (HMH), 2014.

SÓCRATES, PLATÃO E ARISTÓTELES. **O essencial da filosofia grega. São Paulo:** Hunter Books 2013.

CAPÍTULO 2

AUDY, Jorge K. **Já ouviu falar em carreira Proteana?** Mais atual do que nunca. Disponível em: https://jorgeaudy.com/2017/08/04/ja-ouviu-falar-em-carreira--proteana-mais-atual-que-nunca. Acesso em: 7 jun. 2019.

AVOLIO, Bruce. J., GARDNER, William L. Authentic leadership development: getting to the root of positive forms of leadership. **The Leadership Quarterly**, Lincoln, v. 16, p. 315-338, 2005.

CELMA, Álex Rovira; TRÍAS DE BES, Fernando. **A boa sorte**. Rio de Janeiro: Sextante, 2004.

CONCEITOS BRASIL. **Crença** – conceito, o que é, significado. 12 maio 2016. Disponível em: https://conceitos.com/crenca. Acesso em: 27 maio 2019.

COVEY, Stephen M. Richards. **A velocidade da confiança**: o elemento que faz toda a diferença. Rio de Janeiro: Alta Books, 2017.

DICIO. Dicionário Online de Português. **Protagonista**. Lexicógrafa responsável: Débora Ribeiro. Publicado em: abr. 2019. Disponível em: https://www.dicio.com.br/protagonista. Acesso em: 8 jun. 2019.

DRUCKER, Peter. **Desafios gerenciais para o século XXI**. São Paulo: Guazzelli, 1999.

DRUCKER, Peter. Managing oneself. **Harvard Business Review**, v. 77, n. 2, p. 64-74, mar./apr. 1999.

DUTRA, Joel Souza. **Gestão de carreiras**: a pessoa, a organização e as oportunidades. 2. ed. São Paulo: Atlas, 2017.

GLAESER, Waltraud & Partner. **Leadership Skills & Strategies VUCA World**. Disponível em: https://www.vuca-world.org. Acesso em: 13 set. 2019.

IBARRA, Herminia. **Identidade de carreira**: a experiência é a chave para reinventá-la. São Paulo: Gente, 2009.

KRAUSZ, Rosa. **Trabalhabilidade**. São Paulo: Nobel, 1999.

NEVES, Mônica Maria; TREVISAN, Leonardo Nelmi; JOÃO, Belmiro do Nascimento. Carreira proteana: revisão teórica e análise bibliométrica. **Rev. Psicol., Organ. Trab.**, Florianópolis, v. 13, n. 2, p. 217-232, ago. 2013. Disponível em: http://pepsic.bvsalud.org/scielo.php?script=sci_arttext&pid=S1984-66572013000200009&lng=pt&nrm=iso. Acesso em: 11 dez. 2019.

SOUZA, Cesar. **Você é do tamanho dos seus sonhos**: estratégias para concretizar projetos pessoais, empresariais e comunitários. São Paulo: Gente, 2013.

TREFF, Marcelo. Metodologia para repensar a carreira. **Estadão**, 11 ago. 2018. Disponível em: https://economia.estadao.com.br/blogs/radar-do-emprego/metodologia-para-repensar-a-carreira. Acesso em: 27 maio 2019.

XAVIER, Ricardo de Almeida Prado. **Sua carreira**: planejamento e gestão – Como desenvolver melhor seus talentos e competências. São Paulo: Financial Times; Pratice Hall, 2006.
2019.

CAPÍTULO 3

BORYSENKO, Joan; DVEIRIN, Gordon. **A bússola da alma**. Rio de Janeiro: Prumo, 2017.

DETHLEFSEN, Thoewald; RUDIGER, Dahlke. **A doença como caminho**: uma visão nova da cura como ponto de mutação em que um mal deixa transformar o bem. São Paulo: Cultrix, 2010.

GOLEMAN, Daniel. **Foco**: a atenção e seu papel fundamental para o sucesso. Rio de Janeiro: Objetiva, 2013.

GONÇALVES; Aguinaldo; VILARTA. Roberto (org.). **Qualidade de vida e atividades físicas**: explorando teorias e práticas. Barueri: Manole, 2004.

CAPÍTULO 4

CORTELA, Mario S. **Entrevista Mario Sergio Cortella.** Revista Atividade e Experiência – Educacional, mar. 2008. Entrevista concedida a Nair Passoni. Disponível em: http://www.educacional.com.br/revista/0108/pdf/6_entrevista_mario_cortella.pdf. Acesso em 07 jun. 2019.

ESCOLA DA PONTE. **Projeto C.**2017. Disponível em: http://www.escoladaponte.pt/novo/. Acesso em: 23 jun. 2019.

FREUD, Sigmund. **A história do movimento psicanalítico, artigos sobre metapsicologia e outros trabalhos.** Edição *standard brasileira das obras psicológicas completas de Sigmund Freud.* XIV (1914 - 1916). Rio de Janeiro: Imago, 1996

FREUD Sigmund. **O ego e o ID outros trabalhos.** Edição *standard brasileira das obras psicológicas completas de Sigmund Freud. XIX* (1923-1925). Rio de Janeiro. Imago. 1996

GABRIEL, O Pensador. **Linhas tortas.** Rio de Janeiro ONErpn. 2012. Disponível em: https://www.letras.mus.br/gabriel-pensador/linhas-tortas/. Acesso em: 01 jun. 2019.

GOLDBERG, Philip. **O que é intuição e como aplicá-la na vida diária.** O melhor livro sobre intuição para todos os que querem viver com mais criatividade, satisfação e paz interior. São Paulo: Cultrix, 1983.

GREENME farei bem à terra. **Pedagogia Waldorf:** 10 princípios da filosofia da educação de Rudolf Steiner. 30/01/2019. Disponível em: https://www.greenme. com.br/viver/especial-criancas/2578-pedagogia-waldorf-10-principios-da- -filosofia-da-educacao-de-rudolf-steiner. Acesso em: 17 jun. 2019.

LUMIAR. **Metodologia.** Disponível em: https://lumiar.co. Acesso em: 23 jun. 2019.

MOTA, Andrea. Conheça a história de Andrea Mota, ex-diretora de O Boticário, que largou uma carreira brilhante em busca de qualidade de vida. **Revista Glamour.** 21 maio 2019. Depoimento a Natália Mestre. Disponível em: https:// revistaglamour.globo.com/Na-Real/noticia/2015/08/conheca-historia-de-an- drea-mota-ex-diretora-de-o-boticario-que-largou-uma-carreira-brilhante-em- -busca-de-qualidade-de-vida.html. Acesso em: 2 jun. 2019.

SOCIEDADE ANTROPOSÓFICA. **Princípios da Pedagogia Waldorf.** C.2016. Disponível em: http://www.sab.org.br/portal/pedagogiawaldorf/369-principios- -pedagogia-waldorf. Acesso em: 17 jun. 2019.

CAPÍTULO 5

CLUTTERBUCK, D. **Coaching eficaz**: como orientar sua equipe para potencia- lizar resultados. 2. ed. São Paulo: Gente, 2008.

ELLINGER, A.; HAMLIN, R.; BEATTIE, R. Behavioural indicators of ineffective managerial coaching: a cross-national study. **Journal of European Industrial Training**, v. 32, 2008.

FERREIRA, M.; CASADO, T. Coaching, mentoring ou career counseling? *In*: XIII Seminários de Administração. **Anais** [...], São Paulo, 2010.

GOLDSMITH, M.; LYONS, L.; FREAS, A. **Coaching for leadership**: how the world's greatest coaches help leader learn. 2. ed. San Francisco: JosseyBass/ Pfeiffer, 2005.

GOLDSMITH. M. **O efeito gatilho**: como disparar as mudanças de comportamento que levam ao sucesso nos negócios e na vida. São Paulo: Companhia Editora Nacional, 2017.

HACKMAN, R.; WAGEMAN, R. A Theory of Team Coaching. **Academy of Management Review**, v. 30, n. 2, 2005.

KRAUSZ, R. R. **Coaching executivo**: a conquista da liderança. São Paulo: Nobel, 2007.

KETS DE VRIES, M. Leadership group coaching in action: the zen of creating high performance teams. **Academy of Management Executive**, v. 19, n. 1, 2005.

PINCHOT, E.; PINCHOT, G. Raízes e limites do aconselhamento de carreira. *In*: GOLDSMITH, M.; LYONS, L.; FREAS, A. (ed.). **Coaching**: o exercício da liderança. 7. ed. São Paulo: Campus, 2003.

SILVA, C. Orientação profissional, mentoring, coaching e counseling: algumas singularidades e similaridades em práticas. **Revista Brasileira de Orientação Profissional**, v. 11, n. 2, 2010.

UNDERHILL, B. **Coaching executivo para resultados**: o guia definitivo para o desenvolvimento de líderes organizacionais. São Paulo: Novo Século, 2010.

WEISS, A. **Coach de ouro**. São Paulo: Bookman, 2011.

WHITMORE, J. **Coaching para performance**. Rio de Janeiro: Qualitymark, 2008.

WUNDERLICH, Marcos. **Coaching, counselling, mentoring e holomentoring**. 28/02/2004. Disponível em: http://www.consultores.com.br/artigos.asp?cod_artigo Acesso em: 10 maio 2019.

WUNDERLICH, Marcos; SITA, Mauricio. **Coaching & mentoring foco na excelência**: saiba como ultrapassar a barreira do comum e vencer na vida pessoal e profissional. São Paulo: Ser Mais, 2013.

ZAHAROV, A. **Coaching**: caminhos para transformação da carreira e da vida pessoal. Rio de Janeiro: Brasport, 2010.

CAPÍTULO 6

BRASIL. Decreto-Lei nº 5.452, de 1º de maio de 1943. Aprova a Consolidação das Leis do Trabalho. **Diário Oficial da União**, Rio de Janeiro, 9 ago. 1943. Disponível em: http://www.planalto.gov.br/ccivil_03/decreto-lei/Del5452compilado.htm. Acesso em: 8 jul. 2019.

DAVID, Susan. **Agilidade emocional**: abra sua mente, aceite as mudanças e prospere no trabalho e na vida. São Paulo: Cultrix, 2018.

DYER, William G.; DYER, Jeffrey H.; DYER JR., William Gibb. **Equipes que fazem a diferença (team building)**: estratégias comprovadas para desenvolver equipes de alta performance. São Paulo: Saraiva, 2011.

DWECK, Carol S. **Mindset**: a nova psicologia do sucesso. São Paulo: Objetiva, 2017.

ISMAIL, Salim; VAN GEES, Yuri; MALONE, Michael S.; YAMAGAMI, Gerson S. **Organizações exponenciais**. Singularity University: Alta Books, 2019.

GOLEMAN, D. **Focus**: the hidden driver of excellence. London: Bloomsbury, 2013.

GOLEMAN, D. **Inteligência emocional**: a teoria revolucionária que define o que é ser inteligente. Rio de Janeiro: Objetiva, 2001.

GOMES, Vicente. **Liderança para uma nova economia**. São Paulo: Pólen, 2014.

KISHIMI, Ichiro; KOGA, Fumitake. **A coragem de não agradar**. Rio de Janeiro: Sextante, 2018.

MCKEOWN, Greg; MEDINA, Beatriz. **Essencialismo**: a disciplinada busca por menos. Rio de Janeiro: Sextante, 2015.

MAGALDI, Sandro; SALIBI NETO, José. **Gestão do amanhã**: tudo o que você precisa saber sobre gestão, inovação e liderança para vencer na 4ª revolução industrial. São Paulo: Gente, 2018.

MARINO, Caroline. Gestão boa para todos. **Revista Melhor**, São Paulo, ano 24, n. 276, p. 84-87, jun. 2014.

QUINTANILHA, Leandro. O RH está pronto para o presente? **Revista Melhor**, São Paulo, ano 24, n. 273, p. 24-28, mar. 2014.

SEMLER, Ricardo. **Virando a própria mesa**: uma história de sucesso empresarial made in Brasil. Rio de Janeiro: Rocco, 2002.

SENGE, Peter M. **A quinta disciplina**. Rio de Janeiro: Best Seller, 2013.

CAPÍTULO 7

BECK, D.; COWAN, C. **Spiral dynamics**: mastering values, leadership and change. Malden: Blackwell Publishing, 1996.

CORDEIRO, J. V. B. M.; LAMOGLIA, L. B.; CRUZ FILHO, P. R. A. **Liderança integral**: a evolução do ser humano e das organizações. Petrópolis: Vozes, 2019.

CSIKSZENTMIHALYI, M. **Flow**: the psychology of optimal experience. Philadelphia: Harper Perennial, 2007.

FORMAN, J. P. **Integral leadership**: the next half-step. New York: Excelsior Editors, 2013.

FRIEDMAN, S. D. **Total leadership**: be a better leader, have a richer life. Boston: Harvard Business Review Press, 2014.

GOLEMAN, D. **Focus**: the hidden driver of excellence. London: Bloomsbury, 2013.

GRAVES, C. **Let us bring humanistic and general psychology together**. New York: National Institute of Mental Health. (NIMH), 1973.

HOCK, D. **Birth of the chaordic age**. San Francisco: Berrett-Koehler Publishers, Inc, 1999.

ISMAIL, S. **Exponential organizations**: why new organizations are ten times better, faster, and cheaper than yours (and what to do about it). New York: Diversion Books, 2014.

KEGAN, R. **The evolving self**: problem and process in human development. Boston: Harvard University Press, 1982.

KOTLER, S.; WHEAL, J. **Stealing fire**: how silicon valley, the navy SEALs, and maverick scientists are revolutionizing the way we live and work. New York: Dey Street Books, 2018.

LALOUX, F. **Reinventing organization**: a guide to creating organizations inspired by the next stage of human consciouness. Brussels: Nelson Parker, 2014.

ROBERTSON, B. J. **Holacracy**: the new management system for a rapidly changing world. Philadelphia: Henry Holt and Co, 2015.

WILBER, K. **Integral psychology**: consciousness, spirit, psychology, therapy. Boston: Shambala, 2000.

CAPÍTULO 8

ACHOR, Shawn. **O jeito Harvard de ser feliz**. São Paulo: Saraiva, 2012.

FRANKL, Viktor. **Em busca de sentido**: um psicólogo no campo de concentração. São Leopoldo: Sinodal; Petrópolis: Vozes, 2017.

LOMBARDO, Michael M.; EICHINGER, Robert W. **FYI For Your Improvement**. Minneapolis: Lominger Ltd Inc., 2000.

NIETZSCHE, Friedrich. **Humano, demasiado humano**. São Leopoldo: São Paulo: Companhia das Letras, 2005.